Knaur

Heim

Dez '99

Mallorca
Insel des Lichts

Ein Lesebuch

Herausgegeben
von Elvira Distler

Knaur

Besuchen Sie uns im Internet:
www.droemer-knaur.de

Originalausgabe März 1999

Umschlaggestaltung: Agentur Zero, München
Umschlagfoto: Tony Stone, München/Ralf Gerard
Satz: Ventura Publisher im Verlag
Druck und Bindung: Clausen & Bosse, Leck
Printed in Germany
ISBN 3-426-61073-6

2 4 5 3

Inhalt

George Sand:
*Ankunft in Palma** 9
Carlos García Delgado-Segues:
Mallorquiner ticken anders 12
Gerhard Hörner:
Warum immer mehr echte und falsche Promis das Paradies Mallorca entdecken 20
Roderic Jeffries:
*Reiseleiterinnenlos** 28
Paul Theroux:
Die MS Punta Europa nach Mallorca 34
Robert Graves:
Ein Fahrrad auf Mallorca 58
Der Abt von La Real (Märchen) 76
Gabriela Kunze/Christoph Mann/Elke Mikhail:
Lange bevor es auf Mallorca schneite 82
Gató d'ametles (Mandelkuchen) 85
Anaïs Nin:
Mallorca 86
Michael Böckler:
Sturm über Mallorca 91

* Titel von der Herausgeberin

George Sand:
*Valldemosa** 116
Ingrid Brase Schloe:
Spanische Wirtschaft 132
Gordon West:
Schweine im Schlaraffenland 133
Gottfried Kirchner:
Das Mallorca-Komplott 156
Roderic Jeffries:
*Mauren und Christen** 197
Der Sklaven-Patron (Märchen) 200
Der blinde Maure (Märchen) 202
George Sand:
*Die goldene Insel** 205
Kunze/Mann/Mikhail:
*Ensaimadas & Co** 215
Ensaimadas (Schmalzgebäck) 220
Joan Miró:
Schmollende Sonne 221
Gordon West:
Don Juan und sein Maultier Roja 223
Holger Schnitgerhans:
Von Dora, Luna und den anderen. Ein Leben mit Eseln ... 243
Ingrid Brase Schloe:
Privilegierte 249
Ingrid Brase Schloe:
*Das Eselkind** 254
Albert Camus:
*Auf den Balearen: Im vergangenen Sommer** 255
Heinrich Breloer/Frank Schauhoff:
Der falsche Ort, der richtige Mann 257

Ingrid Brase Schloe:
Immer noch männliche Männer 270
Maria Antònia Oliver:
Mallorca, Mord inbegriffen 271
Hansjörg Martin:
Herbst auf Mallorca 285
Ingrid Brase Schloe:
Oktober 305
George Sand:
Winteranfang 306
Josef Haslinger:
Ende auf Mallorca 312
Gerhard Hörner:
Schmuggler, Schweine und Skandale 325

Quellenverzeichnis 329

George Sand
Ankunft in Palma

An einem der ersten Novembertage des Jahres 1838 kamen wir in Palma an; es war so warm wie bei uns im Juni. Bei der Abreise aus Paris vor vierzehn Tagen war es ungewöhnlich kalt gewesen; wir hatten also den ersten Hauch des Winters verspürt und waren froh, den Feind hinter uns zu lassen. Hinzu kam das Vergnügen, eine Stadt von besonderem Charakter und mit einer Reihe von Sehenswürdigkeiten von ungewöhnlicher Schönheit oder Eigenart zu durchstreifen. Aber die Schwierigkeit, eine geeignete Unterkunft zu finden, machte uns bald Kummer, und wir erkannten, daß die Spanier, die uns Mallorca als gastfreundlich und mit allem Nötigen versehen gepriesen hatten, nicht nur sich, sondern auch uns getäuscht hatten. Bei der Nachbarschaft der großen europäischen Zivilisationen hätten wir nicht erwartet, daß es auch nicht einen Gasthof gab. Dieses Fehlen einer Unterbringungsmöglichkeit für Reisende hätte uns schon ahnen lassen müssen, was Mallorca im Vergleich zur übrigen Welt darstellt; es hätte uns veranlassen sollen, unverzüglich nach Barcelona umzukehren, wo es doch wenigstens eine elende Herberge gibt, die sich großspurig Hotel des Quatre-Nations nennt. In Palma muß man zwanzig der einflußreichsten Persönlichkeiten empfehlend angekündigt sein; nur wenn man seit Monaten erwartet wird, kann man hoffen, nicht unter freiem Himmel kampieren zu müssen. Alles, was man für uns hatte tun können, war, uns zwei winzige, kaum möblierte Zimmer in einer üblen Straße zu beschaffen, wo die Fremden sich glücklich preisen dürfen, wenn jeder ein Gurtbett, weich und federnd wie eine Schieferplatte, und einen Stuhl mit strohgeflochtenem Sitz vorfindet, und als Nahrung ... Pfeffer und Knoblauch *à discrétion*.

Nach weniger als einer Stunde hatten wir begriffen, daß man uns scheelen Blickes als Flegel und Nörgler oder doch zumindest mitleidig als Verrückte ansehen würde, wenn wir von diesem Empfang nicht begeistert waren. Wehe dem, der in Spanien nicht mit allem zufrieden ist! Man braucht nur die Miene ein bißchen zu verziehen, wenn man Ungeziefer im Bett oder einen Skorpion in der Suppe findet, und schon zieht man sich die tiefste Verachtung zu und bringt alle Welt gegen sich auf. Wir haben es also ängstlich vermieden, uns zu beklagen, und sind langsam dahintergekommen, was es mit der Knappheit an Mitteln und dem auffälligen Mangel an Gastfreundschaft für eine Bewandtnis hat. Abgesehen von der geringen Aktivität und Energie der Mallorquiner hatte damals der Bürgerkrieg, der Spanien schon so lange zerrüttete, den Verkehr zwischen der Insel und dem Festland gedrosselt. Mallorca war der Zufluchtsort von so viel Spaniern geworden, wie es fassen konnte, und die Einheimischen hatten sich in ihre Häuser verkrochen und hüteten sich, sie zu verlassen, um im Mutterland Abenteuer zu suchen und Hiebe zu beziehen.

Hinzu kommt das völlige Fehlen von Industrie, verbunden mit maßlosen Zöllen auf alles, was das Leben lebenswert macht. Beispielsweise verlangte man von uns 700 Franken Zoll auf ein Klavier, das wir uns aus Frankreich kommen ließen; das war nahezu der Wert des Instruments. Es zurückzuschicken war nicht erlaubt; es zunächst im Hafen einzulagern war verboten; es unter Umgehung der Stadt auf unseren Landsitz zu schaffen und damit Torgeld zu sparen war gegen die Vorschriften; es in Palma zu lassen, um die Maut für die Ausfuhr aus der Stadt zu vermeiden, war unstatthaft. Wir hätten es höchstens ins Meer werfen können, vorausgesetzt, man hätte es genehmigt. Nachdem wir 14 Tage lang verhandelt hatten, erreichten wir, daß wir es durch ein Seitentor ausführen durften, und kamen mit etwa 400 Franken davon.

Carlos García Delgado-Segues
Mallorquiner ticken anders

Die Mallorquiner und der Rest der Welt

Für den alteingesessenen Mallorquiner teilt sich der Kosmos in zwei Hemisphären: in seine Insel und den Rest des Universums. Ein Bauer aus Alaró fragte mich vor nicht allzu langer Zeit: »Was ist größer, Mallorca oder das, was draußen ist?«

Obwohl diese vereinfachte Form der Weltsicht an Bedeutung verloren hat, wird auf Mallorca die Bevölkerung der »restlichen Welt« noch in drei Gruppen eingeteilt. Denn sprechen Mallorquiner von einem *foraster*, so meinen sie nicht irgendeinen Fremden, sondern ausschließlich alle Spanier, die nicht Katalanen sind. Die Katalanen *(catalans)* wiederum bilden eine eigene Gruppe, und schließlich gibt es noch die Ausländer *(estrangers)*, zu denen naturgemäß vor allem die Touristen zählen.

Jedem dieser Nicht-Mallorquiner begegnet der Inselbewohner voreingenommen. Vor allem, wenn es sich um einen *foraster* handelt, sind Worte und Handlungen von Mißtrauen bestimmt. Besonders deutlich wird dies, wenn der *foraster* beim Versuch, freundlich zu sein, vertraulich wird. Dieser Wesenszug, im Prinzip uneigennützig und großzügig, berührt den Mallorquiner höchst unangenehm, denn ihm ist die persönliche Intimität heilig. Der Grund dafür ist einfach: Wer sich so vertraulich benimmt, erhofft sich etwas im

Gegenzug – vermutet der Mallorquiner. Deshalb zieht er es vor, sich im eigenen Umfeld zu bewegen, statt sich unter die Besucher zu mischen. Es gibt Bars, Restaurants, in denen fast ausschließlich Touristen verkehren und wo man nie einen Mallorquiner treffen wird, mag die Aussicht dort auch noch so schön sein. Das wiederum gefällt dem Besucher, er wähnt sich unbeobachtet und kann sich wie zu Hause fühlen.

Wenn Sie ein Fremder sind und Einheimischen näherkommen wollen, seien Sie bescheiden, zurückhaltend, aufmerksam und machen Sie keine Verbesserungsvorschläge für längst Bestehendes, solange Sie die sehr unterschiedlichen und oft verwirrenden Reaktionen der Mallorquiner nicht einschätzen können.

Nichts wortwörtlich nehmen

Wenn Prosa für Sprache steht, die Dinge beim Namen nennt, und Poesie im Vergleich dazu doppeldeutig ist, ja mysteriös und subjektiv interpretierbar, dann wenden die Mallorquiner systematisch die poetische Sprache an. Nichts, was sie sagen, oder was Ihnen gesagt wird, sollte wortwörtlich genommen werden. Gesten, Verhaltensweisen, Blicke und Stimmlage sind wichtiger als die Worte selber. Es gibt Redewendungen, die genau das Gegenteil von dem bedeuten, was die Worte sagen. Wenn sich jemand nach einer Verhandlung mit dem Satz verabschiedet: »Ich gebe Bescheid«, bedeutet das schlicht und einfach: »Interessiert mich nicht, es gibt nichts mehr zu sagen.«

Von sich selbst zu sprechen, betrachtet der Mallorquiner als unbescheiden. So hat er zwar die Ohren immer offen, hält den Mund aber verschlossen. Das Nichtpreisgeben der persönlichen Absichten wird auf viele Lebenslagen übertragen. Auf Mallorca war es Tradition, daß sich Verlobungszeiten lange hinzogen, weil der Verlobte seine Absichten nicht klar zum Ausdruck bringen mochte. Die Braut hielt sich diskret zurück und stellte keine Fragen, die auf die Verbindung belastend wirken konnten, die somit friedlich und endlos fortdauerte. Ich kannte einen Optiker, der über vierzig Jahre lang verlobt war – ohne mit der Verlobten die Wohnung zu teilen. Die Verbindung endete leider nicht mit der Hochzeit: Der Optiker starb, bevor er sich entschließen konnte.

Vom Grüßen und Wegsehen

Das Ritual des Grüßens ist einer der Bräuche, der die Fremden auf Mallorca am meisten irritiert. Häufig hört man sie sagen: »Kürzlich traf ich Herrn Soundso, doch als ich ihn grüßen wollte, schaute er zur anderen Seite, so als hätte er mich nicht gesehen. Dabei weiß ich, daß er mich gesehen hat.«

Wenn dies passiert, sollten Sie sich nicht wundern. Es handelt sich um einen *código* – einen Code –, den man kennen muß. Obwohl der Gruß eigentlich etwas Einfaches ist, hat er auf Mallorca eine ganze Reihe von Bedeutungen:

1. Die Selbstachtung.
   Der Gruß ist eine Form der sozialen Anerkennung – die Nichterwiderung käme also einer Beleidigung gleich, die auf jeden Fall vermieden werden muß.

2. Die Vorsicht.
   Wenn der Mallorquiner nicht absolut sicher ist, daß der Gruß erwidert wird, führt er vorbeugend ein Ausweichmanöver durch.
3. Die Bequemlichkeit.
   Der Gruß bringt meistens ein Gespräch mit sich. Da der Mallorquiner nun aber kein Freund des Ausplauderns privater Dinge ist, kann ein Dialog schnell zu einem bizarren Aneinandervorbeireden werden (»Ich sagte ihm, ich weiß nicht was, und er sagte mir, ich weiß nicht was.«), also läßt man es am besten gar nicht dazu kommen.

Jetzt heißt die Frage: Wie können Sie verhindern, daß nicht Sie Opfer eines Ausweichens werden? Die sicherste Form ist zweifellos auszuweichen, bevor Ihnen ausgewichen werden kann. Trotzdem sollten Sie sich nicht entmutigen lassen, einen Gruß einzuleiten. Hierbei sollten Sie aber die korrekten Etappen genau beachten. Seien Sie aufmerksam, beobachten Sie die kleinste Bewegung des zu Grüßenden. Ziehen Sie die Augenbrauen hoch, reißen Sie die Augen weit auf und schieben Sie das Kinn vor. Dann warten Sie eine ähnliche Reaktion ab. Falls Sie mehr riskieren wollen, können Sie ein leichtes Lächeln andeuten, oder wenn Sie noch kühner sind, den minimalen Ausdruck des wörtlichen Grußes von sich geben: das einsilbige *»uep«*. Es ist, speziell für solche Gelegenheiten erdacht, schnell ausgesprochen: nur ein Ton, der sich nötigenfalls auch wie ein Räuspern anhört – für den Fall, daß Sie im letzten Moment doch noch Opfer eines Ausweichens werden sollten.

Bald werden Sie feststellen, daß Sie so etwas wie einen

sechsten Sinn entwickeln, um mit einigen Zehntelsekunden Vorsprung den Moment, in dem der Gruß ausgeschlagen werden könnte, zu erahnen. Wenn Sie all dies beachtet haben und der Mallorquiner nun trotzdem den Gruß nicht erwidert, seien Sie nicht allzu enttäuscht. Der Grund ist meist der, daß er den Frieden nicht stören will, weder den eigenen noch Ihren.

Immer mit der Ruhe

Die ruhige Lebenseinstellung des Mallorquiners ist vielleicht seine bekannteste Charaktereigenschaft. Es gibt auf dieser Insel eine starke Tendenz, den Dingen ihren Lauf zu lassen, sie auf morgen zu verschieben und Zeit als ein unerschöpfliches Gut zu betrachten. Nichts erledigt sich hier auf beschleunigte Weise, denn in Eile zu sein ist ein unziemliches Verhalten. Die daraus resultierenden Verspätungen verursachen zwar oft Kosten, aber keinen Verlust, denn man gewinnt allemal an Lebensqualität. Schließlich weiß der Mallorquiner den Moment zu schätzen. Es ist der Moment, der gelebt und genossen wird.

Auf Mallorca macht man keine Pläne auf lange Sicht und schätzt die Freiheit, vorteilhafte Möglichkeiten kurzfristig wahrzunehmen. Man darf sich nicht wundern oder aufregen, wenn sich unvorhergesehene Änderungen im letzten Augenblick ergeben.

Laden Sie beispielsweise Gäste ein, sollten Sie bei deren Anzahl flexibel sein, denn einmal werden es mehr, ein anderes Mal weniger als erwartet, je nachdem, welche weiteren Möglichkeiten sich ergeben haben. Und so empfiehlt

es sich für alle Fälle, eine Alternative für den vereinbarten Termin parat zu haben.
Dies hat auch einen Vorteil: Selbst mit der nebensächlichsten Entschuldigung kann ein Vorhaben zu jedem Zeitpunkt geändert werden. Das erleichtert und entspannt das Zusammenleben und hat eine hohe Toleranz gegenüber den Mitbürgern zur Folge. Des Mallorquiners Regel ist es, jedwede Diskussion zu vermeiden, die diese wunderbare Ruhe stören könnte.
Folglich ist er immer bereit, jede Entschuldigung, so unglaubwürdig sie auch klingen mag, gutmütig zu akzeptieren.

Diskretion ist alles

Eine weitere klassische Eigenschaft des Mallorquiners ist der Stolz. Selten erhebt er die Stimme in der Öffentlichkeit oder stellt sich oder das, was er besitzt oder weiß, zur Schau. Auch wenn er berühmt sein sollte, zieht er es vor, im Hintergrund zu bleiben. Das macht den Mallorquiner zu einer außergewöhnlich diskreten Person. Er ist kein Freund von Extremen und allem, was unnötige Aufmerksamkeit erwecken könnte. »I ara aqueix qué se creu« (Was bildet der sich denn ein?) ist sein systematisch gemachter Vorwurf gegen all jene, die sich durch Angeberei über andere stellen wollen.
Die vielleicht eindrucksvollste Episode über den mallorquinischen Stolz ist die von Tomeu Rigo, einem Wachtmeister der Guardia Civil. Sie geschah Mitte der fünfziger Jahre in Deià. Man erzählt, daß die amerikanische Schauspielerin

Ava Gardner an einem Sommerabend Gast einer Fiesta war, auf der der junge Tomeu mit der Bewachung des Eingangs beauftragt war. Ava, deren Verführungskünste bekannt waren, gefiel der Wachtmeister, und sie forderte ihn wiederholt zum Tanz auf. Vergeblich: Der Wachtmeister, seriös und diszipliniert, lehnte ab: er sei schließlich im Dienst. Jeder weiß, daß er es aus Stolz tat (»Was glaubt die denn, nur weil sie Ava Gardner ist ...?«). Die charakterliche Standhaftigkeit weckte große Bewunderung unter den Mallorquinern, und von da an nannten sie ihn nicht mehr Tomeu Rigo, sondern verliehen ihm einen Titel für Tapferkeit im Kampf: Wachtmeister Gardner.

Gute Geschäfte brauchen Zeit

Zwischen Staunen und Verunsicherung fragen sich Fremde, warum jemand, der etwas verkaufen möchte, den interessierten Käufer zuweilen mit soviel Unlust behandelt.

Ein Grund liegt darin, daß der Mallorquiner niemals Druck ausübt oder gar Aggressivität im Geschäftlichen zeigt. So etwas wäre schlecht für sein Image.

Ein Händler aus Palma oder Pollença geht ganz anders vor. Der pfiffige Kaufmann erzählt: »Wenn ein Kunde einen bestimmten Wunsch äußert, sage ich oft: Haben wir nicht mehr!, obwohl das natürlich nicht wahr ist. Der Kunde hinterläßt daraufhin seine Telefonnummer, und nach ein paar Tagen rufe ich ihn zu Hause an. Damit erreiche ich, daß sich das Kaufinteresse steigert. Meine Wartelisten sind manchmal ganz schön lang, während die Ware ruhig hinten im Lager liegt. Es ist die beste Methode, den Verkauf zu

sichern, denn wenn ich sofort ja sage, riskiere ich, den Kunden nie wiederzusehen.«
Also, zeigen Sie nicht zuviel Interesse an dem Gewünschten. Warten Sie, fragen Sie nach etwas, was Sie eigentlich gar nicht interessiert, und nähern Sie sich allmählich dem Objekt Ihrer Wünsche, so als hätten Sie es durch Zufall entdeckt.

Gerhard Hörner
Warum immer mehr echte und falsche Promis das Paradies Mallorca entdecken

Claudia Schiffer tut es, Gunther Sachs tut es, und irgendwelche Neureiche tun es natürlich auch. Selbst Kanzler Gerhard Schröder denkt bereits ans Kofferpacken. Nee, nicht zum Töpfern oder zur Selbstfindung in die Toskana, denn die scheint mega-out. Und Protzen in Marbella oder auf Sylt ist auch längst passé. Deutschlands Promis sind reif für die Insel – und machen gleich scharenweise den Abflug ins Paradies: nach Mallorca!

Rümpften bessere Kreise oder solche, die sich dafür hielten, vor Jahren noch die Nase, so lecken sie sich nun die Finger nach einem Plätzchen auf der früheren ›Putzfraueninsel‹. Folge: Eine Luxusvilla nach der anderen wird aus dem mallorquinischen Boden gestampft, und die Preise klettern in astronomische Höhen. War vor zehn Jahren der Quadratmeter Bauland bei Andratx noch für 72 Mark zu bekommen, kostet er heute bereits fünfmal soviel. Allein 1995 kauften sich Deutsche für eine halbe Milliarde Mark auf Mallorca ein. In der Gegend von Artà wurden in den vergangenen drei Jahren 80 Prozent aller Bauanträge von Ausländern, überwiegend Bundesbürgern, gestellt. Der jüngste Immobiliendeal in diesem malerischen Städtchen: Das Tennisas Boris Becker riß sich die baufällige Finca Son Coll unter den Nagel, plus einem riesigen Grundstück, das so groß wie 24 Fußballfelder ist. Alles für schlappe 500000 Mark.

Glück gehabt! Denn auf dem Grundstücksmarkt gilt häufig nur noch eine Devise: »rien ne va plus« – nichts geht mehr. Für Objekte um die zwei Millionen Mark und mehr existieren inzwischen sogar Wartelisten. Nicht mal mehr ausrangierte Schweineställe oder heruntergewirtschaftete Geräteschuppen sind sicher vor dem harten Griff der Mark. Die spinnen, die Deutschen! Vergnügt reiben sich die Makler die Hände. Allen voran Mallorcas größter Hausverkäufer, Matthias Kühn. Brachte der Hamburger 1987 nur mit Ach und Krach die Miete für eine kleine Klitsche am Paseo Maritimo in Palma zusammen, so darf er sich heute fühlen wie Dagobert Duck: Kühn schwimmt im Geld. 70 Angestellte, 14 Büros, Jahresumsatz stolze 200 Millionen Mark.

Trendmagazine, wie *Elle* oder *Max*, erklären die Insel zum Mekka der schönen, neuen – und natürlich reichen – Welt, selbst der *Spiegel* macht sich inzwischen auf Spurensuche nach dem Phänomen Mallorca. Und hatte in seiner Titelgeschichte ›Das bessere Deutschland‹ (Heft 33/97) die Verursacher des Booms auch blitzschnell ausgemacht: »Schuld daran sind Heino und Theo Waigel.« Der blonde Barde deshalb, weil er sich »als erster outete mit seiner Neigung zur Insel der Kegelbrüder« und damit den Weg für andere Promis frei machte. Ex-Bundeskassenwart Theo, weil er mit der Kontenschnüffelei begann und die Quellensteuer einführte. Inzwischen ist kein (Spar-)Schwein mehr sicher.

Doch wohin mit dem Schwarzgeld, nachdem den Fahndern vom Fiskus nicht mal mehr das ›Steuerparadies‹ Luxemburg heilig ist? Richtig – ab nach Mallorca. Einer Insel, die schon immer allen möglichen Schiebern als Schlupfwinkel gedient hat und wo auch heute noch nahezu alles möglich scheint. Wie die Karriere von Hasso Schützendorf: Der

Schmuggelkönig startete in den sechziger Jahren von Null auf Hundert durch: Heute ist der dubiose Schützendorf mit 3000 Leihwagen der größte Autovermieter der Insel, Privatzoobesitzer, Haremswärter (bei Redaktionsschluß heiratete der 73jährige gerade zum fünften Mal) und Herr eines Haufen Geldes. »100 Millionen werden es schon sein.« Mark, versteht sich!

Doch im Unterschied zu Hasso bringen die Promis heute ihre Kohle bereits mit. »Im Handgepäck liegen die Bargeldbündel neben der Badehose«, sagt Inselkenner Frank Schauhoff, Mitverfasser des Romans *Mallorca, ein Jahr*. Doch die dicken Geldscheine im Schminkkoffer sind erst der Beginn. Eine EU-Studie rechnet mit einer Kapitalflucht ohnegleichen: In den nächsten drei Jahren werden 30 Milliarden Mark aus Deutschland abwandern, rund 17 davon nach Spanien, insbesondere nach Mallorca.

Aber nicht nur die echten Promis werden von der Sonneninsel angezogen wie die Motten vom Licht. Im Gefolge der Schiffers, Christiansens, Mordillos und der Wellenbrinks kam auch Deutschlands Geldadel. Allein die Firmengruppe von Stefan Schörghuber (Paulaner, Arabella-Hotels), der nördlich von Palma eine Villa besitzt, machte knapp 300 Millionen Mark für diverse Bauprojekte locker.

Während der größte Investor Mallorcas natürlich auf eine fette Rendite hofft, tragen andere ihre Millionen nur noch zur Schau. Besonders im sogenannten Düsseldorfer Loch bei Andratx, auch Port Quatsch genannt, und auf dem ›Hamburger Hügel‹ bei Santanyí sonnt sich eine seltsame Mischpoke im Glanz ihres angehäuften Reichtums und ihrer geballten Dekadenz: Schickis und Mickis, Neureiche, drittklassiger Adel, Erben, Pseudokreative, Sonnen-

studio- und Spielautomatenbesitzer, Autohändler, die Gemälde passend zu ihren Sofabezügen anfertigen lassen, Betten- und sonstige Fabrikanten, selbsternannte Künstler, »die Farbe auf Leinwänden verteilen« *(Spiegel)*. Ein gelangweiltes Dahindösen zwischen Schampusbädern, Sex und Segelyacht.
In Mallorca fehlt's eben an nix. »Und um den letzten Standortnachteil«, lästert der *Spiegel*, »kümmert sich der deutsche Hochadel persönlich: Diane, Herzogin von Württemberg, geborene d'Orléans, plant eine Art Bayreuth am Mittelmeer.«

Gastro-Tips: Wo man Promis und Insider trifft

Sternchen trifft man jede Menge an der Playa de Palma – und wenn man Glück hat, sogar den einen oder anderen Star. Nur beim Tafeln lassen sich die Promis nicht so gern in den Teller schauen. Wir haben trotzdem einige in ihren Lieblingslokalen aufgespürt: mittels hartnäckiger Recherche sowie durch das Wälzen einschlägiger Literatur, wie etwa *Marcellino's Restaurant Report*.
Berufsmäßig darf sich die ›First Lady der Tagesschau‹ keine Gedächtnislücken erlauben – privat sei's ausnahmsweise mal gestattet. *Dagmar Berghoffs* Geheimtip ist ein Lokal, dessen Name »ich immer wieder vergesse«, es heißt, äh, äh, äh, ... *Barlovento* und befindet sich in Port d'Andratx. Spezialität: das ›Claudia-Schiffer-Menü‹ – kleine Sardinen, danach Tintenfische und Pollo. Dazu trinkt Daggi B. einen Vino de la Casa.
Sparen hätte *Richard Branson* eigentlich nicht nötig. Den-

noch schaut der Exboß der Plattenfirma Virgin, daß das Geld in der Familie bleibt – und speist am liebsten in seinem eigenen Restaurant, dem *El Olivio* im Hotel *La Residencia* in Deià. In dem klassischen Lokal mit breiten Korbstühlen und mächtigen Kerzenleuchtern schaut gelegentlich auch mal die Popsängerin *Annie Lennox* vorbei.

Hoher Besuch im ersten Stock des Szenecafés *Cappuccino* in Palma: Hier kreuzte während seines Urlaubs spätabends auch schon US-Präsident *Bill Clinton*, ausnahmsweise ganz solide mit Ehefrau Hillary und Tochter Chelsea, auf. Ein In-Treff, der allerhand zu bieten hat: ein zweistöckiges Getränkeregal, extrem freundliche Kellner und einen atemberaubenden Blick auf viele schöne – meist spanische – Menschen und die nächtliche Bucht.

Ins *Pacha* in Palma geht man nicht vor drei Uhr morgens – wenn überhaupt. Denn Türsteherin Yolanda wacht mit strengem Blick über die potentiellen Gäste. Gar kein Problem natürlich für Hollywoods Superstar *Michael Douglas*, der im *Pacha* seinen Absacker trinkt. *Claudia Schiffer*, Topmodel und Mineralwasserschlürferin, ist um diese Uhrzeit natürlich schon längst in der Heia.

Jürgen Drews, von der deutschen Schlagerwelle wieder nach oben gespült, speist gern königlich, dort wo auch *Juan Carlos*, Spaniens Oberhaupt, schon öfter gesehen wurde: im *Club de Vela*, einem Schickimicki-Treff im Segelclub von Port d'Andratx. Der ›Ein Bett im Kornfeld‹-Mann schaut meist mit Ehefrau und Töchterchen vorbei und dann »am liebsten zum verspäteten Frühstück mit Ei und warmen Croissants«.

Bäumchen wechsle dich hieß schon immer sein Lebensprinzip. Deshalb hat Nightclub-King *Rolf Eden* gleich mehrere Favoriten. Der Berliner ist sowohl im gediegenen *Bismarque* in Port Portales anzutreffen, wo er leckeren Lachs in süßsaurer Soße genießt, als auch im *Casa Fernando* in El Toro. Ein Lokal, das jeder auf Anhieb findet – immer der Nase nach, Richtung Knofiduft!

Als Chefreiseleiterin kennt *Bianca Gruber* jeden Grashalm und jeden Stein auf Mallorca. Und natürlich viele Spitzenrestaurants. Favorit der Österreicherin: das *Casa Gallega* in Palma. »Es ist zwar immer rumsvoll« – aber das Warten an der langen Bar des dunklen und rustikalen Lokals lohnt sich auf jeden Fall. Grund: »Dort gibt's immer frischen Fisch und ausgezeichnete Muscheln.«

Jan Hofer hat gleich zwei Gründe, warum es ihn immer wieder ins *Ramon's* nach Port d'Alcudia zieht. »Es ist die beste Tapas-Kneipe im Hafen.« Außerdem kann der Moderator und Nachrichtensprecher dort in aller Ruhe mit der Schlagersängerin *Ingrid Peters* über Gott und die Welt tratschen. »Und keiner hört uns zu.« Hofers zweiter Tip ist das *Porto Pi* in Palma: Essen im Kolonialstilambiente.

Thomas Koschwitz steht auf Wind und Wellen – und das *Bistro Sail & Surf* in Port de Pollensa. Seit der Moderator und frühere Night-Talker (RTL) 1996 am nördlichsten Zipfel Mallorcas das Segeln gelernt hat, kehrt Koschwitz dort immer wieder gerne ein. Besonders wenn der Koch seine meist sportlichen Gäste mit einem tollen mallorquinischen Buffet verzaubert – alle zwei Wochen am Freitag.

Ob er direkt mit dem Sonderzug aus Pankow oder per Yacht kommt, hat uns *Udo Lindenberg* nicht verraten. Dafür aber sein Lieblingslokal, das *Nixe* in Port d'Andratx, und seine Leibspeise: »Gambas mit Knoblauch und Spinat – darauf fahre ich total ab!« Wird vom Privatsekretär des Panik-Sän-

gers telefonisch aus Deutschland vorbestellt. In der *Nixe* ist auch *Heino* oft zu Gast. Viele Promis, die im Inselnorden eine Finca gekauft haben, besitzen, auch was Lokalitäten betrifft, eine gemeinsame Vorliebe: die Küche des Landhotels *Monnaber Nou* in der Nähe von Sa Pobla. Hier treffen sich VIPs aller Couleur: angefangen von Softrocker *Peter Maffay* bis hin zu Wirtschaftsgrößen wie *Mark Wössner* (Bertelsmann) und *Jürgen Weber* (Lufthansa).
Auch im Urlaub schnuppert Roncalli-Chef *Bernhard Paul* am liebsten Manegenluft. Sein Tip: *Café du Cirque*, ein Lokal, das *Rolf Knie* vor einigen Jahren eröffnet hat. Der Ex-Direktor des Schweizer Nationalzirkus, der jetzt zurückgezogen in Artà lebt und malt, beweist auch in seinem Café Stil: roter Tresen, weiße Säulen, Plakate, Poster, Masken, Kostüme und ein Zeltdach.
Lang, lang hat Günther Pfitzmanns Helferin aus der ›Praxis Bülowbogen‹ gesucht, nun wurde *Christina Plate* endlich fündig. Verliebt hat sich die bildhübsche Schauspielerin ins *Chon Pra-Pra*, einen Thailänder in Ca'n Pastilla und in dessen pikante Küche. Christina mag die feurigen Spezialitäten ebenso wie die tolle Terrasse. »Wenn ich hier sitze, fühle ich mich an den Strand von Kho Samui versetzt.«
Alain Prost liebt's auch nach Beendigung seiner Karriere sportlich. Der frühere Formel-1-Weltmeister ist auf Mallorca häufig per Rennrad unterwegs. In der *Bar Nou*, Capdella, macht der Franzose einen kurzen Einkehrschwung (»Ein schnelles Wasser«), bevor er weiter die Serpentinen ins Gebirge hochkeucht. Abends ißt und prostet Prost gern gepflegt: im *Port Orient* in Palma Nova.
Sport- und Fernsehfachmann *Marcel Reif*, der bei RTL den Ball gekonnt flach hält, steht auf kulinarische Kunst. Aber

ohne viel Pipapo. Deshalb schwärmt der Reporter vom *El Patio* in Port d'Andratx: »Regionale Küche mit höchstem Niveau. Ein sinnliches Gesamtvergnügen.« Zu zivilen Preisen. Dargeboten in einem feinen Ambiente bei lodernden Fackeln, romantischem Innenhof und üppiger Deko.

Werner Schulze-Edelhagen verbindet gern das Angenehme mit dem Nützlichen. Während seiner monatelangen Dreharbeiten für die RTL-Serie »Guten Morgen, Mallorca« hatte der Schauspieler viel Zeit, die Umgebung zu erkunden. Vor allem aber Restaurants. Sein Top-Tip: *Los Puetas* in Paguera. »Hier kostet kein Gericht mehr als 1000 Peseten. Und der offene Roséwein ist ein Hit!«

Carlo Thränhardt mag seinen dicken Kumpel Boris Becker, liebt schöne Mädchen, Mallorca und das *Wellies* in Port Portals – ein Treffpunkt für alt und jung. An die Südwestküste fliegt der frühere Tophochspringer mit der blonden Mähne regelmäßig zum Ausspannen. Dann gönnt sich Thränhardt im *Wellies* ein verspätetes Frühstück, nachmittags einen Salat und abends einen Aperitif oder auch zwei.

»Das beste Spanferkel der Insel – knusprig und saftig, ein Traum!« Wenn ›Melitta-Mann‹ Egon Wellenbrink im *Meson Ca'n Torrat* sitzt, fühlt er sich wie im Paradies. Kein Wunder, sorgt sich doch Landhauswirt Theodoro persönlich ums Wohl der Gäste. Auch um das der kleinsten, wie Wellenbrink weiß. »Unser Sohn Nico kann durch die Küche fegen und meine Tochter Clarissa ungestört im Wagen kreischen.«

Roderic Jeffries
Reiseleiterinnenlos

Brenda Stewart erhielt die Nachricht vom Tod ihres Mannes an einem stillen, heißen Sommernachmittag. Sie weigerte sich zunächst, dem Sergeant zu glauben, der ihr die Nachricht schonend überbrachte.

Nachdem sie den ersten Schock überwunden hatte, machte sie sich bittere Vorwürfe. Es war ihre Schuld, daß sie das Ausmaß seiner Depression nicht erkannt hatte, sie hätte ihm über das seelische Tief hinweghelfen müssen ... Aber der Arzt hatte ihr davon abgeraten, er durfte nicht von ihr abhängig werden, Gerry mußte es alleine durchstehen ...

An dem Tag, an dem ihr Mann starb, war ihr Besitz bereits verkauft, aber noch nicht übergeben worden. Sie mußte aus dem Queen-Anne-Haus ausziehen, in dem sie siebzehn Jahre lang glücklich mit Gerry gelebt hatte.

Seine Freunde hatten ihn für schwach gehalten. Eine falsche und oberflächliche Beurteilung. Er war nicht schwach gewesen, nur weltfremd. Er hatte nicht begriffen, daß in dieser Welt nur überleben konnte, wer rücksichtslos seinen eigenen Vorteil wahrte. Aber er hatte ohne zu zögern die Bürgschaft für die Schulden eines alten Freundes, der sich für einen gewieften Finanzier hielt, übernommen. Sein aufrechter Charakter und sein altmodischer und starker Glaube an die Ideale der Freundschaft ließen ihn das Risiko eingehen. Er war konsequent bis in den Tod geblieben – nicht die Angst vor den Folgen seiner Bürgschaft hatte ihn in den

Selbstmord getrieben –, für ihn war es der einzige Weg, seinen Fehler wiedergutzumachen.
Das erste Jahr nach Gerrys Tod war schrecklich für Brenda gewesen. Sie hatte mit ihren Schuldgefühlen zu kämpfen, der Hoffnungslosigkeit und Leere ihres Lebens, und zu den seelischen Belastungen kam auch noch die materielle Not. Ein Freund hatte ihr dazu geraten, ins Ausland zu gehen und sich dort eine Stelle zu suchen. Sie hatte es zunächst vorgezogen, als Sekretärin bei einem Anwalt in England zu arbeiten. Die Arbeit war eintönig, und das scheußliche Regenwetter in diesem Frühjahr ließ sie schließlich zu einem Entschluß kommen.
Es war reiner Zufall, daß sie sich für Mallorca entschieden hatte. Sie wußte nichts über die Insel, für sie zählte nur, daß dort alles anders war als in England. Im Flugzeug hatte ein älteres Ehepaar von Llueso erzählt und ihr empfohlen, dort zu leben.
An einen Hügel geschmiegt, umgeben von Bergen, strahlte Llueso eine friedliche Atmosphäre aus, die sie für immer verloren glaubte. Die Einheimischen sprachen von ihrem »Dorf«, obwohl es mittlerweile mehrere tausend Einwohner zählte. Für sie blieb es ebenfalls das Dorf, das sie liebte und in dem sie sich wohl fühlte. Brenda wurde bald in den verwinkelten, kleinen Gassen heimisch, mit seinen unzähligen, winzigen Geschäften, die von Frauen geführt wurden, die lieber den neuesten Klatsch verbreiteten als ihren Umsatz zu steigern. Sie saß gern vor den Cafés auf dem Marktplatz und vergaß die restliche Welt. Ihr war ein kleines Vermögen geblieben, von dem sie hätte leben können. Aber sie gehörte nicht zu den Frauen, die tatenlos herumsitzen können. Sie nahm Sprachunterricht und lernte Spanisch von

einem Lehrer und Mallorquinisch von den Einheimischen (sie entdeckte ihre Begabung für Sprachen) und bewarb sich dann um eine Stelle als Reiseleiterin. Für diese Tätigkeit wurde ohne weiteres eine Arbeitserlaubnis erteilt.

Brenda bekam den Job und mußte sich eine Wohnung am Hafen suchen. Sie bedauerte es sehr, Llueso verlassen zu müssen, aber drei der Hotels, die sie zu betreuen hatte, lagen am Hafen, und sie würde nicht immer genügend Zeit für die sechs Kilometer lange Fahrt von Llueso nach Puerto Llueso haben. Es war eine anstrengende und manchmal nervtötende Arbeit. Aber es gefiel ihr, daß sie Kontakt zu den unterschiedlichsten Menschen hatte.

Brenda ging ins Hotel *Pinos* und fragte den älteren Mann an der Rezeption: »Wie geht es Ihrer Frau heute, Alfredo?« Sie sprach spanisch.

»Sie ist außer Lebensgefahr.« Frohe Zuversicht hatte sein Gesicht, das tagelang von scharfen Falten durchzogen war, wieder rund und entspannt gemacht.

»Wie schön! Sie müssen mir sofort sagen, wenn sie aus der Klinik entlassen wird, damit ich sie besuchen kann.«

»Natürlich, Señora. Sie würde sich sehr darüber freuen.«

»Und wie geht's dem Kleinen?«

»Meine Mutter verzieht ihn gründlich. Jedesmal wenn er schreit, gibt sie ihm etwas zu essen. Mittlerweile schreit er oft.«

Brenda war von Anfang an gut mit dem Hotelpersonal ausgekommen, so wie sie sich mit den meisten Mallorquinern gut verstand. Sie hatte nie den Fehler begangen, sie für dumm oder unbeholfen zu halten, sie hatte sie einfach akzeptiert, wie sie waren.

»Alfredo, ich habe ein Problem.« Sie legte ihren blauen Aktendeckel auf den Tresen. »Ich habe eben die neue Reservierungsliste aus England bekommen, und sie geben hier zehn Doppelzimmer und zwei Einzelzimmer an. Hatten Sie nicht gesagt, es wären neun Doppelzimmer und zwei Einzelzimmer?«

»Einen Moment bitte, Señora, ich schaue nach.« Er verschwand im Büro und kam nach einer Minute wieder. »Stimmt – neun Doppelzimmer und zwei Einzelzimmer.«

»Verdammt«, entfuhr es ihr in englisch. Sie sprach weiter spanisch. »Ich nehme an, Sie sind für die kommende Woche ausgebucht?«

»Bis unters Dach.«

»So, und was mache ich jetzt?«

Er lächelte. »Machen Sie sich keine Sorgen, Señora. Wenn die Gäste kommen, werde ich zehn Doppelzimmer für sie frei haben.«

»Aber wie wollen Sie das machen?«

Er zwinkerte ihr zu. »Eine andere Gruppe wird eben ein Doppelzimmer zu wenig haben.«

»Aber das ist doch nicht fair ...«

Er fiel ihr ins Wort. »Die französische Reiseleiterin beschwert sich dauernd über uns. Ich tue ihr den Gefallen, daß sie einmal Recht hat, wenn ich ihr eingestehe, daß uns ein Fehler bei der Reservierung unterlaufen ist.«

Brenda lachte.

»Wollen Sie heute nicht hier essen, der Koch hat seinen guten Tag.«

In jedem Hotel, mit dem sie zusammenarbeitete, hatte sie Anspruch auf freie Verpflegung. Die Mahlzeiten waren nicht sehr abwechslungsreich, aber manchmal zog sie es vor,

nicht alleine zu essen. »Ja, danke, das ist eine gute Idee. Ich muß noch schnell ins *Meurice* und komme dann zurück.«
»Ich spreche mit dem Koch. Er soll Ihnen zwei besonders schöne Koteletts aufheben.«
»Sie sind so nett zu mir.«
»Señora, es ist mir ein Vergnügen.«
Brenda liebte die höfliche und würdevolle Art der Mallorquiner.
Vor dem Hotel verharrte sie einen Moment und beschloß, noch einen Kaffee zu trinken. Sie überquerte die Straße und setzte sich auf die Hotelterrasse, die über den Strand hinausragte.
Ein Kellner in weißer Jacke, groß für einen Mallorquiner, trat an ihren Tisch. »Guten Morgen, Señora.«
Sie plauderte mit ihm eine Weile und bat dann um den Kaffee. Während sie darauf wartete, beobachtete sie einen kleinen Jungen und ein kleines Mädchen in Badeanzügen, die auf dem Landungssteg spielten. Wie schön wäre es gewesen, wenn sie und Gerry Kinder gehabt hätten ...
Der Kellner brachte den Kaffee. Sie zündete sich eine Zigarette an und schaute versonnen dem aufsteigenden Rauch nach. Sie schloß die Augen. Es würde ein heißer Tag werden. Hoffentlich erwarteten sie im *Meurice* nicht zu viele Beschwerden – ›Miss, mir schmeckt das Essen nicht, es ist alles anders als zu Hause; zwei Gäste in diesem Hotel führen sich schamlos auf, bitte unternehmen Sie etwas dagegen. Meine Liebe, können Sie uns helfen, mein Mann hat gestern beim Schwimmen seine untere Zahnprothese verloren ...‹
Brenda trank ihren Kaffee aus und schlenderte die Promenade mit ihren überteuerten Souvenirgeschäften entlang

zum *Meurice.* Das moderne, langgezogene Gebäude – kein Haus am Hafen durfte höher als sechs Stockwerke sein – beherbergte die einfachere Kategorie sonnenhungriger Touristen. Sie unterhielt sich mit einem Ehepaar im Garten, lachte herzlich über einen Witz, den sie bereits zweimal gehört hatte, und ging in die Empfangshalle. Der Empfangschef hatte weiter keine Beschwerden, er bat sie nur, den beiden jungen Männern von Zimmer 64 das nächtliche Fußballspielen auf dem Korridor zu untersagen.
Sie ging hinauf ins Zimmer 64 und fand die beiden unrasiert und verkatert im Bett. Sie lehnte das Angebot, sich mit ihnen darin zu vergnügen, lachend ab und bat sie um mehr Rücksicht auf die anderen Hotelgäste bei ihren nächtlichen Feiern. Sie schworen treuherzig, leiser als ihre eigenen Schatten zu sein. Sie bezweifelte es, konnte aber nicht mehr tun.

Paul Theroux
Die MS Punta Europa nach Mallorca

Alle paar Stunden ratterte ein Schmalspurbähnchen von Alicantes Bahnhof aus über Villajoyosa, Benidorm und Altea zum alten Hafenstädtchen Denia, wo die nächtliche Fähre nach Palma de Mallorca ablegen sollte.

Benidorm bestand aus einer Masse von Hochhäusern am Strand: der bisher schlimmste Ort an der ganzen Küste, schlimmer sogar als Torremolinos, dessen vulgärer Ferienfrohsinn immerhin noch etwas Vertrautes, Verzeihliches gehabt hatte. Benidorm aber war großangelegte Häßlichkeit: riesige Appartementblocks, gräßliche Hotels, grelle Leuchtreklamen, das Ganze so schlecht gebaut und optisch abstoßend wie eine eilig aus dem Boden gestampfte Stadt an den Küsten der Volksrepublik China. Benidorm war die Negation sämtlicher Eigenschaften, die für Spanien typisch sind: Charme, Würde, Eleganz, Ehrenhaftigkeit und Zurückhaltung. Und jetzt, mitten im naßkalten Winter, waren die breiten Straßen leer, die Hotels geschlossen und der Strand verödet, kein Mensch schwamm im Meer: nackt und bloß lagen die nutzlosen Scheußlichkeiten da, grauenvoll und deprimierend.

Noch 1949 war Benidorm ein armes Fischerdörfchen gewesen, »ein angebliches Schmugglernest«, wie ein englischer Besucher notierte. Ich ging ein bißchen herum. Ich aß eine Pizza. Ich setzte mich auf eine Bank und betrachtete das

Mittelmeer, dann frischte der Wind auf, und es begann zu regnen.
Der Regen gefiel mir. Er peitschte aufs Meer. Er färbte den Beton der Hotels dunkel und zerrte an den Reklameschildern. Er strömte die leeren Straßen entlang, überflutete die Rinnsteine und grub Flußtäler in den Sandstrand. Noch ein bißchen mehr Wind, und die Lichter würden ausgehen, ein bißchen mehr Regen, und es würde eine richtige Überschwemmung geben. Das wäre dann die Antwort, die Heilung der Stadt Benidorm: die Rache der Natur, ein elementarer, reinigender Sturm, der den Ort auslöschen würde.
Diese Vision besserte meine Laune erheblich, und so stieg ich freudigen Herzens in meinen Anschlußzug und beschäftigte mich damit, mir auszumalen, wie alles mit Mann und Maus vernichtet würde. Die Regentropfen prasselten laut wie Straßenkies an die Außenwand des Waggons. Ich war der einzige Fahrgast. Während der Zug durch den Sturm nach Denia ratterte, wurde es dunkel. »Von allen hübschen Küstendörfern am iberischen Meeresufer ist Denia (das römische Dianium) für mich das reizvollste Fleckchen, der Ort, an dem ich am liebsten bleiben würde«, schreibt Rose Macauley in *Fabled Shore*. Eine verständliche Ansicht: als sie im Jahr 1948 die Küste entlangfuhr, begegnete ihr nur ein einziges anderes britisches Auto. Als ich in Denia ankam, war der Regen sintflutartig, und Denias berühmter Leuchtturm war nicht zu sehen. In der kleinen Stadt waren Straßen überflutet, der Bahnhof troff, und Regenfluten glitzerten im Licht der Laternen am Hafen, wo an einem pfützengesprenkelten Anleger einsam die Fähre vor Anker lag. Ob diese Ödnis bedeutete, daß ich mich in der Abfahrtszeit geirrt hatte?

»Geht das Schiff hier heute abend wirklich nach Palma?«
»Ja, kein Problem.«
»Wo sind denn die anderen Fahrgäste?«
»Vielleicht kommen heute keine mehr.«
Es war zweiundzwanzig Uhr. Ich besorgte mir eine Fahrkarte und ging zehn Minuten später an Bord. Die Fähre *Punta Europa* hatte Platz für eintausenddreihundert Passagiere, wie ein Schild im Oberdeck auf spanisch erläuterte:
Zul. Gesamtzahl der Passagiere: 1300
Besatzung *(tripulantes):* 31
Gesamtzahl Passagiere und Mannschaft: 1331
Ein Mann und sein Sohn kamen an Bord. Die Gesamtzahl der Passagiere auf der *Punta Europa* erhöhte sich somit auf drei. Innen gab es fünf Passagiersalons voller gleicher, harter, enger Plastiksitze, in den wir kerzengerade saßen, als die Fähre in Denia ablegte. Sie brüllte im Sturm wie ein Expreßzug. Die Lampen im Salon brannten noch, die Crew blieb unter Deck, der Wind ließ die Türen knallen, das ganze Schiff stank nach Öl und dem Moder von verrottendem Kork in den unteren Decks. In jedem Salon lief ein Fernseher – ein Mann verlas lautstark die Nachrichten. Draußen das schwarze, wütende Mittelmeer. Für mich war es der erste Sturm auf diesem Gewässer, das ich bisher nur als Spülbecken voll grauer, träge schwappender Brühe erlebt hatte; Wind und Wellen verwandelten es heute abend in einen großen Ozean – und ich fand es aufregend.
Vier Stunden lang das gleiche Stampfen und Rollen der Fähre, dann ließ der Wind nach, und bei der Einfahrt in den Hafen von Ibiza beruhigte sich das Meer. Es war drei Uhr früh. Ein englisches Paar kam an Bord. Die beiden sprachen leise, allerdings nicht miteinander, sondern nur, um ihre

Tiere zu beruhigen: einen nervösen Hund, den sie an der Leine führten, und eine wimmernde Katze in einem Transportkäfig. Die Anzahl der Passagiere betrug also außer den zwei Tieren jetzt fünf. Die grellen Lampen brannten noch, die Mattscheibe flimmerte leer vor sich hin.

Sitzplätze gab es ja reichlich, aber keiner war bequem: steife, unverstellbare Rückenlehnen, harte Armlehnen, zwischen den Reihen kein Platz für die Füße. Ich stützte mich irgendwie auf, bis ich die Unbequemlichkeit und die grellen Glühbirnen nicht mehr aushalten konnte, dann ging ich an Deck. Seufzende schwarze Wogen brachen sich am Schiffsrumpf, ich gähnte und hantierte an meinem Kurzwellenradio herum. Nach drei Stunden klarte der Himmel im Osten auf.

Im nebligen Licht des Tagesanbruchs gab es nichts – kein Land, noch nicht einmal einen Sonnenaufgang, nur das weißliche Wasser der Morgendämmerung. Mallorca kam erst gegen halb acht in Sicht; zuerst die Insel Dragonera an der Westküste, dann das Kap von Cala Figuera mit einem Leuchtturm. Ich konnte gelbbraune Hügel und ein gebirgiges Landesinnere erkennen, eine schöne, zerklüftete Landschaft, die ganz anders aussah als das, was ich erwartet hatte. In manchen Sandbuchten türmten sich dicht an dicht die weißen Hotels, aber es gab auch Küstenstriche, die nahezu unbebaut aussahen.

Mallorca, das manchen als das Herz des Mittelmeers gilt, weil es alle seine Vorzüge auf sich vereint, kennt man in England als Pauschalreiseziel, und somit steht es für »billig«. Wie die Namen der englischen Seebäder Frinton on Sea oder Bognor Regis evoziert allein die Nennung der Insel so viele zweifelhafte Assoziationen, daß man Mallorca der Sprache als eine Art Artikelbezeichnung einverleibt hat:

Man muß Mallorca bloß absichtsvoll näselnd als »Majorca« (mit stimmhaftem »j«) aussprechen und erzielt die gleiche Wirkung, als erzähle man einen Witz.
»Ja, sie ist wunderschön«, erwiderte der spanische Mitreisende meine Bemerkung über die Anmut der Insel. Sein Sohn schlief noch, als wir in den Hafen einfuhren. »In meiner Jugend war die ganze Insel noch unberührt.«
Ich erkundigte mich nach seinem Alter. Er war fünfzig. Er konnte sich noch an die Anfänge der Pauschalreisen und den Beginn des Hotelbau-Booms erinnern. Es gebe immer noch schöne Flecken auf der Insel. »Im Sommer ist es allerdings überall grauenhaft.«
Das Tourismusgeschäft sei im Moment ganz miserabel, meinte er, schlimmer als auf dem Festland. »Aber es wird schon werden. Am Wochenende haben wir eine Fiesta.«
Die Anreise per Schiff gestattete mir einen guten Überblick. Ich hatte sowieso beschlossen, im Mittelmeerraum nicht zu fliegen, eine nützliche Entscheidung, weil sie mich gelegentlich zu komplizierten Umwegen (wie im Falle Denia) zwang und mir manchmal zu Perspektiven auf Orte verhalf, die ich sonst nicht gehabt hätte.
Von der See her, vom Wasser der weiten Bahía de Palma, sah Mallorca elegant aus. Kurz vor der Einfahrt in den Hafen konnte ich die alte Stadt Palma sehen, die reichgeschmückte Kathedrale, die die Stadtmauern beherrscht, die Stuckfassaden an den alten Gebäuden, im Westen die neueren Vororte, weiter weg im Norden die fruchtbaren Felder und Täler.
Ich ging die Gangway hinunter, durchs Hafengebäude hindurch und an einem der Yachthäfen vorbei zur Hauptstraße. Beim Frühstück beschäftigte ich mich mit meiner Landkar-

te und überlegte, ob ich mit der Schmalspurbahn durch die Berge nach Sóller an der felsigen Nordküste fahren sollte. »Eine Fahrt, die den Schweizer Bergstrecken an Schönheit nicht nachsteht«, hieß es in einem Werbeblättchen. Aber ich wollte auch die etwas abgelegeneren Küstendörfer an der Westküste sehen, die weitab von der Bahnstrecke liegen. Einen Leihwagen zu nehmen schien mir das richtige.

Im Telefonbuch standen eine ganze Reihe Autoverleihfirmen. Für die vielen Engländer auf der Insel sorgten außerdem jede Menge anderer englischer Firmen; ein eigener Sonderteil nannte Importeure von Würstchen, Bier, Büchern und Marmelade und warb für Konfektion, Haarschnitte und Häuser.

Sogar einen englischen Radiosender gab es, der von Palma aus den Äther mit schmalzigen Musikstücken für die hiesigen Exil-Engländer beschickte. Ich fand den Sender, als ich zum ersten Mal in meinem Leihauto saß, und ließ ihn eingeschaltet; das Programm rührte mich, weil es so amateurhaft daherkam.

»Valerie ist jetzt auf dem Weg nach London«, sagte die Ansagerin. »Morgen ist sie in Mayfair. Gute Reise, Val. Hier ist ein Lied für Valerie.«

Es war *A Nightingale sang in Berkeley Square.*

»Ich dachte gerade daran, wo ich das Lied zum ersten Mal gehört habe – im Hammersmith Palais«, sagte die Ansagerin zum Schluß.

Ich hatte inzwischen Palma verlassen und fuhr an fruchtbaren Feldern und kleinen Steinhäuschen vorbei Richtung Berge.

Change Partners and Dance ertönte – Fred Astaire, und bald darauf eins meiner Lieblingslieder, eine zittrige Melodie:

Wuddle Ah do,
When you
Are far away?
Just dream of you
Wuddle Ah do?

Was ich nur tu,
wenn du
fern bist von mir?
Ich träum von dir,
was soll ich tun?

Von der Musik bekam ich Heimweh, aber Heimweh ist wohl eine natürliche Begleiterscheinung jeder Reise. Ich kann nur reisen, wenn ich glücklich bin, und wenn ich glücklich bin, fehlen mir die produktiven täglichen Rituale meines Lebens und die Frau in seinem Zentrum. In jenen Tagen erwachte ich jeden Morgen mit der Frage *Wo bin ich, und was mache ich hier?*, dann stand ich auf und versuchte, etwas aus meinem Tag zu machen.

»Für mich heißt es jetzt tschüs. Aber denkt dran: Wenn Ihr was macht, macht's gut. Und wenn Ihr's nicht gut macht, macht's gar nicht.«

Abrupt erhoben sich die Berge aus der flachen Ebene von Palma, ein steiler, fast senkrechter Anstieg in Haarnadelkurven. Auf der Paßhöhe blickte ich über felsige Grate hinweg und sah grüne Hänge, eine Bucht und blaues Meer. Bei der Talfahrt auf die andere Seite braute sich schon ein Sturm an der Küste zusammen, und als ich in Sóller ankam, schüttete es wie aus Kübeln.

Ich war so durchnäßt und durchweicht, daß mich mindestens vier Spanier für einen Einheimischen hielten und mir komplizierte Fragen stellten. Eine davon lautete: »Wo ist das Büro zur Schadensregulierung bei Verletzungen infolge von Arbeitsunfällen?«

Bei einem ersten Orientierungsrundgang durch den Ort fielen mir auf der Plaza drei Münzautomaten ins Auge. Der eine war für Kaugummi. Aus dem anderen konnte man Plastikspielsachen und Kettchen ziehen. Der dritte gab auf Einwurf von zweihundert Peseten kleine Plastikkugeln mit jeweils zwei darin verpackten Kondomen von sich; durch die goldfischglasartige Kunststoffkuppel des Automaten konnte ich sie sehen. Ich überlegte mir gerade, wo ich übernachten sollte, als mir ein Wegweiser nach Deià auffiel.

»In Deià hat mal ein englischer Dichter gelebt, stimmt's?« fragte ich einen Mann im Hafen von Sóller.

»Robert Graves«, sagte der Mann ohne Zögern. »Sein Haus steht noch. Sein Sohn und seine Tochter wohnen jetzt dort.«

»Ich halte ihn für einen großen Dichter. Kennt man hier eigentlich seine Gedichte?«

»Ja. Wir haben große Achtung vor seinem Werk. Wir finden, daß er sich mit allen großen Dichtern messen kann, und zwar nicht nur mit den spanischen, sondern mit allen Dichtern der Welt.«

Ich stellte es mir schön vor, nach Deià zu fahren, vielleicht an den Uferklippen spazierenzugehen und mir die Landschaft anzusehen, die Graves so viele Jahre lang gepriesen hatte.

In Hörweite des Hafens von Sóller fand ich ein Hotel. Der Hafen selbst war so friedlich und die Felsküste so schön, daß ich beschloß, ein paar Tage dazubleiben und meine Notizen auf den neuesten Stand zu bringen. Seit Alicante hatte ich nicht gerade viel geschrieben und auf der *Punta Europa* nicht gerade viel geschlafen, und so war ich froh, dieses friedliche Städtchen gefunden zu haben. Auf den meisten Reisen bleibe ich so lange in Bewegung, bis ich einen Ort finde, der mir gefällt, und wenn ich ein bestimmtes Gefühl habe, bleibe ich eine Weile. Unter anderem deshalb reise ich allein, denn es kommt selten vor, daß zwei Menschen in einem Ort die gleichen Vorzüge sehen. (»Warum willst du hier bleiben? Ich dachte, wir wollten uns nirgends lange aufhalten?«) Sóller war angenehm. Aber selbst jetzt in der flauen Saison waren ein paar Touristen da, Wanderer zumeist.

Ich nahm das als Anregung. Im Supermarkt versorgte ich mich mit Proviant: Joghurt, Ölsardinen, Fruchtsaft und Zutaten für selbstgemachte *bocadillos,* dick belegte Brötchen. Ich kaufte Sóllers berühmte Orangen und eine Wanderkarte, und als der Regen aufhörte und das Meer in der Sonne glitzerte, machte ich mich auf eine zweitägige Wandertour, beobachtete Vögel, machte meine Notizen und war froh, ein so schönes Fleckchen auf dieser angeblich so verdorbenen Insel gefunden zu haben.

Alle Orte, egal wo oder wie, sind einen Besuch wert. Weniger überlaufene Gegenden, in denen die Menschen noch immer ihr normales, herkömmliches Leben leben, scheinen mir allerdings am ehesten lohnend, weil sie verständlich und lesbar sind – sie verleihen mir deshalb immer Auftrieb. Was ich auf dieser Reise bisher am meisten vermißt hatte, war die Chance auf einen Ausblick in eine Landschaft, die nicht aus aneinandergeklebten Hotels, Ferienwohnanlagen, schmuddeligen Kneipen und *English spoken here*-Schildern bestand. Für Ruinen bin ich vielleicht zu ungebildet;

sie haben mich, aus welchem Grund auch immer, noch nie sehr interessiert, desgleichen Gräber und Kirchen. Es lag nicht an meinem Banausentum, es war einfach mein Wunsch, mir das Leben an der Küste anzusehen, egal, in welcher Form. Einige Ausnahmen machte ich schon: große, verfallene römische oder griechische Amphitheater waren etwas anderes. Sie sahen absurd und altertümlich aus, wenn sie sich, wie es manchmal vorkam, mit all ihrer ehrgeizigen Symmetrie in den abwegigsten Ansiedlungen fanden. »An dieser Stelle war der Eingang für die Gladiatoren«, »Beachten Sie bitte die Karrenspuren von den Kutschen der Edelleute.« (Solche Überreste sollte ich später in einem Slum im albanischen Durazzo sehen und in der ansonsten völlig baufälligen Stadt El Djem im Norden Tunesiens.)
Noch kurz zuvor hatte ich es für völlig unmöglich gehalten, daß man an irgendeinem Punkt an der Mittelmeerküste allein sein konnte, und dann hatte ich zufällig diesen Teil von Mallorca gefunden. Natürlich war auch er mit Villen gesprenkelt und teilweise mit Häusern zugepflastert, aber die Küste war die hübscheste, die ich bis dahin gesehen hatte. Ich ging bis zum Dorf Fornalutx, den hexenhutförmigen Puig Major, Sóllers Hausberg, immer im Blickfeld, und wanderte auf dem schwindelerregenden Küstenpfad, um Vögel zu beobachten.
Nach den zwei Wandertagen widmete ich mich meinen Hausaufgaben, das heißt meinen Aufzeichnungen und meiner Wäsche. Es war mir merkwürdig vorgekommen, allein auf den Klippen herumzulaufen, wo außer den Stimmen der Seevögel und dann und wann einem teutonischen Krächzer nichts zu hören gewesen war, aber es war mindestens genauso abwegig, sich in einem Waschsalon in Sóller zwischen

wäschefaltenden jungen Müttern und Kindern wiederzufinden.
»Guten Tag. Wie geht's?«
»Danke gut. Sie sind zu Besuch hier?«
»Ja, Sóller gefällt mir. Es ist sehr hübsch.«
»Nicht verdorben«, sagte die Frau.
»Ich frage mich, warum nicht.«
»Weil es keine ebenen Flächen gibt. Hier sind ja nur Klippen, Felsen und Steilhänge. Die paar Hotels, die wir haben, liegen alle am Hafen und an der Ausfallstraße.«
Ein einleuchtende Erklärung. Ein großes Hotel konnte man hier nicht hinstellen, und mit einem kleinen ließ sich kein Geschäft machen – kein Platz für Pauschalurlauber.
»Eine ruhige Jahreszeit.«
»Ja, fast nur noch Deutsche.«
Nur noch Deutsche, in der Tat: paarweise große, vierschrötige, wasserfeste Wanderer mit Parkas und Kniebundhosen, Wanderstöcken und Ferngläsern. Wenn ich solche Deutsche sah, dachte ich weniger an Wandern als an Invasion. Es waren Deutsche von der robusten, rotgesichtigen Sorte mit dicksohligen Bergschuhen, die jetzt die Nachsaisonpreise ausnutzten und die Bergpfade auf- und abmarschierten, als übten sie das Stück *»The private life of the Master Race«*.
»Früher sind die Engländer hierhergekommen, und als alles teurer wurde, kamen die Franzosen und Belgier. Im Winter sind es jetzt die Deutschen. Ein paar Engländer kommen immer noch im Sommer.«
Sie kannte sich mit den Gästen aus, weil sie als Putzfrau in einem der Hotels arbeitete. Ihr Mann war Fischer. Um diese Jahreszeit fing er Langusten, vom Frühjahr an fuhr er auf Sardinenfang. Der Fischfang sei ein hartes Brot, meinte sie.

Ihre kleine Tochter beäugte uns vorsichtig, während sie mit einem viereckigen Stoffstückchen das Wäschefalten ihrer Mutter nachahmte.
Ich tankte den Wagen: viertausend Peseten, also etwa fünfunddreißig Dollar, für diesen winzigen Renault 5 – noch ein Hinweis auf die hohen Lebenshaltungskosten in Spanien.
Am nächsten Morgen, der zugleich mein letzter in Sóller war, erwachte ich noch einmal zum Klang der Wellen, die auf den Strand rollten, und bedauerte, daß ich abreisen mußte.
Während meiner beiden Wandertage war ich schon fast zu Fuß bis nach Deià gekommen. Nun fuhr ich auf der schmalen, kurvenreichen Küstenstraße dorthin und kam sogleich zu einer Unfallstelle, an der es einen Frontalzusammenstoß gegeben hatte (keine Verletzten, aber ein lädiertes Auto und einen beschädigten Lastwagen). Die Bestürzung des jungen Mannes, der mit schreckgeweiteten Augen neben seinem zertrümmerten Jeep stand, und das geschäftige Getue des Lastwagenfahrers, der ihn in der scharfen Kurve gerammt hatte, waren mir eine Warnung. Durch die Berge wurde gerade ein Tunnel gebaut. Die Protestparole »Tunnel: Nein!« fand sich als Graffito überall in diesem Teil der Insel. Ich gab den Leuten recht. Es gab die Eisenbahn, es gab eine Straße. Es fuhren sowieso schon zu viele Autos auf der Insel. Die Bewohner des Dorfes Deià, das so viele Jahre lang die Heimat des Dichters Robert Graves gewesen war, hatten es per Resolution erreicht, daß Graves im Jahr 1969 zum ersten und in der langen Geschichte der Gemeinde einzigen »Adoptivsohn« des Dorfes ernannt wurde. Er war 1929 aus einer Laune heraus hierhergekommen und über ein halbes Leben lang dageblieben.

Ich finde es schwierig, für den Geburtsort eines Schriftstellers Interesse aufzubringen, und kann Pilgerfahrten zu Poetengräbern nicht ausstehen; die Stätten ihres Lebens und Wirkens aber sehe ich mir gern an, und Dichterwohnungen faszinieren mich. Außerdem suchen sich Autoren, ob sie nun arm sind oder reich, oft grandiose Landschaften als Wohnorte aus. Henry Miller hatte schon längst seine Hütte in Big Sur bezogen, bevor der Ort zur Spitzenlage auf dem Immobilienmarkt avancierte, D. H. Lawrence hielt sich im noch keineswegs schicken Taos auf, Hemingway ging nach Key West zum Angeln und zog mehr oder weniger aus dem gleichen Grund nach Kuba um, Robert Louis Stevenson war ein früher Besucher von Kalifornien und Hawaii und schließlich ein Pionier auf Samoa.

In der Literaturgeschichte des Mittelmeerraums sind viele Orte erst lange, nachdem ausländische Autoren sie entdeckt und beschrieben haben, berühmt und mondän geworden. In den meisten Fällen waren es erst die Autoren, die sich an einem Ort niedergelassen hatten, die einem winzigen Fischerdorf seinen Platz auf der Landkarte verschafften; das Ende kam, wenn es sich zum teuren Ferienort gemausert hatte. So verhält es sich mit F. Scott Fitzgeralds hochgelobter Riviera, mit Norman Douglas auf Capri *(Südwind)*, mit Lawrence Durrell auf Korfu *(Schwarze Oliven)* und Zypern *(Bittere Limonen)*, mit Somerset Maugham in Cap Ferrat. Es gibt Dutzende von anderen Beispielen: Leser, die in Griechenland nach Zorbas und dem Magus suchen, Literaturpilger, die in Alexandria Justine zu treffen hoffen. Die *reductio ad absurdum* davon ist im schlimmsten Falle, daß das Schriftstellerparadies sich zur Hölle aus Verkehr und Hotels, Besuchern und Literaturjüngern entwickelt, während er oder

sie dort noch lebt. Unabsichtlich hat der Autor eine solche Entwicklung mit seiner öffentlich bekundeten Begeisterung selbst verschuldet.
Auf ihre gnomische Art hatte Gertrude Stein Robert Graves vorgeschlagen, es doch mal mit Mallorca zu versuchen. (»Das Paradies – wenn Sie das aushalten können!«) Er hatte gerade Frau und Kinder verlassen und versuchte es – mit seiner Geliebten, der unmöglichen Laura Riding. Noch zu seinen Lebzeiten versank das idyllische Eiland fast unter der Last der Pauschaltouristen. Deià indes war auch jetzt noch ein einigermaßen ruhiges, hübsches Dorf hoch auf den Klippen vor dem schönen Gebirgszug des Teix. Graves hatte sich dort niedergelassen, weil es billig war und etwas abseits der ausgetretenen Pfade lag. Außerdem fand er hier eine gelungene Mischung der beiden von ihm am meisten geschätzten Landschaften, jeder von Nordwales und von Korfu. Er war fest entschlossen, nicht mehr wegzugehen. In *The Next Time* heißt es:

And when the passengers are given two hours,
The wheels failing once more at Somewhere-Nowhere,
To climb out, stretch our legs und pick wild flowers –
Suppose that this time I elect to stay here?

Canellun, das Anwesen von Robert Graves, war leicht zu finden. Das Haus aus hiesigen Bruchsteinen lag in luftiger Höhe auf einer Felsterrasse außerhalb des Dorfes, ein würdevolles Gebäude an einem steilen Berghang, schroffe Zinnen dahinter, weit darunter die felsige Küste. Im Zentrum von Deià gab es ein überraschend luxuriöses Hotel, das La Residencia, ein Haus von der Sorte, die ich bisher gemieden hatte, weil ich unbeschwert reisen und mich nicht von Luxus und Lotusesserei korrumpieren und aufhalten lassen wollte – die Uferlinie des Mittelmeers ist lang.

Graves hatte Canellun im Jahr 1932 mit dem Honorar von *Ich, Claudius* erworben und viele Jahre lang mit Laura Riding, die sich wie so viele Geliebte in der Literaturgeschichte von der Muse zur Xanthippe entwickeln sollte, dort gelebt. Es gilt als einer der Gründe für das Gelingen seines starken Buchs über den Untergang des Cäsarentums, daß Graves es »als Mittel benutzte, um der dunklen Seite seiner Gefühle für Laura Riding Ausdruck zu geben«. Ihren Charakter verewigte er in der Gestalt der bösartigen, listigen Giftmischerin Livia. Im Dorf kannte man Laura als »herrische Exzentrikerin, die in eigenartiger Kleidung herumlief«. Nach einigen Jahren und einigem Leid warf Graves sie raus und wandte sich einer anderen »Weißen Göttin« zu.

Ein Interviewer stellte Graves einmal eine einfallslose Frage zu seinem Leben in Deià: »Hat das Leben in Deià, isoliert von der, wie Sie es nennen, mechanarchischen Zivilisation, Ihnen das nähergebracht, was Sie das Handwerkliche an Ihrer Dichtkunst nennen?«

Graves' Antwort darauf ist interessant: »Ich habe hier einmal sechs Jahre lang gelebt, ohne mich vom Fleck zu rühren – von 1930 bis 1936. Ich bin nicht mal nach Barcelona gefahren. Ansonsten habe ich immer großen Wert auf Reisen gelegt. Man muß gelegentlich raus, weil man nicht ganz in sich selbst oder völlig in einer traditionellen Vergangenheit leben kann. Man muß sich immer wieder klarmachen, wie widerwärtig das städtische Leben ist.«

Er hatte sich bedeckt gehalten und so versucht, durch den Spanischen Bürgerkrieg zu kommen; im Ersten Weltkrieg war er an der Front gewesen und hatte mit seiner etwas verfrühten (er war dreiunddreißig) Autobiographie *Strich darunter* ein Buch darüber vorgelegt. Franco drohte ständig mit einer Invasion Mallorcas, und als es soweit war und es auf der Insel gefährlich wurde, ergriff Graves die Flucht.

Deià ist ein hübsches Dorf. Wie kam es bloß, daß es das so lange blieb, nachdem andere Teile der Insel längst den übelsten Bauspekulanten zum Opfer gefallen waren? Vielleicht verhielt es sich ja auch hier wie in Sóller: »keine ebenen Flächen«, hätte die Frau gesagt – das und dazu noch die engen Straßen. Je schlechter ein Ort zu erreichen war, desto größer waren seine Chancen, intakt zu bleiben.

»Deià empfahl sich durch wenig mehr als den Graves-Zauber«, schreibt Anthony Burgess abfällig in einem Kapitel seiner Autobiographie, das seinen eigenen Aufenthalt am Ort behandelt. Er fährt fort: »Offenbar gab es diesen Zauber nicht nur im übertragenen Sinn, da die Berge angeblich voll von einem hochmagnetischen Eisenerz steckten, das seine Anziehungskraft auf die metallischen Einlagerungen im Hirn ausübte und die Menschen zum Wahnsinn trieb. Von Graves selbst hieß es, das er dort herumlief, Geisterbeschwörungsformeln herausstotterte und mit einem Olivenzweig wedelte.«

Alle Mallorquiner, die ich im Norden der Insel darauf ansprach, hatten schon von Graves gehört, kannten das Dorf und das Haus. Sie kannten alles, bloß nicht Graves' Gedichte. So ist es eben in der Welt. Der Ruf des Mannes reichte ihnen schon, um ihnen Respekt einzuflößen. Ein berühmter Autor, der in einer Kleinstadt oder einem Dorf wohnt, führt ein merkwürdiges Leben. Es ist sehr amüsant, wenn die örtlichen Spießer in der Nachbarschaft über den Autor herziehen, aber noch viel lächerlicher, wenn die ortsansässigen Illiteraten für ihren Autor Reklame machen wollen. Graves' Mitbürger waren Olivenölproduzenten, Obstbauern und Schafhirten, aber auch wohlhabende Pensionäre und Aristokraten. Einige davon befremdete er sehr, aber seine Liebe zur Insel und besonders zu seinem Dorf machten doch so viel Eindruck, daß die meisten Einheimischen zumindest mit Wohlwollen reagierten.

Da Graves' Sohn und seine Tochter noch immer im Hause lebten, wollte ich lieber nicht dort anklopfen – ich mochte nicht stören, fürchtete mich aber auch davor, bei einem solchen Überfall auf die Privatsphäre abgewiesen zu werden. Abgesehen von Neugier hatte ich eigentlich keinen triftigen Grund, meine Nase in ihre Angelegenheiten zu stecken. Ich hätte bloß gern gewußt, wie sein Schreibtisch aussah, das Zimmer, die Bücher und Bilder, weil so etwas gewisse Hinweise auf das Wesen des Autors gibt.

Für La Residencia sah ich zu wenig präsentabel aus; ich trank im Dorf einen Kaffee und verbrachte den Rest des Tages damit, durch die steilen Gassen zu schlendern und die Obstbäume und ordentlichen Häuser zu bewundern. Das Dorf hatte große Würde und viel äußere Schönheit – ein Ort, an den ich gern wieder zurückkehren würde.

In Deià konnte ich mit niemandem plaudern, der Graves' Gedichte kannte. Nicht so wichtig. Das Thema, das mich wirklich bewegte, betraf Franco, insbesondere seinen Zugriff auf Mallorca. Weil die Spanier im allgemeinen so höflich und reserviert sind, dauerte es ziemlich lange, bis ich den Mut aufbrachte, mich danach zu erkundigen. Die Frage nach einem Diktator, der so lange an der Macht gewesen war, konnte durchaus etwas Persönliches haben, als forsche man jemanden aus: »Was hast du denn im Krieg gemacht, Papa?«

In Deià jedenfalls wurde ich meine Frage los. Der Mann, den ich fragte, gehörte zu jener Generation: ein nachdenklich aussehender Herr Anfang Siebzig, der seinen Hund ausführte. Mitten in einer Unterhaltung über die Strecke nach Valldemosa überrumpelte ich ihn mit der Frage. Er zögerte eine Weile. »Zu jener Zeit« – er schien Francos Namen nicht aussprechen zu wollen – »konnten wir bestimmte Dinge nicht tun. Wir konnten bestimmte Dinge nicht sagen. Manche Dinge konnten wir nicht einmal denken.«

»Man kann also von politischer Repression sprechen?«

»Ja. Wir waren nicht so frei wie heute«, sagte er, »aber wir hatten alle Arbeit, und Touristen gab es auch. Wer Arbeit hat, ist zufrieden und stellt keine Fragen. Man lebt sein Leben. Wenn man Arbeit und genug zu essen hat, macht man sich keine Gedanken über Politik.«

»Und wenn es keine Arbeit gibt?«

»Ja, dann stellt man Fragen.«

»Gab es unter Franco also Vollbeschäftigung?«

»Das Land war im Aufschwung. Aber das waren andere Zeiten. Jetzt hat sich alles verändert.«

»Hatte die katholische Kirche damals eine stärkere Position?«

»Eine viel stärkere.«

Er beschrieb Spaniens Eintritt ins moderne Zeitalter. In seinem Land hatte sich, als das übrige Europa den Anschluß längst gefunden hatte, nur wenig verändert. Sein Satz »Das waren andere Zeiten« hörte sich an, als spreche er von der Frühgeschichte. In einer sehr kurzen Zeit – seit den späten

Siebzigern – hatte Spanien hart gearbeitet, um alles aufzuholen. Es mußte heiterer werden und lernen, wie man wählt, vor allem aber mußte es mit der demütigenden Situation fertig werden, daß man so lange unter einem Diktator gelebt hatte, der sich anmaßte, für seine Bürger zu denken. Die Situation muß so ähnlich gewesen sein, als habe man in einem Haushalt gelebt, in dem Mißhandlungen an der Tagesordnung waren.

Statt hier in Deià zu übernachten, entschied ich mich für Valldemosa, ein anderes anmutiges Dorf oberhalb eines Fischerhafens; noch mehr Olivenbäume, noch mehr Obstbäume und Fincas, ansonsten aber war der Ort etwas ebener. Valldemosas Ruhm gründet sich zum Teil auf George Sand und ihren Geliebten, Frédéric Chopin, die den Winter 1838–39 hier verbrachten. Während er an einer Krankheit laborierte und an seinen *Préludes* arbeitete, zankte sie sich mit den Einheimischen. Die Erinnerungen an ihren Aufenthalt hielt sie später in einem Buch fest, das wegen seiner Boshaftigkeit berühmt wurde.

Der Ort schien prädestiniert, mein in Palma gekauftes Exemplar von *Ein Winter auf Mallorca* zu lesen. Es handelte sich um eine hier gedruckte, von Robert Graves übersetzte und reich kommentierte Ausgabe – seine Anmerkungen sind teils Widerlegungen, teils Klärungen von Falschverstandenem und allzu eigenwilligen Ansichten.

Zur Zeit ihrer Reise war Chopin achtundzwanzig Jahre alt, George Sand vierunddreißig. Ihr wirklicher Name war Baronesse Aurore de Dudevant, geborene Dupin, »der Sproß einer *mésalliance* zwischen einem Aristokraten und einer ehemaligen Putzmacherin, die ungekrönte Königin der Romantik«, schreibt Graves.

Chopin galt als ihr Ehemann, obwohl man wußte, daß die beiden nicht verheiratet waren. Der Verdacht, daß die beiden eine geheime Liebesaffäre miteinander hatten, mag der Grund dafür gewesen sein, daß die Einheimischen sich nicht für die Fremden erwärmen konnten. Es war der übelste, regenreichste Winter seit Jahren, die Olivenernte fiel miserabel aus, George Sands Schriftstellerei kam nicht voran. Als ob das nicht schon schlimm genug gewesen wäre, erlitt Chopin auch noch einen Anfall von Tugendhaftigkeit und gab sich frommen Gedanken hin. Das wiederum provozierte seine antiklerikal gesinnte Geliebte, die sich gern als freigeistige Seele sah. Das Dorf schätzte das ganz und gar nicht. Der Haushalt war nicht glücklich. Die Insel war kalt. Das wütende Buch, das George Sand nach ihrer Heimkehr verfaßte, war ihr eigener Racheakt. Sie haderte mit der Vulgarität und Gehässigkeit der Einheimischen und beklagte sich über mehr oder weniger alles, von der Art, wie die Mallorquiner ihre Häuser bauten und ihre Tiere versorgten, bis hin zur schlechten Qualität des Olivenöls, das sie »ranzig und widerwärtig« fand. Mallorcas Bewohner waren für sie Affen, Barbaren, Diebe und »polynesische Wilde«, als seien die zivilisierten Seefahrer des Pazifiks von den Franzosen nicht ohnehin schon genug mißbraucht worden.
An einer Stelle zitiert sie einen französischen Autor: »›Diese Inselbewohner sind sehr freundlich, voll sanfter Gemütsart und gastfrei‹«, fällt ihm dann aber ins Wort: »Bekanntlich sind auf allen Inseln die Menschen entweder Kannibalen oder ›sehr freundlich‹.«
In einer anderen Randbemerkung nimmt sie die Mallorquiner als Beispiel für die angebliche Dünnhäutigkeit aller Spanier: »Wehe dem, der in Spanien nicht mit allem zufrie-

den ist! Man braucht nur die Miene ein bißchen zu verziehen, wenn man Ungeziefer im Bett oder einen Skorpion in der Suppe findet, und schon zieht man sich die tiefste Verachtung zu und bringt alle Welt gegen sich auf.«

»Wir hatten Mallorca ›Affeninsel‹ genannt«, schreibt sie an anderer Stelle, »weil wir uns inmitten dieser tückischen, diebischen und dennoch unschuldigen Biester daran gewöhnt hatten, vor ihnen auf der Hut zu sein«, und fährt, wobei sie eine gewisse Unkenntnis der natürlichen Verteilung von Primaten auf dem Erdball zeigt, fort: »ohne ihnen mehr zu grollen und zu zürnen als die Inder den Schimpansen oder den schelmischen, scheuen Orang-Utans«.

Kurz nach seinem Erscheinen war das Buch heftig kritisiert worden, dabei gehört es zu den lebendigeren und amüsanteren der Reisebücher über das Mittelmeer und steht in seiner grundlosen Unhöflichkeit auf gleicher Stufe mit Evelyn Waughs *Labels*, das diesem Werk einer übellaunigen Mittelmeer-Reisenden in nichts nachsteht.

In Valldemosa sprach ich jemanden auf das Buch *Ein Winter in Mallorca* an.

»Ein albernes Buch. Außerdem ist es alt. Ich bin überrascht, daß es immer noch gelesen wird.«

»Ich lese es, weil es amüsant ist.«

»Es ist voller Lügen über Valldemosa.«

»Es handelt nicht von Valldemosa«, sagte ich, »sondern von George Sand.«

»Ja.« Jetzt sah er mich als Verbündeten. »Das stimmt.«

Am nächsten Tag fuhr ich den langen Bergrücken entlang quer durch die Insel zurück nach Palma. Das Mallorca der Touristen lag offenbar am Strand, die Masse der Bettenburgen im Süden und Osten. Doch sogar die Stadt Palma selbst mutete mich traditionell spanisch und wenig touristisch an. Vor allem durch die imposante Kathedrale aus dem 13. Jahrhundert, eine der wenigen in ganz Europa, die niemals geplündert oder bombardiert wurden, hatte sie etwas durchaus Ehrwürdiges.

»Jetzt ist es schön«, meinte ein Besucher aus Córdoba, »aber im Juli und August ist hier die Hölle los.«

Ich nahm mir ein Zimmer in einem nordöstlichen Arbeiterviertel, in dem es nur normale Menschen und preiswerte Pensionen gab. Ich ging im Supermarkt einkaufen, in den Bars etwas trinken und sah mir, wie alle anderen auch, im Fernsehen Fußball und Stierkämpfe an. Während ich so dahinlebte, versuchte ich, eine Summe aus den spanischen Gegensätzen zu ziehen. Ich fragte mich noch immer, wie der unabhängige Geist Spaniens vierzig Jahre Diktatur hatte ertragen können und wie sich der Gegensatz zwischen der spanischen Leidenschaftlichkeit und der spanischen Höflichkeit erklärte. Die Spanier waren praktizierende Katholiken, die lautstark ihre antiklerikalen Ansichten äußerten. Und wie ließ sich die angestrengte Libido (die Zeitungen waren voll von Kleinanzeigen mit Werbung für alles mögliche, von schlichten Bekanntschaftsanzeigen bis hin zum Sadomasochismus) mit der niedrigen Geburtenrate vereinbaren?

Die älteren Spanier waren häufig die tolerantesten; die Pornographie war das augenfälligste Beispiel dafür. Pornoläden und Pornokinos gab es in allen spanischen Städten und Gemeinden, und selbst kleine Orte wie Cartagena hatten mindestens einen oder zwei Sexläden.

Es scheint mir unbestreitbar so zu sein, daß die Pornographie einer Nation Einblicke in ihr Unbewußtes, ihr Innenleben, ihre Phantasien, ihre Schuldgefühle, ihre Leidenschaften, ja sogar ihr Verhältnis zur Kindererziehung gewährt, von ihren Ehe- und Balzritualen einmal ganz abgesehen. Das ist nicht die ganze Wahrheit, aber dieser Ausschnitt enthält viele Hinweise und noch mehr Warnsignale. Die japanische Pornographie ist anders als die deutsche, die französische anders als die schwedische, die amerikanische anders als die mexikanische und so weiter.

Die spanischen Pornos waren mir ein Rätsel. Sie schienen irgendwie jenseits von Sex, jedenfalls die meisten. Es ging darin um Kinder, Hunde und Folter; Männer quälten Frauen, Frauen waren bestialisch zu Männern, vieles davon war schlimmer als die deutschen Erzeugnisse dieser Gattung, die zu den abstoßendsten der Welt gehören. Manches davon schien hausgemacht: Hermaphroditen und Aufs-Töpfchengehen-Lernen. In einem Film kamen eine Frau, ein Mann und ein Esel vor, ein anderer, einer der merkwürdigsten, die ich je gesehen habe, handelte von einem dreizehn- oder vierzehnjährigen marokkanischen Jungen und einer zutiefst verstörten Ziege.

In den wohlanständigsten kleinen Stadtteilen von Alicante, Murcia oder Palma de Mallorca liefen solche Filme gleich neben dem Süßwaren- oder Friseurladen. Und in den Süßwarenläden selbst konnte man Pornos kaufen – nicht bloß Po- und Busenheftchen, sondern auch die krassere Sorte. Da steht Oma hinter dem Tresen und verkauft Juan einen Lottoschein, und im Zeitschriftenregal liegt, einträchtig neben den Kinderbüchern, den Abendzeitungen und *Stricken heute* ein Heft mit dem Titel *S & M-Revue*, in dem seitenweise Frauen gefoltert, angezündet, gefesselt und verstümmelt werden. Spitze Gegenstände werden in Vaginen ge-

trieben, Arme werden verdreht und Schreie notiert: »¡Socorro! Hilfe!«
Pornographische Comics halte ich für das Allerschlimmste, weil die sexuelle Erniedrigung dort idealisiert und, in einem gefährlichen Reich von Irrationalität und Phantasie, leicht zugänglich ist. Ich hatte angenommen, daß Fotos abstoßend und widerlich sein müßten, aber fotografierte Darstellungen von Folter und Tod gab es kaum. In den Comics war alles möglich, dort konnte man alles abbilden und tat es auch, einschließlich Sodomie und Nekrophilie.

An einem sonnigen Morgen ging ich in Palma an Bord der Fähre, die mich unter blauem Himmel am Felsklumpen von Ibiza vorbei zum Festlandshafen Valencia brachte. Die Überfahrt dauerte acht Stunden bei meistens schönem Wetter. Wir waren ungefähr dreißig Passagiere, auf einem Schiff, das Platz für eintausendfünfhundert hatte. Ich saß an Deck und schrieb. Drinnen verfolgte ein ganzer Salon voller Männer im Fernsehen die Stierkämpfe des Tages, und jedesmal, wenn der Todesstoß erfolgte, wenn der Degen des Matadors mit der ganzen Klinge in den stolpernden Stier eindrang, ging ein Schauer der Befriedigung, ein intensiver Seufzer der Leidenschaft durch den Saal.

Robert Graves
Ein Fahrrad auf Mallorca

Es war nicht immer so. Mallorca war einmal die Insel mit der geringsten Kriminalität Europas. Als ich nach dem Ende des zweiten Weltkriegs mit meiner Familie hierherkam, hätte man eine Handtasche an einen Baum hängen und den Inhalt drei Monate später noch unversehrt vorfinden können. Es sei denn, jemand, der dringend Wechselgeld brauchte, hätte die kleineren Scheine gegen große getauscht.

Diesen Vormittag vergeudete ich in den zugigen Gängen des Stadtgerichts in Palma, weil das Fahrrad meines Sohnes William entwendet worden war. Vor einem Jahr hatte er es seinem jüngeren Bruder Juan geliehen, da dessen eigenes Fahrrad … Aber lassen wir Juans Fahrrad für einen Moment beiseite und widmen wir uns dem von William.

Beide hatten wir aus England importiert. Nun, radfahren, das können die Spanier, die heldenhafte Rennfahrer sind. Die Sterberate unter den Stars dieses Berufes liegt um einiges höher als bei Stierkämpfern. Im Hinterhof des Radklubs ist einem Mitglied in einer Nische ein Denkmal errichtet worden. Der Fahrer starb auf einer Bergstraße während des *Giro de España;* seine Pedalen und Schuhe hängen neben ständig brennenden Kerzen unter dem St. Christopherus.

Andere Mitglieder, die in weniger bedeutenden Rennen ihr Leben ließen, wurden nicht so verewigt. Aber wir Briten wissen wenigstens, wie man Fahrräder *herstellt,* wobei ich betonen muß, daß ich keineswegs das spanische Handwerk schlechtmachen will. Es ist aber nun einmal so, daß die Briten auf diesem Gebiet die absoluten Fachleute sind und sogar in die anspruchsvollen USA exportieren. Die spanische Regierung gibt natürlich nicht zu, daß irgendein anderes Land auf der Welt irgend etwas besser als die Spanier machen kann, und es gehört ohne Zweifel zu den Aufgaben einer Regierung, die Leistungsfähigkeit der eigenen Industrie zu fördern. Unter diesen Umständen ist es sehr schwierig für einen Spanier oder für einen ausländischen Bewohner Spaniens (das ist, was zählt), britische Fahrräder zu importieren, insbesondere in Zeiten, da spanische Pfundreserven knapp sind. Der Importeur muß fünfzehn verschiedene Formulare je fünffach ausfüllen und dabei nicht nur seine persönlichen Daten, sondern auch die aller nahen Verwandten angeben. Und schließlich muß er noch überzeugend nachweisen, weswegen ihm ein britisches Fahrrad erlaubt werden sollte (trotz einer 100%igen Importsteuer) anstatt eines viel besseren, heimischen Gerätes, das nur die Hälfte kostet. Nachdem er fünfzehn Monate lang auf eine Antwort gewartet hat, währenddessen die Devisenreserven weiter geschmolzen sind, wird er wahrscheinlich eine Antwort wie diese erhalten:

»Wir bedauern es sehr, Ihnen mitteilen zu müssen, daß die Fahrradquote für letztes Jahr bereits erfüllt worden ist. Daher möchten wir Ihnen raten, die entsprechenden Formulare in fünffacher Ausfertigung für dieses Jahr auszufüllen.« Nur ist auch »dieses Jahr« bereits vor drei Monaten abgelaufen. Deswegen ist, wie ich von einem freundlichen Sachbearbeiter des Ordnungsamtes erfuhr, der Import eines britischen Fahrrads am einfachsten, wenn man mitsamt

Fahrrad und dem fälligen Importzoll bar auf der Hand an der Grenze steht und auf Einlaß beharrt.

»Wenn Sie von Kindern begleitet werden«, verriet dieser freundliche Sachbearbeiter, »dann wird es keine Schwierigkeiten geben. Alle Spanier haben Verständnis für müde Familienväter, die eine lange Eisenbahnreise hinter sich haben.«

»Und wenn ich das Pech haben sollte, auf eine Ausnahme von dieser Regel zu treffen?«

»Dann sollten Sie es mit einem abgelegenen Grenzübergang in den Pyrenäen versuchen. Es kann vorkommen, daß die Zöllner der entlegenen Grenzstellen keine Informationen über die fälligen Zollsätze für Fahrräder haben, die von Einwohnern Spaniens importiert werden. Falls der Reisende sich als milder Familienvater erweisen sollte, dann könnten sie ihm dazu raten (so etwas soll tatsächlich vorgekommen sein), etwas Schmutz auf das Gerät zu schmieren, um es so in ein gebrauchtes zu verwandeln. Dann darf der Sohn als Sommerurlauber über die Grenze fahren.«

Lange Rede ... Williams Fahrrad haben wir letztendlich doch legal nach Mallorca gebracht. Das war 1949, und zuerst lief alles ohne Probleme ab. Das britische Fahrrad rief viel Bewunderung hervor, da es einen soliden Rahmen und, als einziges Fahrrad der Insel, Räder und Speichen aus Edelstahl hatte, dazu noch Bremsen, die tatsächlich bremsten. und eine moderne Dreigangschaltung. Aber dann, um 1951 herum, breitete sich unter britischen, französischen und amerikanischen Touristen die Vorstellung aus, Mallorca wäre die Insel der Liebe und der Ruhe, ein Paradies, wo die Sonne immer scheint und man für einen Dollar am Tag wie ein König leben kann, Getränke eingeschlossen. Eine Sintflut des Wohlstands brach über uns herein, und trotz der Statistik, die besagt, daß nur drei Prozent dieser Paradiessuchenden wiederkommen, gibt es noch etliche weitere Millionen davon. Dies bedeutet selbstverständlich, daß Diebe, Bettler, Dealer, Betrüger, Gigolos, Abenteurerinnen, Perverse und diverses Gesindel aus der ganzen Welt ihren Weg hierher finden, und von dieser Horde bleiben mindestens siebenundneunzig Prozent. Ihre hinterhältigen Tricks laden eine unzumutbare Last auf die Schultern der sanften *Guardia Civil.* Ich betone, »sanft«. Im großen und ganzen sind die *Guardias Civiles* sanft und edelmütig, korrekt, mutig, ehrlich und pflichtbewußt, wahrscheinlich die einzigen Spanier, die nicht dem Minderwertigkeitskomplex unterliegen, der jeden befällt, der kein Stierkämpfer ist. Nicht einmal die Rennradfahrer sind dagegen immun. Mein ernster Rat wäre, sich nicht über die Dreispitz-Kappen der *Guardias Civiles* lustig zu machen oder sie »operettenhaft« zu nennen. Diese antiquierte Kopfbedeckung sitzt meistens auf den Köpfen von echten Männern.

Genau um die Ecke von unserer Wohnung in Palma gibt es eine Kaserne der *Guardia Civil.* Die Einrichtungen sind sehr asketisch, ähnlich denen in dem kürzlich abgerissenen Gefängnis in der Nähe von Boston – wie hieß es noch? Dort, wo es so viele Meutereien gab. Ich kenne zwei oder drei der *Guardias* persönlich, und meine Familie hat eine Dauereinladung zu ihrer sehr beeindruckenden Vorführung an jedem 1. März, dem Tag des Schutzpatrons der *Guardia.* Als dann eines Abends im Jahre 1952 Williams Fahrrad aus der Eingangshalle unseres Mietshauses – wir wohnen im zweiten Stock – gestohlen wurde, ging ich zu einem *Guardia,* den ich als ein dickes und schmutziges Baby aus dem Jahr 1929 in

Erinnerung hatte, und bat ihn um sofortige Maßnahmen. Er rief einen Kollegen in Zivil, dessen Kinder mit meinen zusammen auf derselben Schule waren, und schickte ihn zum Zigeunerlager in der Nähe der Gaswerke. (Ein frühes Zeichen des Wohlstands auf Mallorca war der Zustrom vieler ungezügelter und malerisch-schlampiger Zigeuner aus dem Süden Spaniens.) Das Lager, mit seinen niedrigen, unverputzten und türlosen Steinhütten mit Dächern aus Treibholz, Lumpen und rostigem Blech, ist der Ort, wo man normalerweise anfangen würde, nach einem gestohlenen Fahrrad zu suchen. Diesmal ohne Erfolg. Aber als der Zivilfahnder zurücktrottete und bereits in Sichtweite der Kaserne war, welche die Inschrift »Alles für das Vaterland« trägt, schoß ein Fahrrad quer über die Straße, streifte den Beamten und krachte gegen einen Lichtmast. Der Fahrer, ein geistig minderbemittelter junger Mann aus Menorca, war arg ramponiert und Williams Fahrrad auch. Der arme Kerl kannte sich mit der Dreigang-Schaltung nicht aus, wechselte den Gang, als er an der Kaserne vorbeiradelte, ohne beim Treten der Pedalen zu pausieren, brach ein Zahnrad der Schaltung und verlor die Kontrolle, das Gleichgewicht, das Bewußtsein und seine Freiheit.

Ich mußte eine lange Anzeige gegen den jungen Mann unterschreiben und auch für den sicheren Verbleib des Fahrrads bürgen. »Vergessen Sie bitte nicht«, sagte der Leutnant, »daß das Fahrrad als Beweisstück vorgeführt werden muß, wenn der Verbrecher vor Gericht erscheint. Da wir Sie gut kennen, können Sie es vorübergehend behalten, aber passen Sie gut darauf auf!«

Die Wohlstandswelle hat die Justiz derart überfordert, daß der Fall immer noch auf der Warteliste steht. Gefangene werden zwar prinzipiell gegen Kaution freigelassen, da aber der Menorquiner nicht einmal in der Lage war, für die Schäden an Williams Fahrrad aufzukommen, wird er wohl – falls er nicht seinen Verletzungen erlegen ist – immer noch in irgendeinem Gefängnis weilen. Ich weiß nur soviel, daß die örtliche Presse zu diesem Thema schweigt. Ein junger englischer Bekannter von mir lernte vor kurzer Zeit ein Gefängnis in Palma von innen kennen, als er wegen Trunkenheit und Waffenbesitz eingesperrt wurde. Nachdem der Gouverneur ihn als Ausgleich für irgendeinen obskuren Gefallen des britischen Konsulates freigelassen hatte, bekam ich einiges über das Gefängnis zu hören. Ein Gefangener etwa konnte seine Freiheitsstrafe um einen Tag kürzen für jeden Tag, an dem er freiwillige Arbeit leistete. Dies bedeutete, er hatte Körbe aus Palmblättern zu flechten, die als Souvenirs für Touristen mit der Aufschrift »Andenken an Mallorca« und mit einigen farbigen Bastblümchen verziert werden. Überstunden an Sonn- und Feiertagen brachten sogar zwei Tage Verkürzung. Der einzige Gefangene, der es außer dem Engländer ablehnte zu arbeiten, war ein Taschendieb aus Valencia, der wegen verschiedener Delikte zu insgesamt einhundertundachtzig Jahren verurteilt worden war. Der Beschreibung meines Freundes nach schien es in bezug auf Betten, Sanitäreinrichtungen und soziale Einrichtungen ein sehr veraltetes Gefängnis zu sein: »Reinstes achtzehntes Jahrhundert, ein regelrechtes Sammlerstück.« Verboten waren Kartenspiele, Alkohol, unseriöse (d.h. andere als religiöse) Bücher und amerikanische Zigaretten. Unter den elf Verbrechern, mit denen er die Zelle zu teilen hatte (die drei Betten wurden in vier Schichten belegt), waren keine Mallorquiner, da diese nur selten Verbrechen begehen (es sei denn, Schmuggel wäre als Verbrechen zu betrachten, eine Frage, die hier offengelassen werden muß). Außerdem können Mallorquiner immer darauf rechnen, daß ihre Verwandtschaft die Kaution stellt.

Na ja, wenn der Fahrrad-Fall entschieden wird, vielleicht sogar noch in diesem Jahr, und der Menorquiner eine zehnjährige Freiheitsstrafe erhält, wird er den Gerichtssaal als freier Mann verlassen, mit einem erlernten Beruf und Geld in der Tasche: Geld in Höhe von einem Cent für jeden Korb, den er geflochten hat, abzüglich der einen oder anderen Tasse Kaffee oder Rasur. Wir haben das Fahrrad mittlerweile repariert, indem wir seine Pedale ersetzten und es mit spanischen Scheinwerfern und spanischem Schutzblech ausrüsteten, da die ursprünglichen Teile den Geist aufgegeben hatten. Die Dreigangschaltung ist nicht mehr das, was sie mal war, aber das Fahrrad fährt noch, trotz weiterer Pannen, von denen noch zu erzählen sein wird.

Jetzt aber zu Juans Fahrrad, dessen Einfuhr auch legal war, oder doch beinahe. Wir suchten eines mit einer feuerwehrroten Farbe aus, damit es leicht wiederzufinden wäre, da die Wohlstandswelle immer höher schwappte und wir nicht wollten, daß es gestohlen würde. Juan, der äußerst penibel ist, hütete das Fahrrad wie seinen Augapfel, reinigte es täglich mit öligem Lappen, Tuch und Sattelseife. Unglücklicherweise meldeten wir ihn bei der – nennen wir sie – San Rokoko Schule an, die angeblich die beste Jungenschule Palmas sein soll. Juan ist nun mal evangelisch, und die würdigen Pfarrer, die San Rokoko betreiben, versuchten, aus ihm einen Katholiken zu machen, genauso wie sie es gerade vorher mit einem kleinen Dänen, zwei kleinen Deutschen und einem anderen kleinen Engländer gemacht hatten. Aber Juan, dessen Blut von beiden Seiten der Familie tief protestantisch gefärbt ist, blieb stur. Die verärgerten Priester entzogen ihm darauf ihren väterlichen Schutz, und bald wurde Juan von einer Gruppe seiner Klassenkameraden angegriffen. Da England Spanien im Fußball mit 4:1 geschlagen hatte, warfen diese patriotischen Buben den englischen Stürmern und Juan unsportliche Spielweise vor. Sie traten zwei Speichen seines Fahrrades heraus, warfen seinen Ball über eine Mauer, demolierten den Dynamo und entwendeten seine Pumpe. Als Erklärung muß gesagt werden, daß sie keine Mallorquiner waren, sondern Söhne von neureichen Galiziern, die vermehrt nach Palma kamen, und daß der spanische Torhüter auch Galizier war.

»Die Jugend übertreibt manchmal«, seufzte Pater Blas, als ich mich bei ihm beschwerte. »Es wäre beinahe unmöglich, die Namen der Schuldigen festzustellen, da wir in San Rokoko nicht viel vom Petzen halten. Außerdem mangelt es Ihrem Sohn an der rechten Einstellung zu unseren christlichen …«

Also ließen wir Juans Fahrrad auf unsere Kosten reparieren, aber es wurde früh an einem Montagmorgen aus dem Schuppen des Schulgebäudes gestohlen, während er im Unterricht war. Am selben Abend ging ich zu Pater Blas, um mich zu beschweren. Er strahlte freundlich und wollte die Sache überhaupt nicht ernst nehmen. Er zweifelte nicht daran, daß einer seiner neckischen Schüler meinem Sohn einen harmlosen Streich spielte. Die Lösung, so Gott wolle, würde sich am nächsten Tag von selbst ergeben, und ich bräuchte mich wirklich nicht zu beunruhigen, da der Schuppen unter Obhut eines zuverlässigen Studenten der Theologie stehe. »Falls es morgen nicht auftaucht«, sagte ich,

»melden Sie bitte den Fall unverzüglich der *Guardia Civil*. Meine Frau und ich fliegen heute abend noch nach Madrid und können uns selbst nicht darum kümmern. Juans Fahrrad ist sehr auffällig, und selbst wenn es anders angestrichen wäre ...«

»Aber das ist doch kein Thema, verehrter Herr! Was Sie da sagen, ist absolut logisch«, warf Pater Blas ein. Juan erhielt sein feuerwehrrotes Fahrrad aber nicht von einem neckischen Mitschüler zurück. Am Montag darauf wurde noch eins gestohlen und am folgenden Montag noch einmal fünf – alles Fahrräder evangelischer Schüler. Nach meiner Rückkehr aus Madrid suchte ich Pater Blas auf und fragte ihn nach Neuigkeiten. Er gab zu, bislang noch keine konkreten Schritte eingeleitet zu haben, da die Schule sich derzeit strengen geistlichen Übungen widme (das war ein auf den widerspenstigen Juan gerichteter Seitenhieb). Aber morgen werde der besagte zuverlässige Student auf alle Fälle die *Guardia Civil* über das geheimnisvolle Verschwinden der Fahrräder informieren.

Darauf erwiderte ich, daß, wenn Juan sein legal eingeführtes britisches Fahrrad nicht innerhalb von zehn Tagen zurückbekäme, ich von San Rokoko eine Zahlung in Höhe des Fahrradwerts inklusive Zollabgaben erwartete, das hieße zweitausend Peseten, umgerechnet um die fünfzig Dollar. Pater Blas reichte mir freundlich die Hand zum Abschied. Er werde mir ein Schreiben zukommen lassen, sobald er sich mit seinen geistlichen Kollegen beraten hätte. Kurz vor dem Ende des Semesters bekam ich seine Antwort zusammen mit dem Bescheid über das Schulgeld. Ich wurde sehr knapp informiert, daß, nach Meinung der von der Schule engagierten Rechtsanwälte, dieselbe keine Verantwortung für das

Verschwinden der Fahrräder aus ihrem Schuppen übernehmen könne, da von den Schülern keine Sondergebühren für das Privileg, die Fahrräder während der Schulzeit dort aufzubewahren, erhoben worden seien.

Auf Mallorca lernt man schnell, niemanden wegen so einer Kleinigkeit wie eines Fahrrads vor Gericht zu zitieren, da solche Verfahren, wie ich wußte, weit mehr als das Fahrrad selbst kosteten.

Mindestens ein oder zwei Jahre würden ohnehin vergehen, ehe die Klage vor Gericht verhandelt würde. Als ich die Sachlage mit meinem Friseur besprach, meinte er, hinzu käme der Umstand, daß die Kirche sowieso gewänne. Sie habe immer gewonnen, außer unter den unmoralischen liberalen Regierungen des frühen 19. Jahrhunderts und unter der genauso unmoralischen der Republik. Also nahm ich Juan einfach von der Schule, schrieb ein höfliches Dankeschön an Pater Blas für die Sorgfalt, die er der Erziehung meines Sohnes gewidmet habe, und zahlte das Schulgeld nicht. Dies war in zweifacher Hinsicht wirksam: San Rokoko würde mich niemals verklagen, da dies viel mehr als den Wert des Schulgeldes gekostet hätte. Außerdem bekäme die Schule Probleme mit meiner Gegenklage wegen des Fahrrads, da mein Anwalt – als Nachweis für die Nachlässigkeit der Schule – die sechs weiteren Diebstähle zitieren würde.

Seitdem wird Juan meistens zu Hause unterrichtet, obwohl er Französisch bei der *Alliance Française* lernt. Und da William derzeit in England zur Schule geht, erlaubt er ihm solange die Benutzung seines Fahrrads: »Aber wenn du nur ein einziges Mal vergißt, es mit Kette und Schloß zu sichern, während ich weg bin, dann bringe ich dich um!«

Damit wären wir im Jahre 1957, als ich in den USA Vorträge halten sollte. Meine mallorquinischen Freunde machten sich Sorgen wegen der Reise ins Land der Gangster, Neurotiker, Indianer und Hilfssheriffs, die sie so gut aus dem Kino kannten. Ich hatte den Eindruck, daß die Gläubigsten unter ihnen ihrem Schutzheiligen sogar Kerzen für mich spendeten. Bei meiner Rückkehr wurde ich lautstark begrüßt und erhielt eine respektvolle Würdigung in der lokalen Presse, als ich mit Armen voller Beute (Süßigkeiten, Nylonstrümpfen, Polaroid-Filmen, Ballettschuhen und einem Schrumpfkopf aus Panama) wieder nach Hause kam ... Zu meiner Erleichterung fand ich Williams Fahrrad am Pfosten unserer Treppe angekettet und abgeschlossen.

Als ich mich am nächsten Morgen um acht Uhr ohne Eile fürs Frühstück fertigmachte (im Anschluß war die Wiederholung der Lateinübungen vorgesehen, die Juan in meiner Abwesenheit erledigt hatte), wurde ich durch einen Schrei und furchtbaren Lärm aufgeschreckt. In der Annahme, daß Juan den Schrumpfkopf nach echter Indianerart feierte und dabei aus Versehen den Geschirrschrank umgeschmissen hatte, schrie ich »Hör auf damit!«

Juan erschien mit einem erschrockenen Gesichtsausdruck. »Das ist draußen«, sagte er. »Ich glaube, sie sind wieder am Streiten.«

Im Treppenhaus unseres Mehrfamilienhauses hatte zwei Jahre zuvor eine blutige Schlacht stattgefunden. Ein anständiges mallorquinisches Ehepaar aus dem zweiten Stock beschwerte sich über die unablässigen Flamenco-Lieder des Hausmädchens, einer nicht aus Mallorca stammenden Frau, die unter ihnen wohnte. Nun, kein Mensch auf Mallorca singt oder tanzt Flamenco außer Zigeunern, Mädchen aus dem Rotlichtviertel oder ab und zu amerikanischen Touristinnen, die sich Kastagnetten kaufen und – als Rechtfertigung für die Schals, Kämme und Ohrringe, die sie aus Sevilla mitgebracht haben – an einer Schule, die wir *Pascualita Pastisis*, Schule für spanischen Tanz, nennen wollen, Unterricht nehmen. Unser mallorquinisches Ehepaar nun sagte etwas Abschätziges über das Flamenco singende Mädchen, woraufhin dieses sich auf sie stürzte, der Frau tief in die Hand biß und dem Mann ein Fußgelenk brach. Ihre Arbeitgeber, denen dieses Paar ohnehin verhaßt war, da die uralte Nähmaschine von deren Tante bis tief in die Nacht die Decke über ihren Köpfen erschüttern ließ und deren Kind den ganzen Tag lang mit Kegeln spielte, schauten untätig zu. Die ganze Straße geriet wegen dieses Zwischenfalls etwas in Verruf.

Aber mit dem Streit von damals kann dieses hier nichts zu tun haben, dachte ich, als ich hastig meine Schuhe anzog. Die Flamencosängerin und ihre Herrin waren schon lange weggezogen, und das Haus hatte seinen guten Ruf wieder zurückgewonnen. Soweit mir bekannt, waren wir die einzigen Nicht-Mallorquiner, die noch dort wohnten.

Ich lief aus der Wohnung und blieb auf dem Treppenabsatz stehen. Als ich das eiserne Treppengeländer berührte, fiel mir ein Tropfen Blut auf die Hand, und ich hörte über mir ein Geräusch wie Gurgeln. Ich schaute nach oben. Ein Stockwerk höher stand ein junger Mann mit verzerrten Gesichtszügen, wilden Augen und blutiger Stirn auf dem Treppengeländer und setzte an, sich noch ein zweites Mal hinunterzustürzen. Ich rief ihm auf spanisch zu: »Komm da 'runter und reiß dich zusammen!«, aber er schrie laut auf und sprang. Als er an mir vorbeiflog, versuchte ich, ihn zu packen, aber er war zu schwer: er sauste hinunter bis zum Erdgeschoß, landete auf dem Fahrrad mit dem gleichen höllischen Lärm, der mich nur eine Minute zuvor so erschreckt hatte, rollte auf den Boden und blieb still liegen.

Im zweiten Anlauf schien der Selbstmordversuch erfolgreich gewesen zu sein. Das einzige, was ich über Erste Hilfe weiß, ist, wie man einen Verband auf eine Schußwunde an den Gliedmaßen anbringt (das hatte ich im ersten Weltkrieg gelernt) und wie man Morphium verabreicht, falls Schlimmeres passiert ist. Also rannte ich die Treppen hinunter, aus der Haustür und um die Ecke zur Kaserne der *Guardia Civil*. Dem wachhabenden *Guardia* berichtete ich außer Atem: »Ein Mann hat gerade versucht, sich vor meiner Wohnungstür umzubringen. Rufen Sie einen Arzt!«

»Einen Moment, mein Herr! Wollen Sie Anzeige erstatten? Wenn ja, dann müssen Sie warten, bis das Büro aufmacht. Der diensthabende Unteroffizier hat noch nicht gefrühstückt.«

»Nein, nein! Es geht auf Leben und Tod, und obwohl ich es außerordentlich bedauere, den Unteroffizier beim Frühstück zu stören …«

»Ist Ihnen diese Person persönlich bekannt?«

»Nein.«

»Handelt es sich vielleicht um einen Ausländer?«

»Das kann ich nicht sagen. Das wichtigste ist, daß man einen Arzt holt.«

»Die Verantwortung dafür kann ich nicht übernehmen. Wer soll ihm die Rechnung bezahlen? Warum holen Sie den Arzt nicht selbst? Versuchen Sie es beim Pflegeheim, hier die

Straße runter. Das wäre bestimmt schneller, als den Unteroffizier zu wecken und ihn zu bitten, den Leutnant zu wecken.«

Seine Logik leuchtete mir ein, also rannte ich zum Pflegeheim. Zufälligerweise parkte davor gerade ein Auto mit der Aufschrift ARZT. Als der Fahrer ausstieg, sprach ich ihn an: »Bitte kommen Sie mit, Herr Doktor. Es sind nur hundert Meter. Ein Mann ist aus dem dritten Stock gesprungen und auf dem Steinfußboden gelandet.«

»Lassen Sie mich die Schwestern benachrichtigen«, sagte er. »Ich selbst bin nur Psychiater und habe seit Jahren niemanden mehr praktisch behandelt.«

Ich dankte ihm für seine Freundlichkeit. Jetzt aber, dachte ich, galt es, den Verrückten zuallererst auf eine Matratze und unter eine Decke zu bringen, falls er noch am Leben war. Ich kam wieder zur Unglücksstelle zurück und fand dort eine Ansammlung tratschender Nachbarn vor, aber das Opfer war nicht mehr zu sehen. Der Mann hatte sich wohl genügend erholt, um die zwei Stockwerke wieder hochzukriechen und einen dritten mutigen Anlauf für seinen Todessturz zu nehmen, aber Juan hatte den Rest meiner Familie zusammengerufen, und alle hielten den Mann fest, bis Hilfe kam. Dann nahm die Hebamme, die mit uns im Haus wohnt und reichlich Erfahrung in Sachen »aufgeregte Ehemänner« hat, die Situation in die Hand.

Nachdem wieder Ruhe eingekehrt war, erschienen einige *Guardias Civiles.* Der verhinderte Selbstmörder erwies sich als ein angesehener mallorquinischer Kaufmann und behauptete, sein Anfall sei durch eine Anti-Grippe-Impfung verursacht, die ihm ein französischer Arzt vor einigen Tagen in Marseille verpaßt hätte. So fiel es dem Unteroffizier leicht, den Zwischenfall als einen bedauerlichen Verlust des Gleichgewichts zu Protokoll zu geben, den *Señor Pedro Tal y Cual* erlitten hätte, als er nach einem Besuch bei Geschäftsfreunden im dritten Stock die Treppen hinabgestiegen sei.

»Jegliche nennenswerte Beschädigung Ihres Fahrrads«, sagte mir der Unteroffizier, »wird selbstverständlich durch den bedauernswerten Herrn selbst ersetzt, gegen den Sie hoffentlich keine Anzeige erstatten werden.«

»Keineswegs, keineswegs«, erwiderte ich. »Er ist doch unser Nachbar und stammt aus Palma. Kriminelle Absichten lägen ihm mit Sicherheit fern.«

»Diese britischen Fahrräder sind wirklich stabil gebaut«, meinte der Schmied bewundernd, als er die Gabel wieder richtete. »Wäre es eins von unseren, hätte der Kaufmann nicht vom Rahmen abprallen können. Wie geht es dem armen Kerl übrigens?«

»Ich hörte, er hat Kopfschmerzen und einen Kratzer am Ellbogen.«

»Welch Wunder!«

»Dieses Fahrrad hat Geschichte gemacht«, berichtete Juan dem Schmied. »Es hat einen Mann ins Gefängnis gebracht und einem anderen das Leben gerettet.«

Nicht ganz eine Woche später wurde das Fahrrad aus dem Verschlag der *Alliance Française* gestohlen, als Juan im Abendunterricht saß. Er ging schnurstracks zur Kaserne der *Guardia* und zeigte den Verlust an. »Verschwinde, Junge«, sagte man ihm. »Du bist zu jung, um ordnungsgemäß Anzeige zu erstatten. Außerdem hat das zuständige Büro bis morgen geschlossen. Sag deinem Lehrer, er soll mit dir um zehn Uhr hierherkommen.«

Juan erschien als ein Häufchen Elend zu spät zum Abend-

essen. »Williams Fahrrad ist geklaut worden«, schluchzte er, »und er hat gesagt, er bringt mich um ...«
»War es nicht angekettet?«
»Nein, das ist das Schlimmste daran. Als ich zur Schule fuhr, fiel mir ein, daß ich die Kette und das Schloß vergessen hatte, also kehrte ich zurück, aber dann konnte ich mich nicht mehr daran erinnern, was ich vergessen hatte, und ich raste wieder zurück zur Schule und hoffte, es würde alles gutgehen. Verdammt!«
Wir gaben Juan Wurst und Kaffee und eilten zum Hafen hinunter. Das Nachtschiff nach Barcelona hatte noch nicht abgelegt. An der Eingangssperre fragte ich den Unteroffizier der *Guardia Civil,* ob ein Fahrrad englischen Typs zufälligerweise dort durchgekommen wäre. »Uns ist gerade eins gestohlen worden«, erklärte ich. »Manchmal, so habe ich gehört, klauen Diebe Fahrräder und bringen sie in letzter Minute an Bord, weil sie wissen, daß Anzeigen so spät am Abend nicht mehr aufgenommen werden.«
»Nein, mein Herr. Kein solches Fahrrad hat diese Sperre passiert. Aber Sie sind nicht richtig informiert. Da wir in einer Zeit des Wohlstandes leben, geben sich die Hehler in Barcelona mit weniger als gestohlenen Motorrädern nicht mehr zufrieden.«
»Wir werden das gute alte Fahrrad nie wiedersehen«, klagte Juan. »Wenn William zu Ostern nach Hause kommt, werde ich mich vor ihm verstecken müssen.«
Da es gelegentlich vorkommt, daß Fahrräder nur für eine einzige Spritztour gestohlen werden, bevor man sie irgendwo abstellt, suchten wir das Fundbüro im Rathaus auf, wo die Polizisten sie hinbringen.
Fehlanzeige.

Der Mann am Schalter riet uns davon ab, der *Guardia Civil* den Verlust zu melden. »Falls sie das Fahrrad doch finden, werden Sie es niemals wiedersehen, da es bis zur Gerichtsverhandlung als Beweismaterial beschlagnahmt bleibt.«
»Aber lieber später als nie, meinen Sie nicht?« fragte ich.
»Ich fürchte, das macht keinen Unterschied, mein Herr«, erwiderte er pessimistisch.
Leider nahm ich seinen Rat nicht an. Obwohl die *Guardia Civil* mittlerweile den Gefangenen aus Menorca vergessen hatte und sie nur einen Selbstmordversuch mit dem Fahrrad in Verbindung brachten, mußte ich trotzdem den Verlust zu Protokoll geben. Und am nächsten Tag fand Juans bester Freund aus der *Alliance Française* das Fahrrad: zurückgelassen gegen eine Mauer gelehnt, in einer verrufenen Gasse ziemlich weit entfernt von der Schule. Das Ereignis feierten wir mit einem kleinen Festessen.
Es erschien aber alsbald ein *Guardia Civil*, der wissen wollte, ob sich das Fahrrad wieder angefunden hätte. Wir berichteten ihm, daß es sich – dem Himmel sei Dank! – wieder in unserem Besitz befände.
»Mein Freund, der Pepe, hat es in der Calle Aceitunas gefunden«, sagte Juan.
»Wer ist dieser Pepe? Wie ist sein Nachname und wo wohnt er?«
Ich bekam heute eine gerichtliche Vorladung in Sachen »sechsundneunzigste Fahrradentwendung des laufenden Jahres, Beweisaufnahme unter Androhung eines Bußgeldes bei Nichterscheinen«. Vielleicht, dachte ich bei mir, fährt unser neuer Gouverneur eine härtere Gangart, und der Leutnant hat den Verdacht, Juans Freund Pepe hätte das Fahrrad selbst entwendet. Ich bin mir nicht sicher, ob der

Unterschied zwischen »Entwendung« und »Raub« in Spanien und in den Vereinigten Staaten der gleiche ist. Wäre der Verschlag wirklich abgeschlossen gewesen, oder hätte Juan daran gedacht, das Fahrrad abzuschließen, und hätte der Dieb es mit Gewalt in seinen Besitz gebracht, dann wäre das Raub gewesen, und das hätte dann noch ein paar Jahre Gefängnis mehr bedeutet.
Ich habe Pepe lange nicht mehr gesehen, aber ich erwarte auch nicht, daß ich ihn bald in der Begleitung von zwei *Guardias Civiles* sehen werde.
Obwohl er kein »anständiger Mallorquiner« ist (denn das würde ihn von allen Verdachtsmomenten befreien), nimmt er sogar eine noch bessere Stellung ein: sein Vater ist der neue Hauptmann bei der anderen *Guardia Civil* Kaserne, ein knallharter Kerl aus der *Estremadura**.

* Region im Südwesten Spaniens an der Grenze zu Portugal

Der Abt von La Real

Ein Märchen aus Mallorca

Es gab einmal einen Abt von La Real, der war ein recht gemütlicher Mann. Er war ungeheuer dick und nahm immer noch mehr zu.

Eines Tages kam der König, der dünner war als ein Zuckerrohr, vorüber, und wie er den Abt und dessen Leibesfülle sieht, sagt er zu ihm:

»Ehrwürdiger Vater, wie, zum Kuckuck, ist es möglich, daß Ihr so fett seid und ich so mager?«

»Das seht Ihr nicht?« antwortet der Abt. »Das kommt daher, daß Eure Königliche Majestät häufig Kopfschmerzen haben und sich von ihnen quälen läßt. Wenn ich sie habe, weiß ich sie sogleich bei der Wurzel zu packen.«

Dem König gab diese Rede zu denken, und so dachte er bei sich: »Dieser Vater Abt will sich wohl über mich lustig machen? Na, wartet nur, mein Freund, ob ich euch da nicht einen Streich spiele. Da wollen wir sehen, ob sie ihm nicht auch zu schaffen machen, diese Kopfschmerzen, und ob er sie dann so leicht zu vertreiben vermag!«

Er plauderte noch eine Weile mit dem Abt, und beim Abschied sagte er zu ihm:

»Vater Abt, da Eure Gnaden mich haben wissen lassen, daß Euch Kopfschmerzen nicht in den Kopf wollen, will ich von Euch folgende drei Fragen innerhalb von drei Tagen beantwortet haben. Erstens: Wieviel bin ich wert, wenn ich das teuerste Gewand trage, das ich besitze! Zweitens: Wieviel

Zeit würde ein Pferd brauchen, um rund um die Welt zu fliegen! Drittens müßt Ihr meine Gedanken erraten. Und unser Pakt sei dieser: Könnt Ihr mir Antwort auf meine Fragen geben, so sollt Ihr in Gold aufgewogen werden, und dieses gehöre der Abtei. Wißt Ihr mir aber nicht zu antworten, lasse ich Euch als Dummkopf ausrufen.«

Kaum war das letzte Wort gesagt, verließ der König den Abt und begab sich wieder nach Ciutat.

Der Abt war sprachlos; und ich versichere euch, daß sie ihm jetzt kamen, die Kopfschmerzen meine ich, und daß sie ihn innerlich zwickten und zwackten und das immer heftiger, je mehr die Zeit verrann. Wie hätte er da noch einschlafen können an jenem Abend so wie an allen vorhergehenden! Mit gesenktem Haupt dachte er nach und dachte nach, denn die Teufelchen von Fragen ließen ihm keine Ruhe.

Den Mönchen fiel das auf, und sie fragten ihn, was es denn Neues gäbe.

»Laßt mich in Ruhe«, antwortete er.

Und schon sahen sie ihn wieder mit hängendem Kopf. Und je mehr er nachdachte, desto weniger konnte er die drei Antworten finden. Am Abend des zweiten Tages konnte es der arme Mann nicht mehr aushalten: er rief die Mönche zusammen und erzählte ihnen, was ihn beunruhigte.

Als nun die Mönche das hörten, waren auch sie ratlos und konnten in keiner Himmelsrichtung einen Ausweg aus dieser mißlichen Lage entdecken. Am Ende sagten sie: »Keiner von uns findet nach noch so vielem Überlegen eine Antwort auf diese Fragen, und dennoch geht es hier ums Ganze. Am ratsamsten ist es, die ganze Gemeinschaft zusammenzurufen und allen Brüdern zu erzählen, was vorgeht. Vielleicht findet sich einer, der uns den Weg weist, wie wir ungeschoren aus diesem Irrgarten gelangen, in den wir da geraten sind.«

Der Vater Abt folgt diesem Rat. Er ruft die Gemeinschaft zusammen und erzählt, was ihn bedrückt, und daß man ihn, sollte er nicht binnen vierundzwanzig Stunden die drei Fragen beantwortet haben, als Dummkopf ausrufen würde. Als die Gemeinschaft den Aufruf vernommen hatte, wagte niemand den Mund aufzutun, bis schließlich der Koch aufstand und sagte:

»Darf ich ein Wort sagen?«

»Wenn es uns weiterhilft, ja«, sagte der Vater Abt.

»Nun, dann will ich es sagen«, meinte der Koch: »Ich nehme es auf mich, die drei Fragen zu beantworten, aber unter einer Bedingung.«

»Und die lautet?« fragte sofort der Abt und seufzte tief.

»Daß mir der Ehrwürdige Vater sein Gewand überlassen muß.« Es fehlte wenig, und alle wären in schallendes Gelächter ausgebrochen, weil sie sich vorstellten, welchen Anblick wohl der Koch, der ein mageres Männchen war und gerade noch aus Haut und Knochen bestand, so daß er fast keinen Schatten warf, in den Gewändern des so stattlichen und rundlichen Vaters Abt bieten mochte. Am nächsten Morgen stieg der Koch in die Kutte des Abtes, und ihr dürft mir glauben, daß er diese hinter sich nachschleppte und daß noch drei von solchen Köchen, wie er einer war, darin Platz gehabt hätten.

Dann geht er geradewegs zum Haus des Königs und sagt zu den Dienern: »Sagt dem Herrn König, daß ich hier bin.«

»Und wer seid ihr, Brüderchen?« sagten die Diener, als sie die große Kutte sahen und das Krümelchen Mann, das darin steckte und sie hinter sich herzog.

»Ein Mönch von La Real«, sagte er und achtete nicht des Lächelns, das um die Mundwinkel aller, die er da vor sich hatte, spielte. Die Diener gingen zum König und sagten ihm:
»Herr, da draußen steht ein Mönch von La Real, der nach Euch verlangt.«
»O ich weiß schon, wer es ist! Das ist der Vater Abt. Sagt ihm, er möge noch ein Weilchen warten, und versammelt den ganzen Hof, denn das ist jetzt nötig.«
Der ganze Hof versammelt sich, und der König setzt sich in seinem schönsten Gewand auf den Thron und sagt:
»Der Vater Abt von La Real möge eintreten.«
Er trat ein, und man hieß ihn in die Mitte setzen, von Angesicht zu Angesicht mit dem König.
Jedermann, der ihn sah, sagte:
»Und so etwas machen sie zum Abt! Den tragen seine Kleider mehr, als er sie! Was den Stoff betrifft, daran fehlt es nicht gerade ...«
»Schweigt«, sagte der König. »Es ist drei Tage her, da war er noch nicht eine so halbe Portion! Damals war er ganz schön fett! Es sind drei Fragen, die er mir zu beantworten hat, die ihn ausgetrocknet haben und ihn vom Fleisch fallen ließen.«
Und er dachte bei sich: »Sieh einmal an, was aus dem die Kopfzerbrechen gemacht haben! Und was das Bei-der-Wurzel-Packen betrifft, so hat es ihm nichts genützt, diesem Schelm! Es scheint mir, daß es ihm eine gute Lehre war!«
Ernsthafter als eine Kartoffel sagte er schließlich zum Vater Abt:
»Los! Die erste Antwort: Wieviel bin ich wert in dem Kleid, das ich hier trage?«

»Was Ihr wert seid?« sagt jener, den sie alle für den Abt halten. »Neunundzwanzig Dinare.«
Alle, und der König als erster, fuhren auf wie von der Tarantel gestochen, als sie das hörten.
»Was soll das heißen? Der König ist nicht mehr wert als neunundzwanzig Dinare!« riefen alle durcheinander.
»Ja, meine Herren!« sagte der Abt: »Neunundzwanzig Dinare und nicht mehr. Jesus Christus, der Gott war, verkauften sie um dreißig, und ich halte es für keinen geringen Preis, wenn man den König um einen Dinar niedriger ansetzt als unseren Herrn Jesus.«
Als der König und sein Hofstaat das vernahmen, klappten sie den Mund wieder zu und wanden den Hals.
»Es hilft nichts«, meinten sie, »die Frage ist beantwortet, da mögen wir uns noch so sehr dagegen sträuben.«
»Macht nichts«, sagt der König, »die zweite Frage: Welche Zeit würde ein Pferd brauchen, um rund um die Welt zu fliegen?«
»Das werde ich Euch sagen«, sagt der Abt, »wenn das Pferd soviel Weg zurücklegte wie die Sonne, ist es ganz sicher, daß es jene in vierundzwanzig Stunden umflogen hätte.«
Jedermann erstarrte auch nach dieser Antwort zu Stein, und es war nicht möglich zu leugnen, daß die Frage gut beantwortet war. Der König war jetzt nicht mehr ganz so sicher. Aber er vertraute dennoch seiner dritten Frage, die zu erraten er für unmöglich hielt, denn wer ist schon in der Lage, die Gedanken eines anderen zu durchschauen, so dachte er.
»Macht nichts«, rief also der König aus, »gehen wir zur dritten Frage über: Was denke ich in diesem Augenblick?«
»Was sollt Ihr schon denken?« sagt der Abt. »Daß ich der Abt von La Real bin!«

»Mehr fehlte auch nicht, als daß Ihr ein anderer wäret!« sagte der König zornentbrannt und dachte, daß er ihn nun besiegt habe.
»Nun, so wisse Eure Königliche Majestät, daß ich ein armer Laienbruder und Koch der Abtei bin.«
Und dabei streifte er das Gewand des Abtes ab und stand nur noch in seinem eigenen da.
Das war vielleicht eine Überraschung für jedermann. Sie betrachteten ihn sich gut von allen Seiten und mußten erkennen, daß es nicht der Abt, sondern der Koch der Abtei war.
Und in dem großen Saal erhob sich eine Stimme:
»Herr König, es hilft nichts: Er hat die Gedanken Eurer Königlichen Majestät und unser aller erraten. Alle haben wir geglaubt, er wäre der Vater Abt, und er ist der Koch.«
Da sagte der König:
»Es hilft uns alles nichts, dieser Koch hat's uns gegeben. Zu unserem Glück ist er leicht, so kommt nicht allzuviel Gold auf sein Gewicht. Wenn es der Vater Abt wäre, der würde unsere Kasse wahrlich ausschöpfen!«
Sogleich begaben sich alle zur Staatskasse; sie wogen den Koch mit Gold auf, und es waren alles Zwanziger-Goldstücke zu sechs und zwölf Pfund. Und vier Diener des Königs brachten diese in großen Körben nach La Real, und mit ihnen ging der Koch, strahlender als ein Ostermorgen, und noch lebt er ... wenn er nicht gestorben ist. Und der König hatte niemals wieder Lust, dem Abt noch irgendeinem Mönch von La Real Fragen zu stellen oder sich Fragen beantworten zu lassen.
Und nun! Wer sie sucht, der findet sie.

Gabriela Kunze/Christoph Mann/ Elke Mikhail

Lange bevor es auf Mallorca schneite …

… so fangen auf Mallorca Märchen an. Doch nicht nur vom winterlichen Schnee ist die Rede, sondern vom Blütenschnee der Mandelbäume.

Süße Geschichten. Doch da gibt es noch eine Geschichte. Die ist weniger süß, die ist lausig. Es ist die Geschichte von der Reblaus, die heute vor genau hundert Jahren eintraf und den Weinstöcken auf der ganzen Insel ruck, zuck den Garaus machte.

Das war 1891. Da kam den Bauern eine Idee. Sie gründeten eine Gesellschaft, nannten diese »Societat d'Amics del Pais – Vereinigung der Freunde des Landes« und entwarfen lauter schöne Pläne zur Modernisierung und Sanierung der mallorquinischen Landwirtschaft, einschließlich der zerstörten Rebkulturen.

Nicht, daß sie den Kampf gegen die Läuse aufgenommen hätten, sie waren praktischer, pragmatischer und pflanzten anstelle der lausigen Rebstöcke Bäume, auf die Läuse keine Lust haben: Mandelbäume. Die meisten »Ametlers« wurden an der Ostküste angesiedelt, von Portocristo und Manacor bis hinunter nach Santanyi und im Raum von Felanitx und Llucmajor: danach auch in der klimatisch nicht so günstigen Ebene.

Nach und nach wuchs die Anbaufläche auf gute 80 000 Hektar, auf denen um 1980 etwa sieben Millionen Bäume gezählt wurden, zuzüglich weiterer 250 000 wildwachsender Exemplare.

So jedenfalls die Statistik des Landwirtschaftsministeriums, die auch von 70 verschiedenen Mandelsorten spricht, süßen Mandeln notabene. Bittermandeln sind nicht dabei.

Noch vor etwa 30 Jahren, um 1970, war Mallorca der größte spanische Mandelproduzent. Die Süßwarenindustrie von Valencia und Toledo riß sich um die Mallorca-Mandel mit ihrem charakteristischen herbsüßen Geschmack, mit dem die Importmandel aus Kalifornien nicht mithalten konnte. Das berühmte Toledo-Marzipan war ohne Mallorca-Geschmack nicht denkbar, ebensowenig wie die valencianischen *turrones*.

Just im Jahre 1970 tauchten auf der Börse von Reus bei Tarragona die ersten Industrie-Mandeln auf: schöne, gleichförmige Kerne, die ansehnlicher waren als die kleinen Kerne aus Mallorca; Mandeln, die mehr dem Auge gefielen als dem Gaumen.

Die Süßwarenproduzenten gingen, ohne zu zögern, auf die maschinenfreundliche, weniger schmackhafte Mandel aus Valencia oder Kalifornien über, nur noch die heimische Fabrikation blieb der Mallorca-Mandel treu. Mandeln, die in Bars zu Drinks verabreicht werden, kommen vom spanischen Festland oder aus Amerika.

Eine Zeitlang ließen die Bauern die Mandel am Baum verkommen. In den letzten Jahren wurde die Situation besser. Es werden wieder »ordentliche Preise für Mandeln« gezahlt, wie »Almendras de Mallorca«, die größte Exportfirma der Insel, bestätigt.

Der Pferdefuß an der Angelegenheit ist allerdings die Tatsache, daß hierzulande die letzten Ernteerträge zu wünschen übriglassen: Viele Mandelbäume sind einfach nicht mehr gepflegt genug. Die Mühe lohnte sich oft nicht. Doch das Blütenwunder wiederholt sich Jahr für Jahr, ob nun die Erträge rentabel sind oder nicht.

In den Rezepten der Insel haben die Mandeln viele Spuren hinterlassen. Gleichgültig ob *pollastre amb salsa d'ametles* (Huhn mit Mandelsauce) oder *liebre amb ametles* (Hase mit Mandeln), man serviert Mandelsauce auch mit Schweinefleisch. Mandeln findet man auch in vielen Desserts, beispielsweise im Mandeleis oder dem berühmten *gató,* einem köstlichen, leichten Mandelkuchen.

Trockenfrüchte und edle Sorten von Nüssen sind auf der Insel sehr beliebt. Besonders Pinienkerne findet man in den traditionellen *sopes mallorquinas,* dem Eintopf mit getrocknetem Brot, oder auch in vielen Fischgerichten.

Gató d'ametles

(Mandelkuchen)

500 g geschälte Mandeln
500 g Zucker
12 Eier
Zimt
geraspelte Zitronenschale

Die Mandeln mahlen, nicht zu grob, nicht zu fein. 6 Eier und den Zucker hinzugeben und die Masse langsam und ausdauernd schlagen.

Danach die restlichen Eier unter ständigem Schlagen hinzufügen. Die Masse so lange bearbeiten, bis sie zähflüssig bis steif ist.

Eine Kuchenform von 30 Zentimeter Durchmesser gleichmäßig einfetten, die Teigmasse einfüllen und im vorgeheizten Ofen bei etwa 190 Grad 25–40 Minuten backen.

Die unterschiedliche Garzeit erklärt sich aus unterschiedlichen Vorlieben. Manche lieben den *gató* nur ockerfarben, andere dunkelbraun. Nach dem Backen den Kuchen abkühlen lassen und mit Puderzucker bestreuen.

Viele Mallorquiner trinken zum Mandelkuchen ein Glas halbsüßen Sekt.

Anaïs Nin
Mallorca

Einmal verbrachte ich den Sommer auf der Insel Mallorca, und zwar in Deya, unweit des Klosters, wo einst George Sand und Chopin gewohnt hatten. Frühmorgens setzten wir uns auf kleine Maulesel und ritten den steilen, steinigen Bergpfad hinunter ans Meer. Der Ritt dauerte fast eine Stunde und führte rötlich schimmernde Lehmpfade entlang, über Felsen, schlüpfrige Steine, durch silbernschimmernde Olivenwälder bis hinunter zu den Fischerdörfern mit ihren an den Bergwänden klebenden Hütten.

Ich ritt täglich hinunter zu der kleinen Bucht, deren Wasser so klar war, daß man bis auf den Grund sehen und die Korallenriffe und seltsamen Meeresgewächse erkennen konnte.

Über diese Bucht erzählten sich die Fischer eine seltsame Geschichte. Die Frauen auf Mallorca waren in der Regel sehr abweisend, puritanisch und strenggläubig. Wenn sie badeten oder schwammen, zogen sie sich die langen Badekleider und die schwarzen Strümpfe unserer Großmütter an. Die meisten aber machten sich ohnehin nichts aus dem Baden. Sie überließen es lieber den schamlosen Fremden, die dort ihre Sommerferien zubrachten. Auch die Fischer rümpften die Nase über die modernen Badeanzüge und das ungenierte Verhalten der Fremden. Fremde, das waren für sie Nudisten, die sich bei dem kleinsten Anlaß völlig entblößten und nackt wie die Heiden in der Sonne lagen. Sie

mißbilligten auch die von den Fremden eingeführten mitternächtlichen Strandpartys.
Vor einigen Jahren ging die achtzehnjährige Tochter eines Fischers am Strand spazieren. Es war Abend. Sie hüpfte von einem Felsen zum anderen; ihr weißes Kleid schmiegte sich an ihren Körper. Während sie so spazierenging und vor sich hinträumte und sah, wie das Mondlicht auf der Meeresoberfläche tanzte und sanfte Wellen ihre Füße benetzten, kam sie an eine verborgene Bucht, in der jemand schwamm. Alles, was sie erkennen konnte, war ein Kopf und hin und wieder ein Arm. Der Schwimmer war weit weg. Dann hörte sie, wie eine helle Stimme rief. »Komm ins Wasser! Es ist wunderbar!« Die Stimme war spanisch, der Akzent aber fremd. »Hallo, Maria«, kam es übers Wasser. Man kannte sie also. Wahrscheinlich war es eine der jungen Amerikanerinnen, die immer hier badeten.
Sie entgegnete: »Wer sind Sie?«
»Evelyn«, antwortete die Stimme. »Komm und schwimm mit mir.«
Die Versuchung war groß. Ohne weiteres konnte sie ihr weißes Kleid ausziehen und in dem kurzen weißen Hemd schwimmen. Sie sah sich um, es war keiner in der Nähe. Das Meer war unbewegt und von Mondlicht gesprenkelt. Zum erstenmal begriff Maria, warum die Fremden gern nachts badeten. Sie zog ihr Kleid aus. Sie hatte langes schwarzes Haar, ein blasses Gesicht, mandelförmige Augen, grüner als das Meer. Sie war wunderbar gewachsen, mit hoch angesetzten Brüsten, langen Beinen, einem harmonischen Körper. Und sie konnte besser schwimmen als irgendeine Frau auf der Insel. Sie ließ sich ins Wasser gleiten und schwamm mit kräftigen, leichten Stößen auf Evelyn zu.

Evelyn war untergetaucht, kam ihr entgegen und hielt ihre Beine fest. Sie tollten beide im Wasser herum. Das Halbdunkel und die Badekappe ließen das Gesicht nicht genau erkennen. Amerikanische Frauen hatten oft Stimmen wie Knaben.
Evelyn rang mit Maria und schlang unter dem Wasser die Arme um sie. Dann tauchten beide wieder auf, um Luft zu holen, lachten, schwammen unbekümmert wieder auseinander und dann wieder aufeinander zu. Marias Hemd trieb auf dem Wasser und behinderte sie. Dann verlor sie es und war nackt. Evelyn tauchte wieder und berührte sie wie im Scherz, rang mit ihr und schwamm unter und zwischen ihren Beinen hindurch.
Evelyn spreizte die Beine, damit ihre Gefährtin zwischen ihnen tauchen und auf der anderen Seite wieder hochkommen konnte. Sie ließ sich auf dem Rücken treiben und Maria unter ihrem hohlen Kreuz hindurchschwimmen. Maria fühlte, daß auch Evelyn nackt war. Plötzlich wurde sie von hinten umarmt; Evelyn bedeckte ihren ganzen Körper mit ihrem. Das Wasser war warm wie ein weiches Kissen und so salzig, daß es sie trug. Sie konnten sich treiben lassen und ohne sich anzustrengen schwimmen.
»Wie schön du bist, Maria«, kam es mit tiefer Stimme. Evelyn hielt sie noch immer umarmt. Maria wollte sich wegtreiben lassen, aber die Wärme des Wassers und der Kontakt mit dem Körper ihrer Gefährtin hielten sie zurück. Sie ließ sich umarmen. Es kam ihr vor, als hätte ihre Freundin keine Brüste; andererseits hatte sie beobachtet, daß viele junge Amerikanerinnen nur sehr winzige hatten. Maria war erschöpft und ermattet; sie wollte die Augen schließen.

Aber auf einmal war das, was sie zwischen ihren Beinen spürte, keine Hand mehr, sondern etwas ganz anderes, Unerwartetes, Überraschendes. Sie schrie auf. Dies war keine Evelyn, sondern ein junger Mann, Evelyns jüngerer Bruder, der seinen steifen Schwanz zwischen ihre Beine hatte gleiten lassen. Sie schrie ein zweites Mal, aber niemand hörte sie. Dieser Schrei war eigentlich nur eine angelernte Reaktion. In Wahrheit gefiel ihr die Umarmung, die einschläfernd, erwärmend und zärtlich war wie das Wasser. Wasser, Schwanz und Hände verbanden sich nun, um ihren Körper zu erregen. Sie wollte wegschwimmen, aber der Junge tauchte wieder, streichelte sie, griff nach ihren Beinen und bedrängte sie von hinten.

Sie kämpften miteinander im Wasser, und jede Bewegung erregte Maria noch mehr, vertiefte ihre Antwort auf die Berührungen seines Körpers, der sich an ihren schmiegte, seiner Hände, die sie umfaßten.

Ihre Brüste schwangen im Wasser hin und her wie zwei große, treibende Wasserlilien. Er küßte sie. Bei der ständigen Bewegung konnte er Maria nicht richtig nehmen, aber sein steifer Klöppel schlug immer wieder gegen die empfindliche Pforte ihres Geschlechts. Maria fühlte, wie ihre Kräfte schwanden. Sie schwamm auf das Ufer zu, er folgte ihr. Sie ließen sich auf den sandigen Strand fallen. Kleine Wellen wuschen über sie, während sie nach Luft ringend am Meeresufer lagen. Der Junge nahm das Mädchen, die Flut kam und spülte über sie, wusch das jungfräuliche Blut weg.

Seit jener Nacht trafen sie sich nur, wenn es dunkel geworden war. Er nahm sie dort im Wasser, schwankend, treibend. Die wellengleichen Bewegungen ihrer sich aneinander er-

götzenden Körper schienen Teil des Meeres. Sie fanden Halt auf einem Felsen, standen dicht aneinander, umkost von den Wellen und erschauernd im Orgasmus.
Wenn ich nachts hinunter zum Strand ritt, glaubte ich oft, ich sähe sie noch, wie sie zusammen schwammen und sich der Liebe hingaben.

Michael Böckler
Sturm über Mallorca

Der steile Bug der Motoryacht tauchte tief ein und verschwand schließlich vollends in der großen schwarzen Welle, von deren Kamm Gischt sprühte. Gleichzeitig legte sich die weiße Yacht nach Steuerbord. Auf der Flybridge knatterten die blauen Fetzen des zerrissenen Sonnensegels im Sturm. Durch halbgeöffnete Fenster und Luken traten Sturzbäche von Meerwasser in die Kajüte und umspülten die braungebrannten Beine einer jungen Frau, die sich krampfhaft am Steuerstand festklammerte. Langsam stieg der Bug wieder aus der rauhen See auf. Jetzt rollte die Trawleryacht nach Backbord. Die beiden schweren Caterpillar-Schiffsdiesel stampften. Die automatischen Lenzpumpen arbeiteten gegen das eingedrungene Wasser an. Aus der Pantry flogen Gläser und Teller quer durch die Kajüte.

Führerlos trieb die sechsundvierzig Fuß lange Trawleryacht mit ausgekuppelten Motoren durch das Schwerwetter. Das Windmeßgerät zeigte deutlich über fünfzig Knoten an. Windstärke zehn bis elf. »Temporal huracanado« sagen die Spanier dazu: orkanartiger Sturm! Die Insel *Mallorca*, obgleich nur wenige Seemeilen entfernt, war durch die Gischt und den wolkenbruchartigen Regen längst nicht mehr zu sehen.

Verzweifelt hantierte Dana am Funkgerät, drückte wahllos Schalter und drehte an Knöpfen. Sie hatte das Mikrofon in

der Hand und schickte immer wieder Hilferufe in den Äther. Nur: Welcher Kanal war für Notrufe reserviert? Kay hatte es ihr genau erklärt. Aber da war der Himmel über den Balearen noch blau gewesen, das Meer glatt wie ein Spiegel und das Campariglas in ihrer Hand gut gekühlt.
Wie, verdammt noch mal, wurden die Frequenzen eingestellt? Aus dem Lautsprecher kamen schrille Pfeiftöne, dann wieder hörte sie dumpfes Knattern. Dana dachte an Kay. Ihr Freund war über Bord gespült worden und trieb jetzt irgendwo draußen im aufgepeitschten Meer. Falls er nicht schon längst ertrunken war.

Der Sturm war mit einer unglaublichen Geschwindigkeit vor der Südostküste Mallorcas aufgezogen. Es war September und eigentlich schönstes Badewetter. Noch vor einer Stunde hatte die Sonne geschienen und die Stereoanlage an Bord der Yacht Präludien von Frédéric *Chopin* gespielt.
Kay liebte die ebenso eleganten wie oft schwermütigen und leidenschaftlichen Kompositionen des Polen. Und er mochte die Geschichten, die sich um die Beziehung zwischen der exaltierten Schriftstellerin George *Sand* und dem bläßlichen Komponisten Frédéric Chopin ranken. Einen langen gemeinsamen Winter hatten sie einst auf Mallorca verbracht. Ein sonderbarer Aufenthalt, der gleichzeitig von Liebe und Abscheu, von Glücksgefühl und Krankheit geprägt war. Die Präludien, die aus den Bordlautsprechern der Trawleryacht klangen, waren denn auch auf Mallorca entstanden. Frédéric Chopin hatte sie vor eineinhalb Jahrhunderten im Kartäuserkloster von *Valldemosa* komponiert.
Der Bug hob und senkte sich gemächlich. Die sentimentalen Klänge Chopins perlten über das Deck. Kay saß mit

hochgelegten Beinen hinter dem Steuerrad im Schatten des Sonnensegels. Dana gab ihm einen Kuß in den Nacken und ging unter Deck in die Gästekajüte. Dort legte sie sich auf das Bett und ließ sich von dem sanften Schaukeln der Aurore in einen tiefen Schlaf wiegen.
Aurore, so hatte Kay seine Yacht getauft nach dem eigentlichen Namen von George Sand: Baronesse Dudevant, geborene Amantine Aurore Lucile Dupin.
Dana war fest eingeschlafen, als sich der Himmel verfinsterte und die ersten Böen das Schiff trafen. Diese lokal begrenzten Stürme treten vor der Küste Mallorcas zwar selten, aber immer wieder einmal auf, vor allem im Spätsommer. Dann gibt es urplötzlich Windböen bis zu Orkanstärke, Blitz und Donner, schwere Niederschläge und einen gefährlichen Seegang. Keiner weiß so recht, wie diese Stürme entstehen. Deshalb lassen sie sich auch nicht vorhersagen.
An Land sorgt vor allem der sintflutartige Wolkenbruch für Verwüstungen. Auf See sind es die gewaltigen Sturmböen und die hochgehenden Wellen, die Yachties und Fischern zum oft tödlichen Verhängnis werden.
Meist ist der Spuk genauso schnell wieder vorbei, wie er gekommen ist. Oft nach einer halben, spätestens nach einer Stunde lichtet sich der dichte Regenvorhang. Das letzte Grollen des Gewitters rollt über das Meer. Das Heulen des Sturms verliert sich im Nichts. Wie zum Hohn folgt dem Orkan plötzliche Windstille. Nur das aufgewühlte Meer erinnert an das vorangegangene Inferno.

Erst vor zwei Wochen war die blonde Münchnerin Kay begegnet. In *Porto Portals*, der wohl exklusivsten Marina Mallorcas, nur wenige Kilometer südwestlich von *Palma*.
Mit ihrer Freundin Eva saß die achtundzwanzigjährige Dana Mohnert in der Nachmittagssonne auf der Terrasse des *Wellies*, eines weithin bekannten Straßenrestaurants direkt an der palmengesäumten Uferpromenade. In Porto Portals, dem noblen Hafen von Portals Nous, kommt keine Langeweile auf. Da bollern schwere Motorräder an den Kneipen und Boutiquen vorbei. Diskomusik schallt über die Stege mit den Luxusschiffen. Zwischen die bunten Kleinwagen mischen sich teure Edelkarossen. Die Promenade wird zum Laufsteg der Eitelkeiten. Das Flanieren zählt zum Ritual.
Das ist nicht das Mallorca der Billigtouristen und Bettenburgen, das Mallorca mit dem negativen Image der Putzfraueninsel und des Teutonengrills. Es ist freilich auch nicht das Mallorca, das den Namen »Isla de la Calma« verdient, Insel der Stille. So hat vor rund hundert Jahren der katalanische Schriftsteller Santiago Rusiñol von der ruhigen Abgeschiedenheit auf Mallorca geschwärmt.
Insel der Stille – ein Mallorca, das es übrigens allem Fremdenverkehr zum Trotz noch gibt. Im Landesinneren und abseits der Ziele des Massentourismus. Dort verstecken sich malerische *Fincas* hinter stumpfgrünen, silbrig schimmernden Blättern von knorrigen Olivenbäumen, streicht im Januar der milde Wind durch ein Meer von weißen Mandelblüten, ziehen wie einst zu Zeiten George Sands Eselkarren über schmale Wege zwischen niedrigen Trockensteinmauern, legen sich die friedlichen Schatten von Pinien über die hektischen Sorgen des städtischen Alltags.

Porto Portals steht für ein anderes Mallorca. Ein Mallorca, das schon seit einiger Zeit die Schickimickis, die Promis und VIPs für sich entdeckt haben. Es muß eben nicht immer Saint-Tropez sein, Marbella oder Ibiza.
Danas schwarzhaarige Freundin Eva unterzog die Männer im Wellies einer ebenso systematischen wie kritischen Prüfung. Dana dagegen beobachtete amüsiert ihre Freundin. Sie wußte genau, was in Evas Kopf vorging. Im Unterschied zu Dana, die sich auf Mallorca einfach erholen und ihren Spaß haben wollte, war Eva ganz versessen darauf, im Urlaub einen reichen Mann kennenzulernen. Das trug ihr zwar regelmäßig Danas Spott ein, aber sie ließ sich von ihrem Vorhaben nicht abbringen. Und letztlich machte Dana gute Miene zum Spiel. Sie ließ sich von Eva schon seit Tagen zu allen Plätzen schleppen, wo diese glaubte, erfolgreich ihre Netze auslegen zu können.
»Na, ist einer dabei?« fragte Dana fröhlich-spöttisch ihre Freundin.
»Was heißt, ist einer dabei?« entrüstete sich Eva und drückte energisch ihre Zigarette im Aschenbecher aus. »Das klingt ja ganz so, als wäre ich auf Aufriß.«
»Bist du doch auch, bist du immer«, machte sich Dana über die heftige Reaktion lustig. »Also, was sagt dein Röntgenblick? Sitzt hier irgendwo ein schwerreicher Industrieerbe, der nur darauf wartet, von meiner Freundin Eva verführt und vor den Traualtar geschleppt zu werden?«
»Du bist echt gemein. Nur weil du so arrogant bist und reiche Männer bis zum Beweis des Gegenteils für Hohlköpfe hältst, muß ich doch nicht mein Leben als arme, einsame Kirchenmaus verbringen.«

»Dir wird es noch gehen wie Marilyn Monroe in ›Wie angelt man sich einen Millionär‹«, sagte Dana lachend.
»Sicher nicht«, antwortete Eva. »Marilyn war nur viel zu kurzsichtig, um den richtigen Mann mit Kohle aufs Korn zu nehmen.«
Dana rührte mit dem Löffel in ihrem *Café con leche*. Sie hatte lange blonde Haare, einen geschmeidigen, durchtrainierten Körper und schlanke, braune Beine. Dana war ausgesprochen selbstbewußt, mit einem Hang zur Überheblichkeit. Ein Charakterzug, der durch ihre akademischen Ambitionen verstärkt wurde. Zunächst hatte sie Philosophie studiert. Jetzt arbeitete sie an ihrer Doktorarbeit in Theaterwissenschaft. Dana liebte es, andere Leute mit intellektuellen Äußerungen aus der Fassung zu bringen. Aber auch ohne etwas zu sagen, verfügte sie über eine besondere Ausstrahlung. Vielleicht lag es an ihrer lässigen, selbstsicheren Art. Jedenfalls wurde sie von Männern nicht selten hingebungsvoll angestarrt. Aber den meisten fehlte der Mut, sie anzusprechen.
Evas Aufmerksamkeit wurde immer wieder von den kleinen Piepmätzen abgelenkt, die frech vor ihnen auf dem Tisch landeten. Dann schaute sie wieder einige Tische weiter, wo ein einzelner Mann saß, mit an der Brust aufgeknöpftem Hemd, die Haare mit Gel nach hinten gestrichen und eifrig mit dem Handy telefonierend.
Dana folgte Evas Blicken. Ihr abfälliger Kommentar ließ nicht lange auf sich warten: »Daß dieser Typ ein Vollidiot ist, sieht man doch von hier aus.«
»Du bist eine große Hilfe«, antwortete Eva.
Jetzt stand der Mann auf, um ins Restaurant zu gehen. Dabei mußte er an Evas und Danas Tisch vorbei. Wäh-

rend Dana gelangweilt in die Ferne schaute, stellte Eva flugs den Blickkontakt her. Mit dem Effekt, daß er die Stufe in der Terrasse übersah und der Länge nach hinschlug. Das Handy schlitterte scheppernd über den Steinboden.

»Wie ich schon sagte, ein Vollidiot«, sagte Dana, ohne den Gestürzten auch nur eines Blickes zu würdigen.

Vor ihnen fuhren mehrere Kabrios vorbei. Die Schranke zum Yachthafen ging hoch, und ein Porsche mit deutschem Kennzeichen kam heraus. Die Stereoanlage laut aufgedreht. Am Steuer ein dicker Glatzkopf mit einem selbstgefälligen Grinsen im Gesicht.

»Ich glaube, wir sind umzingelt«, sagte Dana. »Ich sehe nur noch Idioten!«

Plötzlich war Kay, den Dana und Eva vorher noch nie gesehen hatten, an ihrem kleinen Tisch aufgetaucht. Ohne lange zu fragen und wie selbstverständlich setzte er sich grußlos auf den freien Stuhl. Gleichzeitig stellte der Ober eine Flasche mallorquinischen Cava und drei Gläser auf den Tisch. Kay schenkte den Sekt ein, drückte die Gläser den verdutzten Mädchen in die Hände, hob sein Glas und sagte mit einem entwaffnenden Lächeln: »¡Salud! Ich hoffe, ihr habt nichts gegen meine Gesellschaft. Aber ich hatte plötzlich den sehnlichen Wunsch, mit euch auf den schönen Tag anzustoßen.«

Dana wußte nicht, warum, aber ohne die plumpe Anmache zu kommentieren, was eigentlich ihre Art gewesen wäre, folgte sie der Einladung und stieß mit Kay und ihrer Freundin an.

Sie rechnete damit, daß sich der Spender jetzt mit einer großen Selbstdarstellungsnummer lächerlich machen wür-

de. Aber weit gefehlt. Kay machte es sich auf dem gespannten Leinen seines Stuhls bequem und schwieg.
Dana musterte ihr Gegenüber. Und wie sie es gerne tat, versuchte sie, eine Ähnlichkeit mit einer Hollywood-Größe vergangener Tage festzustellen. Das endete meist zum Nachteil ihrer Beobachtungsobjekte. Ihren schmachtenden Verehrer vom vergangenen Abend hatte sie mit der fortwährenden Anrede Oliver Hardy zur tragischen Witzfigur gestempelt und schier zum Wahnsinn gebracht. Da hatte ihr unbekannter Tischnachbar von heute entschieden bessere Karten. Sie fand, er sah aus wie ein braungebrannter Steve McQueen. Und Steve McQueen zählte immerhin zu ihren Favoriten. Ihr fiel der Film »Thomas Crown ist nicht zu fassen« ein, in dem McQueen einen reichen Bostoner Geschäftsmann spielte, der aus Langeweile eine Bank ausrauben ließ. Eine Versicherungsdetektivin, Faye Dunaway, kam ihm auf die Spur – und verliebte sich prompt in den Millionär. Aus purem Übermut und um sie auf die Probe zu stellen, plante Thomas Crown einen weiteren Coup. Jedenfalls machte er dem Filmtitel alle Ehre und war auch diesmal nicht zu fassen.
Ihr Visavis hatte einen ähnlich spöttischen Gesichtsausdruck wie Steve McQueen als Thomas Crown. Ein weiteres Detail stimmte: Er trug wie McQueen die Uhr am rechten Handgelenk. Allerdings hatte er einen Dreitagebart, was zu McQueens Zeiten noch nicht angesagt war. Und er war weit weniger korrekt gekleidet als der Gentleman-Gangster Thomas Crown. Aber das machte nichts.
Auch Eva unterzog Kay einer kritischen Betrachtung. Er sah irgendwie nett aus, fand sie. Zwar schon etwas älter, vielleicht Mitte Vierzig, aber durchaus anziehend. Typ Lebens-

künstler. Mit einem entscheidenden Nachteil: Der aufgetischte Cava konnte nicht darüber hinwegtäuschen, daß es dem Mann am nötigen Kapital fehlte. Die weißen Baumwolljeans hatten schon bessere Tage gesehen. Der dünne Pulli, den Kay mit hochgeschobenen Ärmeln auf der bloßen Haut trug, war vielleicht aus Kaschmir, aber wohl schon das Lieblingskleidungsstück seines Großvaters gewesen. Und die Plastikuhr taugte auch nichts. Finanzprüfung nicht bestanden, konstatierte Eva, die sich ihrer Analyse wie immer absolut sicher war. Der Mann war wahrscheinlich ein Aussteiger, lebte auf Mallorca, hatte vielleicht eine kleine *Finca* und malte Bilder, die keiner haben wollte. Die Kohle aus besseren Tagen reichte gerade, um ab und zu im Wellies mit einer Flasche Sekt auf Hasenjagd zu gehen.
Weder Kay noch Dana machten irgendwelche Anstalten, sich zu unterhalten. Waren die beiden zu stolz, oder was lief hier ab? fragte sich Eva. Schließlich wurde es ihr zu blöd, und sie plapperte einfach drauflos. Man konnte sich ja wenigstens miteinander bekannt machen. Da war wohl nichts dabei.
Dank Evas Initiative kam dann doch so etwas wie ein Gespräch zustande. Allerdings hatte Eva bald das Gefühl, daß sie dabei zunehmend eine Nebenrolle spielte. Auf eine ganz eigenartige Weise schienen sich Kay und Dana füreinander zu interessieren. Bahnte sich da etwas an?
Währenddessen ging Dana durch den Kopf, daß sie als junges Mädchen oft davon geträumt hatte, mit Steve McQueen auszugehen. Dana warf einen kurzen Blick hinüber zu ihrer Freundin. Sie kannte sie gut genug, um zu wissen, daß Eva mit Kay nichts im Sinn hatte. Prüfung nicht bestanden, dachte Dana. Kay war offenbar nicht der Ölprinz,

nach dem Eva Ausschau hielt. Sie waren abends mit einer Clique aus Düsseldorf verabredet. Da war Eva eigentlich gut aufgehoben.

»Hast du heute abend schon etwas vor?« fragte Dana kurz entschlossen.

»Nein, warum?« antwortete Kay, ohne besonders überrascht zu wirken.

»Wenn du willst, können wir beide uns hier um neun Uhr im Wellies treffen. Du kannst mich zum Abendessen einladen.«

»Mit dem größten Vergnügen«, antwortete Kay. »Ich hoffe, deine Freundin hat nichts dagegen, wenn wir sie heute abend alleine lassen.«

»Schau ich so aus, als ob ich lange alleine bliebe?« antwortete Eva mit einer koketten Kopfbewegung.

»Da hast du recht, die Sorge ist unbegründet. Also, um neun Uhr an der Bar.«

Dana und Eva standen auf. Dana hauchte Kay mit der Hand einen flüchtigen Kuß zu. Dann hakten sich die beiden ungleichen Mädchen unter und ließen Kay am Tisch zurück.

»Was ist denn in dich gefahren?« fragte Eva ihre Freundin, als sie einige Meter weiter am Restaurant *Esdi's* vorbeiliefen.

»Weiß ich auch nicht. Ich hatte plötzlich die Idee, mit Steve McQueen ausgehen zu wollen.«

»Du spinnst nicht schlecht. Deine Filmmanie bringt dich noch um deinen Verstand.«

(...)

Gegen neun Uhr saß Dana im Wellies auf einem Sofa vor einem gußeisernen Ofen und nippte an einem Campari Orange. Wirklich bescheuert, dachte sie. Da sitze ich wie bestellt und nicht abgeholt und habe noch dazu selbst die Initiative ergriffen. Dabei kenne ich den Typen überhaupt nicht. Eva meint, er sei ein Aussteiger, dem langsam, aber sicher das Geld ausgeht. Sie könnte recht haben. Aber das sprach ja noch lange nicht gegen einen netten Abend.
Dana stellte ihr Glas ab und lehnte sich zurück in die weichen Kissen. Im Lokal war es relativ leer. Die Gäste drängten sich draußen auf der Terrasse. Sie gab sich einen Ruck. Was soll's, ich bin im Urlaub. Außerdem bin ich Spezialistin auf dem Gebiet, Männern den Laufpaß zu geben.
»Hallo, schöne Frau.« Kay beugte sich über das Sofa und gab Dana einen Wangenkuß. »Ehrlich gesagt, habe ich nicht damit gerechnet, daß du wirklich hier auf mich wartest«, sagte er und ließ sich neben Dana in die Kissen sinken. »Ich dachte, der Sekt ist dir heute mittag zu schnell zu Kopf gestiegen und du hast dich in einem Augenblick geistiger Unzurechnungsfähigkeit mit mir verabredet.«
Da war er schon wieder, dieser spöttische Gesichtsausdruck, dachte Dana. »Meine Freundin Eva war derselben Ansicht. Wahrscheinlich habt ihr beide recht.«
»Kein Grund zur Sorge. Wir sollten diese Bewußtseinsstörung wie geplant bei einem Abendessen therapieren. Irgendwelche Präferenzen? Wir könnten hier bleiben und uns in den ersten Stock verziehen oder woanders hingehen?«
»Ich bin flexibel. Ob's mir gefallen hat, sage ich hinterher.«
»Also, im Wellies waren wir heute schon. Ich schlage vor,

daß wir rüber ins *Tristan* gehen, die kochen wirklich ganz ordentlich.«

Dana betrachtete Kay, dessen Outfit ähnlich schlampig war wie mittags. Das Tristan war ja nun wirklich das teuerste Lokal weit und breit. Nicht, daß ihr das etwas bedeutete. Aber offenbar war Kay für Überraschungen gut. Und das gefiel ihr durchaus.

»Aber ich muß dich warnen, ich habe einen mallorquinischen Bärenhunger.«

»Auf Mallorca gibt es meines Wissens keine Bären«, erklärte Kay mit nachdenklichem Gesichtsausdruck. »Dafür viele schwarze Schweine, für die Mallorca einst berühmt war. Geckos gibt es, Schafe, wilde Bergziegen, aber garantiert keine Bären.«

»Daran wird es hoffentlich nicht scheitern?«

»Wohl kaum. Das größte Tier auf Mallorca war in grauer Vorzeit eine sagenumwobene Antilopenart. Der Myotragus ist schon vor Jahrtausenden ausgestorben. Vielleicht könnte man dennoch von einem mallorquinischen Myotragushunger sprechen.«

»Da bin ich aber froh, daß wir dieses Problem gelöst haben«, sagte Dana mit einer hochgezogenen Augenbraue.

Kay war bereits aufgestanden und reichte ihr die Hand. Dana ließ sich aus dem Sofa ziehen. Sie liefen die wenigen Meter hinüber zum Tristan. Vorbei am Flanigan, an einigen Boutiquen und an einem Rondell mit einem Springbrunnen.

Das im Stil einer Hazienda gebaute Tristan liegt am Ende der palmengesäumten Uferpromenade direkt vor den teuersten und größten Megayachten. Auf der Terrasse des Tristan waren unter weißen Markisen die Tische elegant gedeckt. Kay wurde von den Obern herzlich begrüßt. Sie bekamen einen kleinen Tisch in der Ecke. Während Kay mit einem Ober die Menüfolge besprach, wurden ihnen bereits zwei Gläser Champagner serviert.

»Täuscht der Eindruck, oder bist du hier häufiger?« fragte Dana.

»Der Eindruck täuscht nicht. Ich habe eine kleine Schwäche für gepflegtes Essen. Ich hoffe, dir macht es nichts aus, diese Leidenschaft mit mir zu teilen?«

»Bleibt nur zu hoffen, daß du keine schlimmeren Leidenschaften mit mir teilen willst«, meinte Dana lachend.

Kay blieb die Antwort schuldig, hob das Glas und stieß mit ihr an.

Sie unterhielten sich über Danas Freundin Eva. Dana erzählte von ihrem Studium. Kay wollte wissen, was sie im Urlaub auf Mallorca bisher so getrieben hatten. Dana merkte, daß der Informationsfluß etwas einseitig war. Von sich selbst erzählte Kay nämlich nichts. Aber Dana hatte keine Lust, ihn direkt zu befragen. Das sähe dann doch zu sehr nach Neugier aus.

Der Ober servierte die Vorspeise: Parfait de hígado de pato con jamón de jabugo – Entenleber-Parfait mit Jabugo-Schinken. Er wünschte ihnen ›bon profit‹, guten Appetit, und entkorkte eine Flasche Wein.

»Ich hoffe, du trinkst Weißwein«, sagte Kay.

»Aber klar, am liebsten ein Glas zuviel!«

»Da bin ich aber mal gespannt. Also, hier im Tristan gibt's sehr viel teurere Weine als unseren Tropfen. Aber dieser hat den Vorzug, daß er von der Insel kommt. Ist ein fruchtiger Muscat Miguel Oliver. Sollte schmecken. Die Weine dieser Bodega in Petra haben einen vorzüglichen Ruf. Es gibt mittlerweile wirklich guten *Vino mallorquin*. Ich trinke auch gerne einen Chardonnay von Jaume Mesquida aus Porreres. Oder einen Blanc de Blancs von José Ferrer in *Binissalem*. Kennst du Binissalem? Das ist der bekannteste Weinort auf Mallorca. Im Landesinneren, zwischen hier und Inca. Dort kommen einige der besten Weine Mallorcas her.«

Kay roch am Korken, kostete den Wein und nickte.

»Früher hat es viel mehr ausgezeichneten Wein auf Mallorca gegeben. Der Name *Banyalbufar*, das ist ein Ort an der Westküste auf halbem Weg nach *Deià*, der ist arabischen Ursprungs und heißt eigentlich so etwas wie kleiner Weingarten am Meer. Da gab es einen Weißwein aus der Malvasiatraube. Der war so gut, daß er sogar an den Hof der aragonesischen Könige geliefert wurde. Wahrscheinlich haben den Malvasia schon viel früher die römischen Kaiser getrunken. Jedenfalls hat man vor Banyalbufar auf dem Grund des Meeres römische Amphoren gefunden.«

»Sag mal, woher weißt du das alles?« fragte Dana. »Das mit dem Myotragus und jetzt mit dem Wein. Das war ja ein profunder Vortrag. Ich bin beeindruckt. Arbeitest du beim Fremdenverkehrsamt?«

Kay lachte. »Da könnte ich mich ja mal bewerben. Vielleicht mach ich dort noch Karriere. Nein, im Ernst, ich hänge jetzt schon eine Zeitlang in dieser Gegend rum. Ich hab viel Zeit, und ich lese gerne. Also schmökere ich gerade in Büchern über Mallorca. Das ist viel interessanter, als ich erwartet hätte. Je mehr ich lese, desto mehr fasziniert mich die Insel. Und beim Wein ist es sowieso ganz einfach. Ich trinke nun mal gern ein Gläschen. Das habe ich offenbar mit dir gemeinsam. Übrigens bin ich mit meinem ›Vortrag‹ noch nicht fertig. Darf ich weitermachen?«

»Nur zu«, Dana schmunzelte, »es geht doch nichts über eine gebildete Konversation. Auch wenn ich mich in diesem Fall aufs Zuhören beschränke.«

»Ich muß doch bei unserem ersten gemeinsamen Essen einen guten Eindruck hinterlassen. Der wird ohnehin nicht von langer Dauer sein.«

»Das klingt ja wirklich vielversprechend.«

»Also, der Weinanbau auf Mallorca hat eine lange Tradition. Aber vor gut hundert Jahren wurden die Rebstöcke von der Reblaus vernichtet. Und dann kam lange Zeit gar nichts. Jedenfalls kein Wein, über den es sich lohnen würde zu reden. Erst heute versucht man wieder, an die alte Qualität anzuknüpfen. Dazu gehören die besagten Weine aus dem Gebiet bei Binissalem. Von der Gegend um Felanitx und *Manacor*, das ist im Südosten der Insel, da kommen auch sehr ordentliche Weine her: Chardonnay, Cabernet Sauvignon, Merlot. Also, um ein Fazit zu ziehen, man muß nicht verdursten.«

»Da bin ich aber beruhigt«, sagte Dana. »Was hältst du davon, wenn wir jetzt von der Theorie zur Praxis kommen und den Wein einfach trinken. Mit oder ohne Reblaus. Wenn er mir nicht schmeckt, kann ich ja immer noch eine Cola bestellen.«

Dana schnüffelte etwas am Glas, hielt es spaßeshalber gegen das Kerzenlicht und nahm dann einen Schluck.

»Schmeckt meiner Meinung nach deutlich besser als Cola«, meinte sie, »hat natürlich nicht ganz diesen vollmundigen Körper wie eine Cola, es fehlt das prickelnde Perlen und das klebrige Gefühl auf der Zunge. Aber davon abgesehen, wirklich nicht schlecht.«

Der gemeinsame Abend auf der Terrasse des Tristan gefiel Dana immer besser. Es machte Spaß, sich mit Kay zu unterhalten. Er konnte gut zuhören, wußte über viele Dinge Bescheid, hatte oft originelle Ansichten und war dann wieder ein glänzender Erzähler. Nach der Vorspeise gab es Gazpacho con Gambas. Dann Cigalas mallorquinas envueltas en patatas (mallorquinische Langusten im Kartoffelmantel) und Rodaballo salvaje (wilder Steinbutt). Danas Gefühl hatte nicht getrogen. Die Idee, mit Kay zum Essen zu gehen, war vielleicht unüberlegt, aber nicht verkehrt gewesen.
Als sich Kay schließlich die Rechnung geben ließ und aus der Hosentasche ein großes Bündel Geld, das von einem Gummi zusammengehalten wurde, zum Vorschein brachte, da mußte Dana unwillkürlich lachen. Ihr fiel wieder ihre Freundin Eva ein und ihr mittägliches Gespräch über den Film »Wie angelt man sich einen Millionär«. In der Schlußszene holt der vermeintlich arme, frisch vermählte Ehemann von Marilyns Freundin Lauren Bacall ein großes Bündel mit Geldscheinen aus der Jacke und entpuppt sich als schwerreicher Industrieller. Worauf Marilyn Monroe, Lauren Bacall und Betty Grable geschockt vom Barhocker fallen. Ein Bündel Geldscheine beeindruckte heute niemanden mehr, das war schon richtig, eher schon die Tatsache, daß jemand bar bezahlt. Aber das Gesicht von Eva hätte sie jetzt trotzdem gerne gesehen.
Gegen Mitternacht fuhren sie mit dem Taxi nach Palma. Kay ließ den Wagen oberhalb des Parc de la Mar bei der hell angestrahlten Kathedrale *La Seu* halten. Während Kay den Fahrer bezahlte, stand Dana schon draußen und betrachtete den gotischen Bau. Aus dieser Perspektive sah die Fassade ungeheuer mächtig und eindrucksvoll aus. Dana legte den

Kopf in den Nacken. Hoch oben sprangen seltsame Wesen aus dem Gemäuer. Hyänengleiche Geschöpfe, steinerne Löwen, Raubvögel und Drachengestalten. Fast konnte es einem unheimlich werden. Fehlte nur noch Quasimodo, der bucklige Glöckner von Notre Dame, wie er hinter einem Mauervorsprung vorspähte.
»So bekommst du noch eine Nackenstarre«, stellte Kay fest. Er faßte Dana an den Schultern und drehte sie behutsam weg von der Kathedrale hin zum Meer. Vor ihnen lag mit seiner hohen Wasserfontäne der Parc de la Mar. Dahinter die Uferstraße, die große alte Mole und die weite Bucht von Palma. Von links zog ein startender Jet seine blinkende Spur in den Nachthimmel. Draußen auf dem Wasser lag ein hell erleuchtetes Kreuzfahrtschiff.
Kay nahm Dana in den Arm. »Sieht schön aus, oder?« Und nach einer Pause: »Früher muß das noch eindrucksvoller gewesen sein. Da spülten die Wellen des Meeres direkt an diese Mauern. Das vor uns liegende Land wurde erst später aufgeschüttet.«
Einige Minuten später liefen sie am Almudaina-Palast vorbei die Treppen hinunter. Auf den steinernen Bänken knutschten Jugendliche. Über ihren Köpfen fächerten die Palmen im Wind. Unten angelangt, kamen sie zu einer kleinen Verkehrsinsel mit einem Denkmal auf einem hohen Sockel. Es zeigte einen bärtigen Mann mit einem großen Buch in der einen und einem Federkiel in der anderen Hand. Auf dem Sockel stand: La Ciutat de Mallorca a Ramón *Llull.*
»Weißt du, wer das war, dieser Ramón Llull?« fragte Dana. »Kommt der Typ in deinen Büchern auch vor? Sieht jedenfalls ganz schön streng aus, der alte Herr.«

»Wärst du vor rund sechshundert Jahren geboren, dann hätte dich dieser strenge Herr vielleicht verführt. Ramón Llull war als junger Mann ein bekannter Schürzenjäger.«

»Willst du mich veralbern? Ich bin zwar nicht mehr nüchtern, aber ich denke, auch vor sechshundert Jahren haben Playboys keine Mönchskutte getragen. Außerdem glaube ich nicht, daß die Mallorquiner einem Frauenverführer ein Denkmal setzen.«

»Das wäre doch nicht schlecht, irgendwie zeitgemäß. Aber du hast natürlich recht. Später ist dieser Ramón Llull in seinem Leben Mönch geworden, Philosoph, Missionar, Dichter – ich weiß nicht, was noch alles. Er war so eine Art Universalgenie. Aber sein Leben war wirklich filmreif.«

»Mach schon, erzähl mir kurz das Drehbuch. Ich stehe auf Filme. Aber mich interessiert vor allem sein Vorleben als Schürzenjäger.«

»Ich wollte eigentlich mit dir in einer Bar was trinken gehen und nicht die Lebensgeschichte von Ramón Llull erzählen.«

»Bitte, bitte«, versuchte es Dana erneut.

»Oh, du heiliger Lullus, was hast du mir angetan.«

»Bitte, bitte.«

»Also gut. Dein Flehen sei erhört. Ramón Llull war das Kind reicher Eltern. Hat hier in Palma eine privilegierte Jugend verlebt. Kam dann an den Hof vom König. Als junger Edelmann ist er den Frauen hinterhergestiegen, und es hat ziemlich viele Skandale gegeben. Dann hat ihn der König mit irgendeinem Edelfräulein verehelicht. Was den stürmischen Ramón nicht davon abgehalten hat, den Frauen weiterhin den Hof zu machen. Irgendwann hat es dieser Ramón auf die Spitze getrieben. Die Szene wird dir gefallen. Er ist mit seinem Pferd einer verheirateten Frau, die von ihm heiß begehrt wurde, hinterhergeritten. Sie hat sich in eine Kirche geflüchtet. Jedenfalls ist ihr Ramón hoch zu Roß hinterher. Die Stufen rauf und quer durch die Kirche bis vor den Altar. Und dort hatte er dann sein Schlüsselerlebnis, das sein Leben veränderte.«

»Starker Auftritt, die Szene gefällt mir wirklich. Jetzt bin ich aber neugierig. Ist ihm das Kreuz auf den Kopf gefallen, oder was hat ihn geläutert?«

»Das Kreuz ist ihm nicht auf den Kopf gefallen. Höchstens symbolisch. Jedenfalls hat die schöne Señora genau das getan, was sich Ramón wahrscheinlich erträumt hat. Sie hat ihre Bluse aufgerissen und ihm ihren Busen offenbart.«

»Jetzt versteh ich gar nichts mehr. So schlimm kann doch auch ein Hängebusen nicht sein, daß einer zum Mönch wird. Oder vielleicht doch?«

»Kein Hängebusen, Dana. Der Busen war vom Aussatz zerfressen. Dann hat sie dramatisch irgend so etwas gesagt wie ›Mein Liebhaber ist der Tod‹. Das hat gereicht. Ramón Llull war völlig aus der Bahn geworfen. Er hat fortan dem irdischen Leben entsagt und wurde ein frommer Pilger. Später hat er dann als Einsiedler auf dem Berg *Randa* gelebt und meditiert.«

»Das ist wie bei Siddharta Gautama«, sagte Dana. »Auch der spätere Buddha war adliger Herkunft und in seiner Jugend ein Freund schöner Frauen.«

»Sieht fast so aus, als ob so ein Vorleben für einen späteren Heiligen dazugehört. Klappt aber nur relativ selten. Machen wir weiter mit dem Film. Ramón Llull wurde also, das hatten wir schon, ein Universalgelehrter. Als Missionar ist er immer wieder durch islamische Länder gereist. Zuletzt war er wieder einmal in Nordafrika, in Tunesien oder in Algerien, um die Heiden zu bekehren. Die Moslems sind aber nicht zum Christentum übergetreten, sondern haben unseren Ramón Llull kurzerhand zu Tode gesteinigt.«

»Der Himmel sei seiner Seele gnädig. Starker Film. Dramatischer Schluß. Armer Ramón! Die Besetzung wird nicht einfach.«

Kay lachte. »Dramatischer Schluß? Der Film ist noch nicht fertig, das beste kommt noch.«

»Wie denn, was denn? Ich denke, die bösen Beduinen haben seinem Leben ein Ende gesetzt?«

»Das ist auch die offizielle Version, wie sie in den Reiseführern steht. Jetzt wollen wir mal deine esoterische Ader prüfen. Glaubst du an Schwarze Magie?«

»Aber ganz bestimmt nicht«, antwortete Dana, »trotzdem grusele ich mich gerne.«

»Weißt du über Alchemisten Bescheid?«

»Klar, das waren die Männer mit den langen Bärten, die in ihren mittelalterlichen Hexenküchen herumexperimentierten, den Stein der Weisen suchten und glaubten, daß man Gold künstlich herstellen könne.«

»Und wer war einer der berühmtesten Alchemisten seiner Zeit? Raimundus Llullus, unser Ramón Llull. Die Legende besagt, daß er auf seiner letzten Missionsreise doch nicht gestorben sei. Vielmehr habe er sich mit Hilfe eines geheimnisvollen Elixiers von seinen Verletzungen erholt und sein Leben fortan ausschließlich der Alchemie gewidmet. Noch zehn, fünfzehn Jahre nach seinem offiziellen Tod sind nachweislich unter seinem Namen alchemistische Schriften veröffentlicht worden. Raimundus Llullus hat angeblich in

Mailand gelebt, in London. Für den englischen König Eduard III. soll er so viel Gold hergestellt haben, daß dieser damit einen Krieg gegen Frankreich finanzieren konnte. Einhundertachtzehn Jahre sei Raimundus Llullus alt geworden, steht in den Büchern geschrieben. Über tausend alchemistische Handschriften tragen seinen Namen – ob zu Recht oder zu Unrecht, wer weiß? So, jetzt hast du dein Ende. Das war's!«

»Das Elixier des ewigen Lebens, mich schaudert's«, sagte Dana mit Grabesstimme.

»Aber jetzt reicht's. Klappe. Schluß. Laß uns bitte weitergehen.«

Kay hakte sich bei Dana unter und zog sie fort. Sie liefen das kurze Stück vor zur alten Seehandelsbörse *Llotja*, einem sehenswerten Bau, der eher einer gotischen Kirche gleicht als einem profanen Handelshaus. Die Llotja zeugt von jener Zeit, als Palma noch das Zentrum der Seefahrt im westlichen Mittelmeer war.

Am Restaurant *Caballito de Mar* bogen Dana und Kay rechts ab. Kay zeigte ihr das Lokal *La Bóveda*, in dem die Leute trotz dieser späten Stunde noch dicht gedrängt zwischen den Tischen und an der Bar standen. Sie tauchten ein in die romantische Altstadt, von der George Sand geschrieben hat: »Auf den ersten Blick ist das Wesen Palmas schwer auszumachen. Man muß schon des Abends durch die abgründigen, geheimnisvollen Gassen der Innenstadt schlendern ...«

Sie liefen kreuz und quer, kamen am kleinen Hotel *San Lorenzo* vorbei, am versteckten Fischrestaurant *Marcelino*, dann waren sie wieder in der Carrer Sant Joan angelangt und standen vor der großen massiven Holztür eines Herren-

hauses aus dem 17. Jahrhundert: dem *Abaco*. Drinnen empfingen sie Opernarien. Ein Meer frischer Blumenarrangements. Amphoren und Körbe mit Obst gefüllt. Unzählige brennende Kerzen. Marmorbüsten und Fresken. Eine dekadente Atmosphäre, die Dana prompt mit einem Visconti-Film in Verbindung brachte.
Kay bestellte zunächst Piña Colada. Nachdem sie die Gläser geleert hatten, ließen sie sich zwei Margarita bringen. Kay erzählte, daß der Tequila, der die Basis einer jeden Margarita bildet, in Mexiko schon zu Zeiten der Azteken ein heiliges Wasser der Gottkönige gewesen war. Und somit sollten sie auf den spanischen Eroberer Hernando Córtez anstoßen, ohne den es diesen Göttertrunk auf Mallorca nicht geben würde.
»Meines Wissens war der Córtez ein ziemlicher Unhold«, widersprach Dana, »laß uns lieber auf die armen Azteken trinken.«
Der Alkohol zeigte zunehmend Wirkung. Dana wurde immer redseliger. Kay dagegen hatte sich in seinem Stuhl zurückgelehnt und konzentrierte sich aufs Zuhören. Seine Hände hatte er über dem Kopf verschränkt und sein rechtes Bein über das linke geschlagen. Auf seinem rechten Knie stand das halbgefüllte Cocktailglas.
»Machst du das immer so? Sieht ganz schön gefährlich aus«, wollte Dana wissen.
»Ist es aber nicht«, antwortete Kay, »das mach ich wirklich schon immer. Die letzten zwanzig Jahre ist mir kein Glas runtergefallen.«
Während sich Dana noch über Kays seltsame Pose amüsierte, nahm dieser plötzlich das Glas von seinem Knie, stellte es vor sich auf den Tisch und sah sich im Raum um. »Was

blitzt da eigentlich dauernd?« fragte er. »Fotografiert hier jemand?«
»Klar doch, schon seit längerem. Der Typ da drüben an der Bar. Mal mit Blitz und mal ohne. Schaut aber nicht aus wie ein Tourist, ist vielleicht von der Presse. Jedenfalls hat er auch uns schon ein paarmal verewigt. Vielleicht verwechselt uns der arme Kerl mit irgendwelchen Promis?« Dana lachte.
»Das finde ich aber gar nicht witzig. Ich mag es nicht, fotografiert zu werden. Da bin ich eigen.«
»Warum denn? Glaubst du wie manche Naturvölker, daß dir der Fotograf deine Seele raubt? Da kann ich dich beruhigen, es ist völlig ungefährlich.«
»Kann schon sein, aber ich mag's trotzdem nicht. Außerdem ist das Fotografieren im Abaco verboten. Entschuldige mich mal für einen Augenblick.«
Kay stand auf und ging zur Bar. Dana beobachtete, wie er mit dem Fotografen sprach, einem jungen Mann, der vor sich auf der Theke zwei Kameras liegen hatte. Kay langte in seine Tasche und schob dem Fotografen mehrere Geldscheine zu. Dieser nahm seine beiden Kameras, spulte die Filme zurück, nahm sie heraus und gab sie Kay. Kay klopfte ihm noch kumpelhaft auf die Schulter, dann kam er zurück zu Dana.
»Alles klar. Du hast recht, der ist von der Presse. Laß uns aufbrechen, ich hab ihm die Filme abgekauft.«
Beim Rausgehen winkte er dem Fotografen kurz zu, der frech grinste.
Sie nahmen sich ein Taxi und fuhren in einen nördlichen Vorort Palmas.
»Was hast du ihm gesagt?« wollte Dana wissen.
»Was ich ihm nicht gesagt habe, ist, daß ich wie jeder

Mensch ein Recht an meinem eigenen Bild habe. Da hätte es nur eine lange Diskussion gegeben. Ich hab ihm deshalb vorgelogen, daß das heute abend für mich das schönste Rendezvous meines Lebens sei. Und daß ich als Erinnerung gerne alle seine Fotos haben möchte, die diese Stimmung im Abaco einfangen. Das hat er verstanden. Hat mich dann noch einige Peseten gekostet, und jetzt habe ich die Filme.«

»Was heißt vorgelogen, du Charmebolzen – ist das vielleicht nicht das schönste Rendezvous in deinem Leben?«

»Vielleicht wird es das noch«, sagte Kay, »man soll die Hoffnung nie aufgeben.«

Dann nahm er die Filmbüchsen und zog ganz langsam die Filme heraus. Er hielt sie gegen das Licht der vorbeiziehenden Straßenlaternen.

»Nichts darauf zu sehen, gar nichts, so ein Pech. Der Typ hat irgend etwas verkehrt gemacht.«

»Ich glaube, du hast doch Angst, daß dir jemand die Seele raubt!«

Als das Taxi vor dem Barockgarten des *Abacanto* hielt, ließ Kay die unbrauchbar gewordenen Filme im Wagen zurück. Im Schein von Fackeln, vorbei an einem Obelisken und an Wasserspielen, gingen sie durch den Park auf das fürstliche Gebäude des Abacanto zu, einer romantischen Cocktailbar, die zum Abaco gehört.

Dana setzte sich in einen Korbsessel. Sie lehnte sich zurück, streifte die Schuhe ab und legte ihre nackten Beine über Kays Oberschenkel. Kay schloß die Augen und streichelte ihre Haut. Er war neugierig, was die Nacht noch bringen würde.

Es war schon früh am Morgen, als Kay mit Dana in Porto Portals eine Flasche Dom Perignon entkorkte. Sie saßen auf dem Deck seiner Motoryacht. Über der Bucht von Palma ging die Sonne auf. Kay hatte eine CD mit einem Duo für Klavier und Cello von Frédéric Chopin aufgelegt.

Den ganzen Abend über hatte er die Yacht mit keinem Wort erwähnt.

Der Mann steckt voller Überraschungen, dachte Dana. Sie konnte an diesem Morgen noch nicht wissen, wie recht sie hatte.

George Sand
Valldemosa

Das Dorf Valldemosa, das stolz auf sein Stadtrecht aus der Araberzeit ist, liegt im Schoße der Berge auf gleicher Höhe mit der Kartause, deren Anhängsel es zu sein scheint. Wie eine Kolonie von Nestern der Seeschwalbe klebt es kaum zugänglich am Berg, und die Männer, meist Fischer, gehen frühmorgens fort, um erst spät am Abend heimzukommen. Tagsüber wimmelt das Dorf von den geschwätzigsten Weibern der Welt, die auf der Schwelle ihres Hauses sitzend damit beschäftigt sind, Netze oder die Hosen des Mannes zu flicken, und dabei aus vollem Halse singen. Sie sind so fromm wie ihre Männer, aber ihre Frömmigkeit ist weniger intolerant, weil sie echter ist. Darin sind die Frauen hier wie überall sonst dem anderen Geschlecht überlegen. Im allgemeinen ist der weibliche Hang zum Kirchenbesuch eine Angelegenheit der Schwärmerei, der Gewohnheit oder der Überzeugung, während bei Männern Ehrgeiz und der Vorteil die Hauptrolle spielen.

Vorsicht und Zurückhaltung sind die Hauptzüge ihres Charakters, wie die Mallorquiner selbst eingestehen. Wenn man einem Bauern auf dem Lande begegnet, wird stets ein Gruß ausgetauscht; sobald man aber ein Wort mehr an ihn richtet, ohne ihm bekannt zu sein, antwortet er sogar dann nicht, wenn man ihn in seinem Dialekt anredet. Fremdartiges Aussehen genügt schon, um ihn scheu werden und einen weiten Bogen um einen machen zu lassen.

Wir hätten mit den braven Leuten in gutem Einvernehmen leben können, wenn wir in die Kirche gegangen wären. Das hätte sie zwar nicht daran gehindert, uns bei jeder Gelegenheit übers Ohr zu hauen, aber wir hätten zumindest nicht riskiert, im Vorbeigehen aus einem Gebüsch einen Stein an den Kopf zu bekommen. Es wäre klug von uns gewesen, wenn wir uns in der Kirche gezeigt hätten, aber es kam uns anfangs gar nicht in den Sinn. Wir hatten fast bis zum Schluß keine Ahnung, wie sehr sie von unserer Art und Weise schockiert waren. Sie nannten uns Heiden, Muselmänner oder gar Juden, die nach ihrer Ansicht die Schlimmsten von allen sind. Der Bürgermeister empfahl uns der Mißbilligung seiner Gemeinde, und ich weiß nicht, ob uns der Pfarrer nicht gelegentlich zum Text einer Predigt gewählt hat. Über die Bluse und die Hose meiner Tochter entrüsteten sie sich ebenfalls. Sie fanden es sehr unpassend, daß ein neunjähriges Mädchen ›als Mann verkleidet‹ durch die Berge streifte. Und es waren nicht nur die Bauern, die sich mit dieser Prüderie zierten.

Sonntags rief uns in der Kartause das Posthorn vergebens, das durch Dorf und Fluren erklang, um die Säumigen an die Messe zu gemahnen. Zuerst waren wir taub, weil wir den Sinn des Signals nicht kannten. Als wir ihn begriffen hatten, waren wir es noch mehr. Um Gottes Herrlichkeit zu rächen, fanden die Dörfler ein Mittel, das gar nicht christlich war. Sie verschworen sich, uns Fisch, Eier und Gemüse nur zu Wucherpreisen zu verkaufen. Es nützte uns nichts, wenn wir uns auf die üblichen Marktpreise beriefen. »Ach, Sie wollen keine?« sagte der Bauer süffisant wie ein Grande, »dann sollen Sie auch keine haben.« Sprach's, stopfte seine Zwiebeln oder Kartoffeln wieder in den Quersack und nahm würdevoll seinen Abgang, ohne daß wir vermocht hätten, ihn zurückzuholen, um doch noch zu einer Einigung zu kommen. Er ließ uns einfach hungern zur Strafe dafür, daß wir zu handeln gewagt hatten.

Wir mußten tatsächlich hungern. Es gab keine Konkurrenz unter den Verkäufern und damit auch keine Unterbietungen. Wenn der zweite kam, verlangte er das Doppelte, der dritte das Dreifache, so daß wir ihnen ausgeliefert waren und das Leben von Eremiten führen mußten, das aufwendiger war als das eines Prinzen in Paris. Wir hatten allerdings eine andere Quelle in Palma, von wo aus uns ein rettender Engel, verkörpert im Koch des französischen Konsuls, versorgte; wäre ich römischer Kaiser gewesen, hätte ich seine Kochhaube in den Rang der Sternbilder erhoben. Aber an Regentagen war ein Bote um keinen Preis als Zubringer zu bekommen. Da es zwei Monate lang regnete, war unser Brot oft hart wie Schiffszwieback, und unsere Mahlzeiten waren wie die eines strengen Kartäusers.

Das wäre nicht so schlimm gewesen, wenn wir uns alle bei guter Gesundheit befunden hätten. Ich bin sehr mäßig und sogar von Natur aus spartanisch, was das Essen angeht. Der prächtige Appetit meiner Kinder machte Bolzen aus jedem Holz und einen Festschmaus aus einer grünen Zitrone. Der Junge, der bei unserer Ankunft schwach und kränklich gewesen war, erholte sich wie durch ein Wunder und heilte ein schweres rheumatisches Leiden aus, indem er wie ein Hase auf der Flucht vom frühen Morgen an, durchnäßt bis zum Gürtel, durch das Gestrüpp der Berge rannte. Die Vorsehung erlaubte der guten Mutter Natur, dieses Mirakel für ihn zu vollbringen. Wir hatten auch wirklich genug an einem Kranken, dem die feuchte Luft und die Entbehrungen schlecht bekamen. Sein Zustand verschlechterte sich in erschreckender Weise. Obwohl er von der gesamten Ärzteschaft Palmas als unheilbar aufgegeben worden war, hatte er kein chronisches Leiden; aber nach einer Halsentzündung hatte ihn das Fehlen einer kräftigenden Diät in einen sehr matten Zustand versetzt, von dem er sich nicht wieder aufrappeln konnte. Er schickte sich darein, wie man es tun kann, wenn es sich um das eigene Geschick handelt; wir aber konnten uns mit seinem Los nicht abfinden, und ich machte mir zum ersten Mal große Sorgen wegen kleiner Widrigkeiten: Wut wegen einer zu stark gepfefferten oder von den Mädchen verwässerten Bouillon, Unruhe wegen frischen Brots, das nicht kam oder sich auf dem Maultierrücken beim Überqueren des Wildbachs in einen Schwamm verwandelt hatte. Ich erinnere mich ganz bestimmt nicht mehr daran, was ich in Pisa oder Triest gegessen habe, aber ich werde nie die Ankunft des Korbes mit Lebensmitteln in der Kartause vergessen, und wenn ich hundert Jahre alt werde. Was hätte ich nicht für eine Tasse Fleischbrühe oder ein Glas Bordeaux gegeben, um es jeden Tag unserem Kranken zu bieten! Mallorquinisches Essen und insbesondere seine Zubereitung, wenn wir sie nicht selbst übernahmen oder zumindest überwachten, riefen bei ihm einen unüberwindlichen Widerwillen hervor. Soll ich sagen, inwiefern dieser Widerwille begründet war? Als man uns eines Tages ein mageres Huhn servierte, sahen wir auf seinem dampfenden Rücken *Meister Floh* in mehreren prächtigen Exemplaren herumhüpfen, aus denen E.T.A. Hoffmann ebenso viele böse Geister gemacht, die er aber gewiß nicht mit Soße gegessen hätte. Meine Kinder bekamen einen derartigen Lachanfall, daß sie fast unter den Tisch fielen. Der

Grundstock der mallorquinischen Küche ist unweigerlich das Schwein in allen Erscheinungsformen. Hier wäre der Ausspruch des kleinen Savoyarden im Märchen am Platze gewesen, als er seine Spelunke pries und verkündete, man äße dort fünf Sorten Fleisch: Schwein, Spanferkel, Eisbein, Schinken und Speck. In Mallorca bereitet man sicher mehr als zweitausend Gerichte mit Schweinernem, und es gibt mindestens zweihundert Arten von Wurst, die derart reichlich mit Knoblauch, Pfeffer, Paprika und allen möglichen anderen beizenden Spezereien gewürzt sind, daß man bei jedem Bissen sein Leben riskiert. Man sieht, wie bei Tisch zwanzig Schüsseln aufgetragen werden, deren Inhalt einen ganz manierlichen Eindruck macht. Dem Schein darf man jedoch nicht trauen: es ist Höllensud, vom Teufel persönlich gebraut. Zum Nachtisch kommt dann eine recht vertrauenerweckende Pastete mit einer Verzierung, die man für Orangenscheiben mit Zucker bestreut halten kann, bis sich herausstellt, daß es sich um eine durch Knoblauch angereicherte Pastete mit Schweinsfrikassee handelt, daß die Scheiben von Tomaten und Pfefferschoten stammen und daß die so unschuldig dreinschauende Zuckerstreu in Wirklichkeit schönes, weißes Salz ist. Freilich gibt es Hühner, aber sie bestehen nur aus Haut und Knochen. In Valldemosa hätte man uns zweifellos für jedes Korn zur Mästung eines Huhns einen Real abverlangt. Der Fisch, den man uns brachte, war so fade und trocken wie die Hühner.

Eines Tages kauften wir uns einen *pulpo* oder Polypen, weil wir uns so ein Ungetüm einmal näher angucken wollten. Ich habe nie etwas Gräßlicheres gesehen. Sein Leib war so groß wie der eines Puters, seine Augen waren dick wie Orangen, und seine schlaffen, gräßlichen Arme waren ausgestreckt anderthalb Meter lang. Sein Äußeres vertrieb uns den Appetit; wir stifteten das Biest unserer Maria Antonia, die es zubereitete und mit Genuß aß.

Wenn sich diese guten Leute auch wegen unseres Getues um einen *pulpo* lustig machten, so konnten wir uns doch einige Tage später revanchieren. Als wir von den Bergen herunterkamen, sahen wir die Bauern ihre Arbeit im Stich lassen und auf einige Leute unten am Weg zulaufen, die in einem Korb ein Paar wunderbare, unerklärliche, nie gesehene Vögel trugen. Das gesamte Bergvölkchen wurde durch das Auftauchen dieser unbekannten Federtiere in helle Aufregung versetzt. »Was fressen denn die?« fragte einer der Gaffer. »Die fressen vielleicht gar nicht«, war eine Antwort. »Leben die auf der Erde oder auf dem Wasser?« »Wahrscheinlich sind die immer in der Luft.« Die beiden Vögel wären beinahe von der öffentlichen Meinung und Anteilnahme erstickt worden; immerhin konnten wir noch rechtzeitig feststellen, daß es sich weder um Kondore noch um Phoenixe oder Hippogryphen handelte, sondern ganz schlicht um zwei schöne Gänse, die ein reicher Herr von seinem Landgut aus einem seiner Freunde als Geschenk überbringen ließ.

Wie in Venedig sind auch in Mallorca die Likörweine reichlich vertreten und hervorragend im Geschmack. Der Muskateller, den wir gewöhnlich tranken, war so gut und billig wie der Zyperwein, den wir von der Adria kannten. Aber die Rotweine, deren Bereitung eine wirkliche, den Mallorquinern unbekannte Kunst ist, sind herb und dunkelfarbig, brennen auf der Zunge und haben einen hohen Alkoholgehalt; dabei sind die teurer als unser einfachster französischer Landwein. Alle diese feurigen und zu Kopf steigenden

Weine waren so schädlich für unseren Kranken und auch für uns, daß wir fast immer Wasser tranken, das uns ausgezeichnet behagte. Vielleicht war es die Reinheit dieses Quellwassers, der eine bald eintretende Wirkung zuzuschreiben war: unsere Zähne wurden strahlend weiß, wie es kein Schönheitspflegeinstitut in Paris jemals für die elegante Welt zustande gebracht hätte. Die Ursache kann aber auch unsere übertriebene Enthaltsamkeit gewesen sein.

Da wir keine Butter hatten und das Schweinefett, das eklige Öl und die empörenden Kochverfahren der Einheimischen nicht vertragen konnten, lebten wir von magerem Fleisch, Fisch und Gemüse, alles schmackhaft gemacht mit Quellwasser, als Soßenersatz, dem wir manchmal bei schlemmerischen Anwandlungen den Saft einer grünen Orange beimischten, die wir auf unserem Gartenvorplatz frisch gepflückt hatten. Zum Ausgleich hatten wir herrliche Sachen als Nachtisch: süße Kartoffeln aus Malaga, kandierte Kürbisse aus Valencia und Weintrauben, des Landes Kanaan würdig. Die weißen oder hellroten Weinbeeren sind länglich und haben eine ziemlich dicke Schale, die jedoch dazu verhilft, daß sie sich monatelang halten. Sie sind köstlich, und man kann davon essen, soviel man will, ohne daß man sich aufgebläht fühlt. Unsere Sorte aus Fontainebleau ist saftig und erfrischend, die von Mallorca fleischig und süß; die eine ist zum Trinken, die andere zum Essen. Die Trauben, von denen manche zwanzig bis fünfundzwanzig Pfund wogen, hätten einen Maler begeistert. Für uns war es die Rettung aus der Not in Zeiten der Knappheit. Die Bauern meinten, uns mit ihrer Forderung des vierfachen Marktpreises teuer zahlen zu lassen, aber sie wußten nicht, daß das im Vergleich zu Frankreich nichts war; jedenfalls hatten wir das Vergnügen, daß sich der eine über den anderen lustig machen konnte. Um Kaktusfeigen wurde nicht gefeilscht, denn das ist die abscheulichste Frucht, die ich kenne.

Wenn diese frugale Lebensweise, wie ich schon sagte, nicht auf einen von uns ungünstige und sogar schädliche Auswirkungen gehabt hätte, wären wir anderen ganz damit einverstanden gewesen. Sogar in Mallorca, sogar in einer verlassenen Kartause, sogar im ständigen Kampf mit den verschlagensten Bauern der Welt, war es uns gelungen, uns eine Art von Behagen zu schaffen. Wir hatten Fensterscheiben, Türen und ein Prachtstück von Ofen, für dessen Anfertigung der beste Schmied von Palma einen ganzen Monat gebraucht und der uns hundert Franken gekostet hatte. Es war einfach ein eisernes Rohr mit einem Abzugstutzen durchs Fenster. Er brauchte eine gute Stunde, bis er brannte, und wenn er es schließlich tat, fing er an zu glühen. Zuerst mußte man alle Türen aufreißen, um den Rauch abziehen zu lassen, und bald darauf wieder, weil die Hitze unerträglich wurde. Außerdem hatte der Ofenbauer das Innere anstatt mit Kitt mit einem Stoff ausgefugt, mit dem die Inder aus Frömmigkeit ihre Häuser und sogar sich selbst beschmieren, denn die Kuh und alles, was von ihr kommt, gilt ihnen als heilig. So seelenläuternd dieser hehre Duft auch sein mag, so muß ich doch bezeugen, daß er die Nase nicht gerade erquickt. Während des Monats, den dieser Kitt zum Austrocknen brauchte, konnten wir meinen, wir befänden uns in dem danteschen Höllenkreis der Schmeichler. Ich habe mich vergebens bemüht, ein Vergehen dieser Art wieder ins Gedächtnis zu rufen, durch das ich mir derartige Qualen verdient hätte; auch konnte ich mich nicht erinnern, jemals vor einem Mächtigen gekrochen zu sein oder einen Papst oder König durch meine Schmeicheleien ermuntert zu haben, in seinem Irrtum zu verharren. Ich hatte nicht einmal einen Boten oder einen Gerichtsdiener auf dem Gewissen und konnte mir keine Verbeugung vor einem Polizisten oder Journalisten vorwerfen.

Zu unserem Glück verkaufte der Apothekermönch ausgezeichnetes Benzoeharz, einen Restbestand von Duftstoffen, mit dem man seinerzeit in der Klosterkirche das Gottesbild beräuchert hatte; und diese himmlische Emanation focht in unserer Zelle einen siegreichen Kampf gegen die Ausdünstungen des achten Kreises der Hölle.

Unser Mobiliar war hervorragend: Gurtbetten, an denen nichts auszusetzen war, nicht zu weiche Matratzen, die teurer als in Paris, aber neu und sauber waren, sowie große und schöne Steppdecken, die man bei den Juden in Palma recht billig kaufen konnte. Eine französische Dame, die auf Mallorca wohnte, war so liebenswürdig gewesen, uns einige Pfund Federn abzugeben, die sie aus Marseille hatte kommen lassen und mit denen wir zwei Kopfkissen für unseren Kranken stopfen konnten. Das war bestimmt ein großer Luxus in einer Gegend, wo man Gänse für phantastische Wesen hält und wo es die Hühner noch juckt, wenn sie vom Spieß kommen.

Wir besaßen ein paar Tische und mehrere Stühle mit strohgeflochtenem Sitz, wie man sie in unseren Bauernhäusern sieht, sowie ein sinnbetörendes Sofa aus Weißholz mit Leinenkissen, die mit Schafwolle gefüllt waren. Der sehr unebene und staubige Boden der Zelle war mit valencianischen Matten aus Langstroh, die wie von der Sonne vergilbter Rasen aussehen, und mit feinen, langhaarigen Schafsfel-

len bedeckt, die man hierzulande wunderbar mollig und schneeweiß anzufertigen versteht.
Wie in Afrika und im Orient gibt es in den alten mallorquinischen Häusern und vor allem in den Mönchszellen keine Schränke. Man bewahrt seine Sachen in großen, einfachen Truhen auf, so daß unsere Koffer aus hellbraunem Leder für hochelegante Möbel gelten konnten. Aus einer großen, buntkarierten Wolldecke, die uns auf der Reise die Beine warmgehalten hatte, wurde eine Portiere vor der Bettnische, und mein Sohn schmückte den Ofen mit einem dieser hübschen Tonkrüge aus Felanitx, deren Form und Ornamentik von reinstem arabischen Stil sind.
In Felanitx blüht die Töpferei, deren Erzeugnisse weite Verbreitung in Europa verdienten. Sie sind so leicht, daß man meinen möchte, sie seien aus Kork, und so feinkörnig, daß man den Ton für ein kostbares Material halten könnte. Man macht dort kleine, wohlgeformte Krüge, die man als Karaffen benutzt und die das Wasser wunderbar frisch halten. Der Ton ist so porös, daß das Wasser rasch durch die Wände verdunstet; es braucht keinen halben Tag, bis der Krug leer ist. Ich verstehe nichts von Physik, und man wird meine Bemerkungen sicher für mehr als einfältig halten; jedenfalls war es für mich wie ein Wunder, und mein Tonkrug kam mir vor wie verzaubert. Wir stellten ihn voller Wasser auf den Ofen, dessen Platte fast immer glühte. Obwohl er dort nach Verflüchtigung des Wassers manchmal trocken stehenblieb, brach er nie. Solange er auch nur einen Tropfen Wasser enthielt, war es eiskalt, während auf die Platte gelegtes Holz ansengte. Unser Tonkrug, umschlungen von einer Efeuranke, die wir an unserer Außenwand abgemacht hatten, war dem kunstverständigen Auge ein

erfreulicherer Anblick als alle Vergoldungen unseres modernen Sèvres-Porzellans.

Das Pleyel-Klavier, das wir den Händen der Zöllner nach dreiwöchigen Verhandlungen gegen eine Gebühr von 400 Franken entrissen hatten, erfüllte das hohe, hallende Gewölbe der Zelle mit wundervollen Tönen. Schließlich hatte der Sakristan sich bereitfinden lassen, uns einen großen, geschnitzten, gotischen Eichenstuhl abzugeben, an dem in der Alten Kapelle Ratten und Würmer genagt hatten. Sein Kasten diente uns als Bibliothek, während abends bei Lampenlicht sein feines Maßwerk und die schlanken Fialen ihren Schatten als schwarzes Spitzenmuster und als Turmzier vergrößert an die Wand warfen und dadurch der Zelle ihren altertümlichen und klösterlichen Charakter zurückgaben.

Señor Gomez, der uns damals sein Landhaus *Son Vent* heimlich vermietet hatte, weil es nicht als fein gilt, daß ein Mallorquiner mit Vermieten Geld verdient, hatte uns eine Szene gemacht und mit einem Prozeß gedroht, wenn wir ihn nicht für ein paar zu Bruch gegangene irdene Teller entschädigten; wir bezahlten ihm den Preis, den sie in chinesischem Porzellan gehabt hätten. Außerdem mußten wir – immer unter Drohungen – wegen der Gefahr der Ansteckung mit Halsentzündung für den Verputz und Neuanstrich des gesamten Hauses aufkommen. Aber alles Schlechte hat auch seine guten Seiten. Er bestand darauf, uns die Hauswäsche zu verkaufen, die er uns geliehen hatte, um alles loszuwerden, was mit uns in Berührung gekommen war, und ließ nicht locker, bis wir ihm den Wert neuer Wäsche bezahlt hatten. Ihm war es zu verdanken, daß wir keinen Flachs anzubauen brauchten, um eines Tages Laken und Tücher

zu haben wie jener italienische Edelmann, der seinen Pagen Hemden versprach.
Man sollte mich nicht kindisch nennen, weil ich Unannehmlichkeiten beschreibe, derentwegen ich ganz bestimmt keinen Groll mehr hege; auch mein Geldbeutel hat schließlich seine Schmerzen verwinden können; aber niemand wird bestreiten, daß das Interessanteste, was es in einem fremden Lande zu beobachten gibt, die Menschen sind. Und wenn ich nun sage, daß ich mit den Mallorquinern keine einzige, noch so geringfügige Geldsache hatte, bei der ich nicht auf schamlose Unehrlichkeit und gemeine Habsucht gestoßen wäre, und wenn ich hinzufüge, daß sie ihre Gläubigkeit vor uns zur Schau stellten, während sie so taten, als seien sie über unsere Ungläubigkeit entsetzt, dann wird man zugeben, daß die Frömmigkeit einfacher Seelen, die heutzutage von manchen Konservativen so gepriesen wird, nicht immer so arg erbaulich und moralisch ist, daß der Wunsch gestattet sein sollte, Gott auf eine andere Art verstanden und verehrt zu sehen. Mir hat man bis zum Überdruß in den Ohren gelegen mit diesen Gemeinplätzen: daß es verbrecherisch und gefährlich sei, selbst gegen einen vermoderten Irrglauben anzugehen, weil man nichts an seine Stelle zu setzen hat; daß nur die Menschen, die noch nicht vom Gift der philosophischen Forschung und der revolutionären Tobsucht infiziert sind, noch moralisch, gastfrei und aufrichtig seien, und daß man bei ihnen allen noch Poesie, Größe und die antiken Tugenden finde, und so weiter, und so weiter ... Alle diese erhabenen Thesen kamen mir offengestanden in Mallorca noch lächerlicher vor als anderswo. Wenn ich meine Kinder sah, wie sie, die philosophisch in Abscheu vor Trübsal erzogen worden waren, freudig einem kranken

Freund halfen und ihn versorgten, sie ganz allein unter 160 000 Mallorquinern, die sich mit unmenschlicher Härte und feiger Angst von einer angeblich ansteckenden Krankheit abgewandt hatten – dann sagte ich mir, daß diese kleinen Schlingel mehr Rechtschaffenheit und Barmherzigkeit besaßen als diese ganze Bevölkerung von Heiligen und Aposteln.
Diese frommen Diener Gottes konnten nicht umhin, mir zu sagen, ich beginge ein großes Verbrechen, indem ich meine Kinder der Ansteckung aussetze, und der Himmel würde ihnen zur Strafe für meine Verblendung die gleiche Krankheit schicken. Ich entgegnete ihnen, daß, wenn einer aus unserer Familie die Pest hätte, die anderen nicht von seinem Bett weichen würden, daß nach französischem Brauch vor wie nach der Revolution der Kranke nicht im Stich gelassen werde, daß spanische Gefangene mit den bösartigsten Krankheiten unser Land während der Napoleonischen Kriege durchquert und daß unsere Bauern ihnen von ihrer Suppe und ihrer Wäsche abgegeben hätten, daß diese Bauern im abgetretenen eigenen Bett nicht von ihnen gewichen wären, um sie zu pflegen, daß allerdings einige davon ihrem Edelmut zum Opfer gefallen und der ansteckenden Krankheit erlegen wären, was die Überlebenden nicht daran gehindert hätte, weiterhin Gastfreundschaft und Mildtätigkeit zu üben. Der Mallorquiner schüttelte den Kopf und lächelte nachsichtig. Der Gedanke der Aufopferung an einen Unbekannten wollte ihm ebensowenig in den Kopf wie der Begriff der Redlichkeit einem Fremden gegenüber oder gar die Möglichkeit, ihm einen Gefallen zu tun.
Alle Reisenden, die das Innere der Insel besucht haben, waren indessen begeistert von der Gastlichkeit und Unei-

gennützigkeit des mallorquinischen Bauern. Sie berichteten voller Bewunderung, daß es zwar keine Gasthäuser gebe, daß es aber trotzdem leicht und angenehm sei, das Land zu bereisen, in dem es genügt, eine einfache Empfehlung vorzuweisen, um freundlich aufgenommen und kostenlos untergebracht und bewirtet zu werden. Man braucht also nur eine solche Empfehlung an einen Bauern von einem noblen oder reichen Herrn, und schon öffnet sich einem die Tür. Wenn man jedoch, ohne empfohlen zu sein, um ein Glas Wasser bittet, wird man sich umgucken.

Nichtsdestoweniger ist der mallorquinische Bauer sanft und gutmütig, friedlich, ruhig und geduldig. Er liebt das Böse nicht, kennt aber auch nicht das Gute. Er geht zur Beichte, er betet, es beschäftigt ihn unablässig, wie er sich die Aufnahme ins Paradies verdienen kann, aber er weiß nicht, worin die wahren menschlichen Pflichten bestehen. Er ist nicht hassenswerter als ein Ochse oder ein Schaf, denn er ist nicht mehr Mensch als das Wesen, das unschuldig im Tier schlummert. Er spricht seine Gebete, er ist abergläubisch wie ein Wilder, aber er würde seinen Mitmenschen bedenkenlos auffressen, wäre es so der Brauch des Landes und gäbe es nicht Schweine in Menge. Er betrügt, prellt, lügt, beschimpft und plündert ohne auch nur die mindesten Gewissensbisse. Ein Fremder ist für ihn kein Mensch. Obwohl er einem Landsmann nicht einmal eine Olive entwenden würde, sind die Menschen von jenseits der Meere nach Gottes Ratschluß nur dazu da, um den Mallorquinern nette kleine Profite zu verschaffen.

Wir hatten Mallorca ›Affeninsel‹ genannt, weil wir uns inmitten dieser tückischen, diebischen und dennoch unschuldigen Biester daran gewöhnt hatten, vor ihnen auf der Hut zu sein, ohne ihnen mehr zu grollen und zu zürnen als die Inder den schelmischen und scheuen Orang-Utans.

Indessen nimmt man es allmählich hin, diese Kreaturen menschlicher Gestalt mit dem göttlichen Zeichen derart in einem Bereich dahinvegetieren zu sehen, der so gar nicht dem des heutigen Menschen entspricht. Man spürt sehr wohl, daß dieses unvollkommene Wesen Auffassungsgabe besitzt, daß es entwicklungsfähig ist und daß seine Zukunft auch nicht anders aussehen wird als die der Menschen auf einer höheren Stufe des Fortschritts; diesen Vorsprung aufzuholen ist nur eine Frage der Zeit, die uns lang vorkommt, im Abgrund der Ewigkeit aber winzig ist. Je mehr man das Gefühl hat, daß diese Fähigkeit zur Vervollkommnung vorhanden ist, desto betrübter ist man, sie durch die Ketten der Vergangenheit gehemmt zu sehen; und dieser Rückstand, der die Vorsehung nicht kümmert, erfüllt uns bei der Kurzlebigkeit unseres Daseins mit Schauder und Mitleid. Man empfindet mit dem Herzen, mit dem Kopf, im tiefsten Innern, daß das Leben aller anderen Menschen mit dem unsrigen verknüpft ist, daß wir es nicht entbehren können zu lieben und geliebt zu werden, zu verstehen und verstanden zu werden, Hilfe zu leisten und zu empfangen. Das Bewußtsein geistiger und moralischer Überlegenheit macht nur den Hochmütigen stolz. Nach meiner Vorstellung würden alle großherzigen Menschen am liebsten nicht etwa hinabsteigen, um sich anzugleichen, sondern vielmehr rasch alle ihnen unterlegenen zu sich emporheben, um endlich das wirkliche Leben der Sympathie, des Gedankenaustauschs, der Gleichheit und der Gemeinschaft zu führen, welches das religiöse Ideal des menschlichen Gewissens ist. Ich bin sicher, daß dieses Bedürfnis im Grunde eines jeden

Herzens da ist und daß diejenigen unter uns, die dagegen angehen und es mit fadenscheinigen Argumenten abzuwürgen trachten, ein eigenartiges Gefühl der Bitterkeit empfinden, das sie nicht definieren können. Die Menschen der unteren Schichten verzehren sich oder verlöschen, wenn sie vergeblich hochzukommen suchen, und die der oberen Ränge sind entsetzt oder betrübt, wenn sie ihnen vergeblich die Hand reichen; und diejenigen, welche niemandem helfen wollen, werden zernagt von Langeweile und der Angst vor der Einsamkeit, bis sie in einen vertierten Zustand absinken, der unter dem der Niedrigsten liegt.

Ingrid Brase Schloe
Spanische Wirtschaft

Würzig und saftig duftet es
im engen Schweinestall.
Die Sau schiebt genüßlich
mit der Sicherheit eines Routiniers
die Fallapfelsine auf den Eckzahn
und beißt mit Kraft zu.
Der Saft spritzt bis zur Wand.
Der Schweinestall wird frisch parfümiert,
und dir läuft das Wasser
im Munde zusammen.
Momentan beneidetes Schwein.

Gordon West
Schweine im Schlaraffenland

Die Straße nach Miramar windet sich an den Hängen der Küstenberge durch Kiefern- und Olivenhaine, bis sie das sanfte, blaue Meer erreicht. Vorher durchquert sie einen steinigen Hang mit einem Urwald spanischer Steineichen zwischen grauen Felsen.

Als wir durch das stille, grüne Zwielicht wanderten, hörten wir ein Rascheln im Gebüsch. Es kam aus allen Richtungen gleichzeitig und schien sich uns zu nähern. Nach einigen Minuten schob sich ein Dutzend schwarzer Schnauzen aus den Büschen, deren Besitzer – kaum daß wir sie passiert hatten – sich daranmachten, uns zu folgen. Es ist etwas beunruhigend, in einem Wald von einer Armee schlanker, schwarzer Schweine verfolgt zu werden. Die normalen, fetten Schweine, wie man sie von Bauernhöfen kennt, sind harmlos, aber schlanke Schweine, die im Wald so schnell wie Hunde laufen und nur kurzen Abstand halten, wirken ziemlich bedrohlich. Sie schienen zumindest keine Hauer zu haben.*

Wir versuchten, sie zu verscheuchen; sie hielten inne und blickten uns unter ihren langen Schlappohren hervor lautlos

* Das Mallorquinische Fettschwein, eine eigene Inselrasse, ist großwüchsig, meistens schwarz oder gescheckt und hat einen sehr gedrungenen Körperbau. Auch heute trifft man die harmlosen Tiere noch gelegentlich in Steineichenwäldern, wo sie sich von Eicheln ernähren.

an. Im Gegensatz zu normalen Schweinen grunzte kein einziges von ihnen. Wir gingen weiter, und sie folgten uns mit Getrappel; wenn wir anhielten, verharrten sie auch und taten so, als ob sie nach Freßbarem suchten. Allerdings nur dem Anschein nach, denn wenn wir unseren Weg fortsetzten, brachen sie augenblicklich ihre Suche ab und begannen wieder ihr unermüdliches Getrappel. Bald sahen wir weitere schlanke, schwarze Schweine, die uns entgegengerannt kamen.

»Das gefällt mir nicht«, meinte die Fee, durch die unnachgiebige, stille Verfolgung langsam entnervt. »Die wollen uns müde machen. Eines Tages wird man unsere ausgebleichten Knochen unter einem Baum finden. Ich will nicht von wilden Schweinen gefressen werden. Irgend etwas müssen wir dagegen tun.«

Ich warf einen Stein: Die Schweine liefen auseinander, aber rotteten sich sofort wieder zusammen. Andere hatten uns auf mysteriöse Weise durch die Bäume aufgespürt und schlossen sich der Gruppe an, bis wir ungefähr vierzig dieser Biester zählen konnten.

Aus allen Himmelsrichtungen umzingelten sie uns nun, wie eine furchtbare, schwarze Armee, die sich zum Angriff sammelte. Wir versuchten, durch schnelles Laufen zu entkommen, aber sie liefen mit, und sie waren – im Gegensatz zu uns – gewohnt, über steiniges Gelände zu laufen.

Unter keinen Umständen darf man sich in Situationen begeben, die eine Verfolgung durch eine Armee schlanker, schwarzer, lautloser Schweine zulassen. So wird man in den sicheren Wahnsinn getrieben. Wehrlos und allein im stillen Wald, wird jede Bewegung von vierzig Paaren funkelnder Augen beobachtet, bis einem die Nervenstränge reißen.

Plötzlich gab die Fee einen Ruf der Erleichterung von sich und stob an mir vorbei, als wir in die Nähe einer vier Fuß hohen Steinmauer gelangten. Dahinter flimmerte die Straße weiß unter der brennenden Sonne. Wir erreichten und erklommen die Mauer und blickten zurück, um unseren Sieg über die Schweine zu genießen.

Einen Moment lang standen sie still und glotzten uns an. Wie auf Kommando drehten sie sich dann nach rechts, liefen die Mauer entlang und verschwanden. Dieses außergewöhnliche Benehmen irritierte uns. Dann bemerkten wir, wie das erste Schwein dank eines weiter entfernten Durchbruchs auf der anderen Seite der Mauer wieder auftauchte. Es folgte ihm eins nach dem anderen. »Mein Gott!« schrie die Fee und rannte los.

Angeblich versuchen Leute, die nicht einschlafen können, den Schlaf herbeizuführen, indem sie Schafe zählen, die über eine Hecke springen. Vielleicht hilft es; ich weiß es nicht. Was ich aber genau weiß, ist, daß der Anblick von vierzig schwarzen Schweinen, die durch ein Loch in einer Mauer zum Vorschein kommen, gerade nachdem sie einen kilometerweit lautlos durch einen Bergwald gejagt haben, Stoff für einen Alptraum ist.

Als die Verfolgung geradezu unerträglich wurde, ertönte plötzlich ein schriller, hoher Schrei aus der Richtung des steinigen Geländes, das zum Meer hinunterführte:

»Arrr-r-rii-i-i!«

Der Ansturm der Herde wurde abrupt gebremst. Schwarze Schnauzen glänzten feucht im Sonnenschein und zuckten. Als dann die ganze Herde kehrtmachte und floh, nicht den

Berg hinunter ins Meer, wie einige ihrer Vorfahren, die von bösen Geistern besessen waren, sondern wieder die Straße zurück und durch die Mauer, erschien uns das wie ein Wunder. Eins nach dem anderen verschwanden sie, wedelten mit ihren absurden Kringelschwänzchen und grunzten und quiekten vor Angst.

Ein Mallorquiner, schlank wie seine Schweine, stand im Olivenhain, wo er gearbeitet hatte, und lachte. »Das ist gut«, sagte ich, »seit vielen Kilometern verfolgen sie uns. Das sind fürchterliche Biester.«

»Ach was«, sagte er, der *Señor* hätte nur einige Eicheln für sie von den *Alcenas* pflücken sollen. Mehr hätten sie gar nicht gewollt, die »Biester«.

Er erzählte uns, die Schweine liefen in den Bergen frei herum und fräßen sich von den heruntergefallenen Eicheln in aller Unschuld ihr Fett an, bis die Zeit käme, sie ans Schlachtermesser zu liefern. Uns wurde klar, daß wir den Schweinen böse Absichten unterstellt hatten, während sie eigentlich nur um Eicheln bettelten. Trotz allem ist selbst die Aussicht auf eine Portion Eicheln keine Entschuldigung für ein derart bösartiges Benehmen.

Aber nun konnten wir endlich unsere Aufmerksamkeit der Landschaft zuwenden. Und was für eine Landschaft dreihundert Meter über dem Mittelmeer entlang dieser parallel zur Bergkette verlaufenden Küstenstraße! Der Ausblick reicht über die steilen, steinigen Hänge, die rote Erde und die silbrigen Olivenbäume bis zum dunklen Blau des Meeres weit unten, wo seine Wellen sanft und schwach wirken, wenn die leichte Brise in den Kiefern flüstert. Dies läßt den Betrachter den wahrscheinlich unausweichlichen Tag fürchten, an dem die Aufmerksamkeit irgendeines neuen

Lord Brougham* auf diese Küste gelenkt wird, die sich dann in einen Ort der Villen und Kasinos, der Luxushotels und modischen Kleidung, der Eleganz und der Verbrecher verwandeln wird.

Hier übertrifft die natürliche Schönheit jeglichen Reiz, den der Süden Frankreichs hätte bieten können, bevor der Mensch Hand an ihn legte und aus ihm ein künstliches Paradies machte. Hier gibt es keine Angeberei, keine falsche Pracht, nur die Fülle der Natur, deren silbergraue Bergspitzen nach oben, deren rote Erde und glänzende Bäche hinunter zum weiß umsäumten Meer streben. Das Jahr zählt hier höchstens vierzig Regentage, und im Winter ist die Hälfte der Tage wolkenlos.

Überall um uns herum, als wir uns immer weiter von Palma entfernen, zeigt sich die naive Einfachheit des mallorquinischen Bauern bei seiner Arbeit auf dem Lande. Ein Künstler ist er in allem, was er mit seinen Händen herstellt, z. B. die Scharniere der Tore aus grobem Holz, welche die Terrassenfelder auf den Berghängen voneinander trennen. Um die Tore zu halten, nimmt er kein Eisen, das quietscht und das von der Sonne gebleichte Holz mit braunen Roststreifen verziert, sondern schnitzt die Scharniere aus massiven Stämmen der Bergkiefer oder Eiche:

Zunächst wird das Holz gehobelt, bis es sechs oder sieben Zentimeter dick ist, dann so geschnitten, daß es eine Form ähnlich der eines Tischtennisschlägers annimmt. Mitten im

* Henry Peter I. Baron von Brougham und Vaux (1778–1868) war ein britischer Reformpolitiker, der in den 1830er Jahren die französische Riviera für den Tourismus entdeckte, sich dort eine Villa bauen ließ und seinen Lebensabend in Cannes verbrachte.

runden Teil öffnet man ein Loch mit sieben Zentimetern Durchmesser. Das Wirken des Künstlers zeigt sich sogar an diesem Loch, da dessen Ränder abgeschliffen und abgerundet sind, um die Härte der Linien abzumildern.
Den »Griff« des Schlägers schiebt man in ein vorbereitetes Loch im Felsstein oder in einer Wand und befestigt ihn dort entweder mit Zement oder mit einem Keil aus Holz, der in den Stein derart hineingehämmert wird, bis der Griff, wie von einer Zwinge gehalten, festsitzt.
Durch die Öffnung im Schläger wird ein überstehendes, rundes Holz des Tores geschoben, wodurch es – wie in einem Gelenk – frei schwingen kann.
Sicherlich ist dies ein einfaches, grobes und billiges Scharnier, aber was Wirkung, Dauerhaftigkeit und Schönheit angeht, erscheint es den Massen von Fabrikstücken, die unzählige Männer aus Eisen und Stahl hergestellt haben, weit überlegen. Diese Scharniere sind für ein ganzes Leben gebaut, rost- und narrensicher, jedes ein Einzelstück, schön in seiner Schlichtheit. Jedes Stück hat seine individuelle Note, und als Betrachter ist man davon ebenso beeindruckt, wie sein Schöpfer es sicherlich war.
Das gleiche, schlichte handwerkliche Geschick ist auch bei der Bewässerung zu beobachten. Auf den Hängen verlaufen winzige, an den Seiten abgerundete Kanäle, nur einen Zentimeter tief und zwei Zentimeter breit, in denen Wasserrinnsale in der Sonne glitzern wie silberne Fäden, die den Berg bedecken. Einige dieser handgemachten Bächlein strömen kilometerweit durch die Felsen zu Sammelbecken in den Weinbergen und Olivenhainen.
Wer Freude daran hat, in einfachen Dingen die Spuren von Menschenhand zu finden, wird sich eher für diese kleinen

Zementkanäle begeistern als für die Herrlichkeit und Kraft eines römischen Aquäduktes. Sie tragen das kühle, lebensspendende Wasser der Bergquellen die steinigen Hänge hinunter, in aller Bescheidenheit, ohne Pomp und ohne Aufhebens. Sie sind Symbole des Charakters von Mallorca, genauso wie die mächtigen Aquädukte Symbole des Charakters von Rom waren.

Kurz vor Sonnenuntergang beginnen wir, nach unserer Herberge für die Nacht Ausschau zu halten, die eine interessante Geschichte hatte. Vor vielen Jahren kam ein einsamer und liebeskranker österreichischer Erzherzog, Ludwig Salvator*, auf der Suche nach Trost in der Abgeschiedenheit hierher, kaufte viele Hektar Berg- und Küstenland, baute sich ein Haus und gründete – aus reiner Großzügigkeit – eine *Hospederia* für Reisende. Dort erhielten die müden und fußlahmen Wanderer kostenlose Unterkunft für drei Nächte mit Bettwäsche, Oliven, Salz und Kohlen fürs Feuer. Und dort gedachten wir zu übernachten, obwohl nicht als Gäste des Erzherzogs, da seit seinem Tod 1915 aus der *Hospederia* eine *Fonda* geworden war, wiewohl deren ursprünglicher Charakter erhalten blieb.

Bald trafen wir eine ältliche, unförmige spanische Frau zusammen mit einem ältlichen, unförmigen Mädchen um die zwanzig Jahre herum. Sie pflückten am Straßenrand Blumen und Gräser, und wir fragten sie nach dem Weg zur *Hospederia*.

* Habsburgischer Erzherzog (1837–1915), der von 1864 bis kurz vor seinem Tod auf Mallorca lebte, dort großen Landbesitz erwarb, sich – bereits damals – für den Landschaftsschutz einsetzte und Flora, Fauna und Folklore der Insel in mehreren Büchern dokumentierte.

La Hospederia? Aber wir seien gerade daran vorbeigelaufen. Wirklich, einfach daran vorbei. Hätten wir sie denn nicht gesehen, auf der linken Seite der Straße? Ja, wir hatten etwas gesehen, aber für ein Privathaus gehalten. Nein, oh nein, das war die *Hospederia*, weiter nach rechts. Diese Richtung wiederholte sie mindestens zehnmal, kräftig mit Betonung und Gestik unterstützt. Wir bedankten uns, aber sie blieb bei ihren Erklärungen: Je mehr wir uns bedankten, desto mehr erklärte sie. Nach fünf Minuten ununterbrochener Erläuterungen, als wir uns endlich verabschieden konnten, sagte sie, sie wäre auch Gast und würde uns dorthin begleiten.

Den ganzen Weg zurück unterbrach sie keine Sekunde ihren Redefluß darüber, wie wir die *Hospederia* verpaßten. Allein dem Wirt erklärte sie es – mit ständig wachsender Erregung – fünfmal. Und den ganzen Abend lang erzählte sie allen anderen Reisenden, wie sie uns davor bewahrt hatte, immer und immer weiter im Unendlichen suchen zu müssen, ohne je die Herberge zu finden. Sie fühlte sich als Heldin des Tages. Am Ende hatten wir unzählige Male gehört, wie wir am Gasthaus links vorbeigelaufen seien.

Die *Hospederia* war sauber und kühl mit den üblichen kahlen Wänden und gefliesten Böden. In Mittelpunkt des Hauses lag die Diele mit unebenem Pflastersteinboden und Holzbänken an den Wänden. Unser großes Schlafzimmer war nur durch ein zweites großes, anscheinend nicht belegtes Schlafzimmer zu erreichen.

Der Wirt, ein dicker, schwammiger Kerl mit einem groben, gelben Gesicht, kochte auf einem Kohleofen in einer Abseite neben der Diele. Seine Frau und zwei hübsche Töchter bedienten uns. Seine Frau war klein, mit braunen Knopf-

augen und flinken Bewegungen, die uns an eine Maus erinnerten.
Gut aßen wir an diesem Abend nicht, da die Mahlzeit, obwohl reichhaltig, von sehr grober Zubereitung war. Der Mann konnte nicht kochen; er tunkte alles in braune Soße und würzte es mit Knoblauch. Den anderen Gästen – eine unglaublich runde Frau mit einem dünnen Ehegatten, ein kleiner, langweiliger Mann, der endlos über Geschäfte schwadronierte, und ein Bauer mit einem lahmen Bein, der keinen Ton von sich gab, und unsere ältliche, unförmige Retterin und ihre Tochter – schien es aber zu schmecken. Die Tochter speiste in verschämtem Schweigen, aber die Mutter stopfte sich ihren Mund voll, während sie weiter erläuterte, wie wir fast die *Hospederia* verpaßt hätten.
Nach dem Essen, als wir auf den Bänken an der Wand Platz genommen hatten und uns unterhielten, flatterten einige Tauben aus der Dunkelheit durch die offene Tür herein und stolzierten unbeachtet auf dem Boden herum. Danach kam ein magerer Hund, der sich hinlegte und die Vögel mit festem Blick verfolgte. Die Spanier sprachen lebhaft miteinander, da ertönte plötzlich eine leise Stimme aus dem Stimmengewirr. Es war die des lahmen, verschwiegenen Bauern, der uns seit einer Weile scheu beobachtete: »Werden die Herrschaften hierbleiben, heut nacht?« fragte er im breitesten Amerikanisch. Er erzählte, er hätte zehn Jahre in verschiedenen Städten Amerikas verbracht und durch den Verkauf von Würstchen und ähnlichen Leckerbissen ein kleines Vermögen verdient. Jetzt war er zurück in der Heimat, um das schöne Leben zu genießen. Ich erwiderte, ich hätte keine Ahnung gehabt, daß Würstchen derart profitabel seien.

»Aber ja«, antwortete er, »drüben liegt das Geld doch auf der Straße!« Die lange Reise, der er sein Vermögen verdankte, erfüllte ihn mit Stolz, und er freute sich, eine Sprache zu beherrschen, welche die restlichen Anwesenden nicht verstanden.

Ich fragte ihn, ob viele Mallorquiner nach Amerika auswanderten, aber er verneinte das, die meisten seien damit zufrieden, auf der eigenen Insel zu bleiben. ich erinnerte ihn daran, daß ein Franziskanermönch aus Mallorca, *Junipero Serra**, die Stadt San Francisco gegründet hätte, und er erwiderte »Ja, der hat was geleistet!«

Bei diesem kleinen, amerikanisierten Mallorquiner verspürte man einen eigenartigen Konflikt in seinem Stolz. Einerseits war er stolz darauf, in Amerika gewesen zu sein, und lobte es als das großartigste Land der Welt; auf seine Heimatinsel aber war er noch stolzer. Er wollte unbedingt, daß wir Mallorca liebten, aber ob wir Amerika liebten oder haßten, das war ihm egal.

Wir gingen zu Bett und erhielten eine Kerze von der Wirtsfrau, die sie uns durch eine Luke in der Küchenwand zuschob, und gingen über die enge Treppe nach oben. In aller Unschuld betraten wir das äußere Zimmer vor dem unseren. Unglücklicherweise war es von der rundlichen Spanierin und ihrem dünnen Mann belegt. Der unerwartete Anblick einer Dame in Unterwäsche ist immer peinlich, unabhängig von den Begleitumständen. Aber wenn der besagte Anblick kreischt, durch das Zimmer trampelt und sich bis zum Kinn

* *Junipero Serra*, Priestername des Franziskaners José Miguel Ferrer aus Petra (1713–1784). Gründer von San Francisco, Kalifornien, im Jahre 1776 und weiterer Missionsstationen am Camino Real von San Diego über Los Angeles und Monterey nach San Francisco.

hinter dem Bett versteckt, und wenn der dazugehörige dünne Mann sich in einem langen grauen Nachthemd davorstellt, um die Dame besser vor unserem Blick zu schützen – dann ist die Situation wirklich etwas angespannt.
Wir zogen uns zurück und blieben draußen stehen, um den nächsten Schritt in dieser delikaten Situation zu beraten. Kurz darauf öffnete sich die Tür; der Mann entschuldigte sich mit einem gezwungenen Lächeln für den Zwischenfall und bat uns durchzugehen, da seine Gattin sich derzeit im Bett befinde. Wir nahmen dankend an und hielten das Gesicht strikt vom Bett abgewandt. Als wir unser eigenes Zimmer betraten, konnte ich einem Blick zurück doch nicht widerstehen: Die rundliche Dame, anstatt vor Wut und Scham flach zu liegen, saß aufrecht im Bett, lächelte und nickte uns »gute Nacht« zu.
Um eine Wiederholung der Situation am nächsten Morgen zu vermeiden, gingen wir mit äußerster Sorgfalt vor: Wir bemühten uns, Lärm zu machen, als wir uns anzogen; wir scharrten einen Stuhl über den Boden und husteten laut und häufig als Warnsignal. Zweimal klopften wir an die Tür, bevor wir sie aufmachten. Keine Antwort. Als ich vorsichtig ins nächste Zimmer lugte, schlief das Paar fest, der dünne Ehemann mit einem Arm als Schutz über die Schulter der rundlichen Dame.
Auf Zehenspitzen schlichen wir hindurch und entkamen. Nachdem wir Kaffee, Sauerteigbrot und Obst gefrühstückt hatten, zahlten wir – vierzehn Peseten, umgerechnet neun Schilling für uns beide – und zogen los. Wir wollten das Haus des liebeskranken Erzherzogs besuchen; obwohl jetzt unbewohnt, wurde es vom gegenwärtigen Besitzer im Zustand gehalten, wie der Erzherzog es hinterlassen hatte.

Wir fanden das Haus – im schlichten maurischen Stil mit zwei riesigen Palmen davor – auf einem kleinen Plateau einige hundert Meter abseits der Straße. Die Fensterläden waren geschlossen, wir näherten uns dem Torbogen und schauten in die Eingangshalle. Wie die meisten mallorquinischen Häuser besitzt es weiße Wände und Steinfußböden; auch am anderen Ende entdeckten wir zwei schöne Torbögen. An einer Seite stand ein großer Tisch aus Eiche auf Böcken, und hinter ihm, auf einer Bank an der Wand, saß eine der ältesten Frauen, die wir je gesehen hatten.

Ihr Körper war gekrümmt, und ihr braunes Gesicht bestand aus einer Vielzahl tiefer Furchen. Mit Hilfe zweier Stöcke quälte sie sich auf die Beine. Wir sprachen sie auf spanisch an, aber sie konnte nur Mallorquin, das sie mit dünner, unsicherer, hoher Stimme sprach. Sie hob einen ihrer Stöcke – ich dachte schon, sie wolle uns schlagen, aber statt dessen ließ sie ihn auf den Tisch krachen. Vertieft in Gemurmel, schlurfte sie durch einen der Torbogen und verschwand ins Dunkel. Aus der Finsternis kam ein unheimliches Kichern, dann hörten wir ihre schleppenden Schritte nicht mehr, und alles war still.

Es war rätselhaft. Wir warteten einige Minuten vergebens auf ihre Rückkehr, dann gingen wir auf die Suche. Bald hörten wir Schritte in der Halle, und eine jüngere Frau erschien: schlank, dunkelhäutig und mit einem schwarzen Tuch um den Kopf. Ihre Mutter habe sie über unsere Anwesenheit informiert, und sie sei gekommen, um uns das Haus zu zeigen. Wie sich herausstellte, waren beide viele Jahre lang Bedienstete des Erzherzogs gewesen und führten nun die Aufsicht über das leere Haus. Sie ging mit uns zu einer Kammer im zweiten Stock, die dem Erzherzog entweder als Arbeitszimmer oder als Stube gedient haben mag. Darin befanden sich mehrere geschnitzte spanische Stühle mit Kissen aus blau-weißem, mallorquinischem Leinen und etliche Bücher; die Wände waren mit zahlreichen schönen Tellern geschmückt.

Auf einem Tisch verstreut lag Kleinkram: Federn, Tinte, Siegel und, mitten darin, ein Stück alter, staubiger Schokolade. Ob letztere auch eine Hinterlassenschaft des Erzherzogs war, weiß ich nicht, aber es half doch, den verstorbenen Adligen menschlicher zu machen.

Er war ein bemerkenswerter Mann gewesen, kein Zweifel. Angeblich beherrschte er fast alle europäischen Sprachen. Als er im Sterben lag, konnte er sie aber nicht mehr auseinanderhalten, sondern gab ein derartiges Wirrwarr von sich, daß nur ein Sprachexperte seine letzten Wünsche hätte interpretieren können. Eine seiner erstaunlichen Leidenschaften galt den Bäumen. Der dichte Baumbestand im weiten Umkreis um das Haus ist seiner Einflußnahme auf die Holzfäller zu danken. Sein Feuerholz stammte nicht vom eigenen Gut, sondern wurde anderswo gekauft.

Diese Leidenschaft kostete den Erzherzog viel Geld: Denn wenn ein Stück Wald in Sichtweite seiner Villa von der Axt bedroht wurde, kaufte er das Grundstück, um die Bäume zu retten. Die Landbesitzer der Gegend wußten das auszunutzen und ließen das Gerücht streuen, sie planten, ein Gelände zu roden, wann immer ihnen ein Verkauf in den Sinn kam, und erzielten so einen guten Preis. Und der Erzherzog kam derart in den Besitz von Tausenden von Hektar Bergland entlang der rauhen Küste.

Luis Salvador hatte einen Sekretär, mit dem ihn ein offenbar außergewöhnliches Verhältnis verband. Am deutlichsten drückt dies eine kuriose Marmorskulptur aus, die – im Auftrag des Erzherzogs – von einem italienischen Bildhauer geschaffen wurde und nun in einem Raum im Erdgeschoß steht. Es handelt sich um die Darstellung eines Engels, der dem Sekretär verkündet, er möge aufhören zu arbeiten. Luis Salvadors Testament ermöglichte es dem Sekretär, dem Befehl des Engels zu folgen, da er den ganzen Reichtum seines Herrn erbte!

»Er war also ein guter Mann, der Erzherzog?« fragte ich unsere Führerin, die ja eine seiner Dienerinnen gewesen war. »Ja, und ob!« antwortete sie, schüttelte langsam den Kopf und schaute mich mit traurigen, braunen Augen an, »er ist der gütigste Mann der Welt.«

Sie sprach von ihm, als ob er noch lebte, und ich glaube, für sie war er immer noch lebendig, anwesend in dieser einsamen Villa. Sie hielt seine Räume sauber und pflegte seine geliebten Teller und Möbel so, als ob er sie noch täglich gebrauchen würde.

Sie brachte uns durch eine Pergola zu einer winzigen, runden Kapelle, die er für seinen privaten Gottesdienst hatte errichten lassen, und zeigte uns dann einen Pfad, der die Klippe hinunter zur Kapelle des *Ramón Llull* führte, des Heiligen von Mallorca*. An derselben Stelle, wo sich gegenwärtig die erzherzogliche Villa befindet, gründete *Llull* im dreizehnten Jahrhundert die erste christliche Universität für abendländische Sprachen und Missionare. Ihm zum Ge-

* Ramón Llull (1235–1316), auf Mallorca geborener Begründer der katalanischen Literatur. Er versuchte, die Araber und Juden Nordafrikas zum Christentum zu bekehren, und wurde der Legende nach in Bougie (Algerien) gesteinigt und später als Märtyrer seliggesprochen. West bezeichnet ihn irrtümlich als »Heiligen«.

denken wurde auf einem einsamen Felsen eine kleine, weiße Kapelle über dem Meer gebaut. Über einen groben Klippenpfad und eine kleine Steinbrücke, welche die tiefe Schlucht zwischen den Hängen und dem einsamen Felsen überspannt, gelangt man dorthin.

Die beiden Grundsteine dieser Kapelle haben ihre besondere Geschichte. Der eine kommt aus Bougie in Afrika, wo man Ramón Llull steinigte, der andere aus San Francisco in Kalifornien zur Erinnerung an den mallorquinischen Franziskanermönch, der die Stadt gründete. Das Innere der Kapelle weist nur zweieinhalb Meter Durchmesser auf, am Boden verstreut liegen die Skelette von Vögeln. Sie haben sich durch eine zerbrochene Glasscheibe in den kleinen Turm verirrt und den Weg hinaus nicht wiedergefunden.

Bald darauf stiegen wir über einen Klippenpfad zur Straße hinauf und machten uns auf den Weg zur kleinen Stadt Deya. Die Straße windet sich mal hoch über dem Meer, mal ins Landesinnere um eine Aussparung in den Bergen herum, um nicht wieder ins tiefe Tal absteigen zu müssen. Aber dort kann man in der sonnigen Stille wandern, und von schattenspendenden Bäumen pflückt man goldene Apfelsinen und Zitronen, Kirschen und grüne Feigen. Die Fee saß eine Viertelstunde lang auf einem großen Stein und aß vom schattigen Baum mehr grüne Feigen, als sie sollte. »Landstreicher und Diebe!« würde ein Moralist vielleicht sagen, aber die Mallorquiner sehen das anders: die Früchte sind in solch einem Überfluß vorhanden, daß sogar der ärmste Bauer dem Fremden gerne soviel schenkt, wie er tragen kann. Apfelsinen und Zitronen liegen auf dem Boden verstreut wie Falläpfel in einem Obstgarten in Kent.

Durch die Haine kamen wir nach Deya, einem Städtchen,

das so winzig ist, daß es in England als Dorf gelten würde. Es liegt an einem Abhang nahe dem Meer und erstreckt sich bergauf hoch zur *Fonda*, die auf einer Terrasse über der Stadt schwebt. Zu allen Seiten ragen die Berge empor und umschließen Deya auf seinem ansteigenden Hügel. Wir gingen zur *Fonda* hinauf, wo wir von der kleinen, ernsten Wirtin begrüßt wurden, deren Gesichtsausdruck den ruhigen Frieden zeigte, den wir allenthalben auf dieser Insel antrafen. Ob sie uns etwas zu essen bringen könne? Ja, in fünfzehn Minuten. Sie führte uns zur Terrasse, wir setzten uns unter die bewachsene Pergola, und sie lehnte sich hinaus und rief ihren Mann, der im Garten auf dem Hang arbeitete.

»*Julio, Julio – turistas!*«

Julio rief etwas zurück und tauchte bald mit Gemüse beladen auf, mit frischem Salat, Artischocken, Kartoffeln und einem Kohlkopf. Auch er hat diese friedliche Ruhe im Gesicht und diese sanften, freundlichen braunen Augen. Er ist schlank und braun, seine Haare sind grau. Bald bedient er uns im kleinen, weißen Speisesaal der *Fonda*, durch die Küchentür reicht ihm seine Frau ein Gericht nach dem anderen. In einem Dorfgasthof in den Bergen erwartet man nicht unbedingt ein Festessen, aber genau das haben die beiden uns vorgesetzt. Es begann mit Wein und einer Gemüsesuppe, dann kam eine Auswahl stark gewürzter Würste mit geschmortem Kohl. Danach die unvermeidlichen Lammkoteletts, gefolgt von einem Gemüseteller. Dann Huhn und ein Salat, Artischocken in Öl eingelegt, ein Obstkorb und eine Rechnung – vier Peseten pro Person. Jeder zahlt eine halbe Krone (2 1/2 Schilling) für sein Festessen! Nur auf Mallorca kann solch ein Essen einem Besucher, der rein zufällig einen Dorfgasthof aufsucht, in fünfzehn Minuten serviert werden.

In Deya gibt es nichts zu besichtigen und nichts zu tun, außer in Frieden die Zeit in den Bergen und den Zitronengärten zu verträumen. Die Bewohner bestellen das Land oder gehen den üblichen Berufen nach: schustern, Stuhlsitze aus Palmenfasern flechten und weben. Wir wollten unbedingt am Abend in Sóller sein, und daher zogen wir am Nachmittag wieder los.

Als wir etwa einen Kilometer von Deya gewandert waren, hörten wir den Lärm von Automobilen hinter uns. Um eine Ecke der Bergstraße, in einer goldenen Staubwolke, näherte sich ein großer Wagen mit etwa 50 Meilen in der Stunde. Er war voll bepackt mit Passagieren: Die Männer mit Schutzbrillen saßen eng beisammen, hielten ihre Hüte fest und brüllten einander ins Ohr, um sich verständlich zu machen. Die Frauen mit Schleiern, deren lose Enden sie flattern ließen, trotzten mit verkniffenen Gesichtern dem Luftstrom. Der Wagen schoß lärmend an uns vorbei, und es kamen noch einer und noch einer. Der Überfall war auf dieser engen Straße derart unerwartet, daß wir uns wie ein Paar aufgescheuchter Hühner hinter Felsen in Sicherheit flüchteten.

Dann aber ging es erst richtig los. Dreißig offene Fahrzeuge, voll bepackt mit Leuten, die wir durch den Staubwirbel nur vage sehen konnten, heulten über die Bergstraße. Das ferne Meer, die Sonne, die Bergspitzen, alles wurde durch den Staub verdeckt und verschwand vor dem Anblick Gottes und der Menschen und insbesondere vor dem Blick der Motorisierten. Aus den Tälern hallte der Lärm der Motoren und das Hupen wider. Die weidenden Schafe auf den Hängen hielten inne, glotzten verschreckt und flohen. Graue Echsen flitzten über die Steine und ließen ihre Häute hinter sich, um sich in Rissen und Löchern zu verstecken ... Richtig geraten, in den Autos saßen reiche amerikanische Touristen, die sich Mallorca »vorgenommen« hatten.

Man erzählte uns später, daß sie am Morgen in Palma auf einem Kreuzfahrtschiff, mit dem sie Europa bereisten, angekommen waren. Sie hätten auf der Suche nach Autos für ein ganzes Schiff voller Amerikaner Palma auf den Kopf gestellt. Jetzt jagten sie über die halbe Insel und wollten vor Sonnenuntergang wieder in Palma sein, um zurück an Bord ihres Schiffes zu gehen, das sie dann nach Marseille bringen würde.

Dort fuhren sie also, mit Heulen und Hupen auf ihrem Weg durch Berge, die sie nicht sehen konnten, hoch über einem wunderschönen Meer, das vor ihnen versteckt blieb, mitten in der erhabensten Landschaft Europas, die sie nicht genießen konnten, da in jedem Kopf nur ein einziger Gedanke herrschte: Bloß nicht den Hut verlieren!

Eine Moralpredigt wäre hier wohl angebracht, etwa so: Sehet die Gefahren des Reichtums, wie er den Menschen blendet vor den Herrlichkeiten der Erde. Ja, daß er ihn sogar wie mit dem Wirbelwind in die entferntesten Ecken der Erde wehet, aber ihn nichts lehret. Wie er ihm alle Früchte der Erde gebet, ihm aber den Genuß verwehret ...

Am Abend, als die Sonne hinter die Berge sank, führte uns die Straße ins Landesinnere. Als wir um einen Hügel bogen, sahen wir die glänzend weiße Stadt Sóller weit unten in einem weiten Tal zwischen den Bergen. Gewaltige, graue Felsenmassen ragten um die Stadt herum empor; sie erschien wie eine Herde Schafe, die auf einer Lichtung im goldenen Licht der untergehenden Sonne weidet. Zugleich wirkte sie staubig und von der Sonne ausgetrocknet, zu tief eingebettet in schützende Berge, als daß der Wind sie je erreichen könnte. Als wir dastanden und herunterschauten, hörten wir wieder den Lärm vieler Autos. »Jetzt kommen sie zurück«, sagte die Fee und verschwand rasch hinter den Felsen.

Noch einmal jagten sie an uns vorbei, die Gesichter der Insassen durch Grimassen entstellt. Und immer noch galt ihre ganze Aufmerksamkeit dem Bestreben, Hüte und Schleier nicht zu verlieren. Diesmal aber zählten wir nur neunundzwanzig Autos, und es dauerte eine halbe Stunde, bevor wir das dreißigste zu sehen bekamen. Es stand am Straßenrand, der Fahrer lag darunter, sein Gesicht war verdeckt von einer Schmutzschicht aus Schweiß und Staub. Er versuchte verzweifelt, den Motor zu reparieren. Im Auto saßen zwei besorgte Frauen, und durch den Staub stapfte ein wütender Mann hin und her und sagte: »Wir werden hier auf diesem Felsbrocken sitzenbleiben, das sag ich euch. Wir werden mit Sicherheit das verdammte Schiff verpassen, und dann können wir ihm durch halb Europa nachfolgen. So ein Mist!«

Wir haben nie herausgefunden, ob das Schiff auf diese Vermißten gewartet hat oder nicht. Aber sehr wahrscheinlich ist, daß ein Auto zurückkam, um sie zu holen, sobald das Fehlen des dreißigsten Autos bemerkt wurde.

Beim Abstieg in Richtung Sóller wurde die Hitze noch intensiver, da die Berge rund um die Stadt dazu beitragen, daß Sóller zu den heißesten Orten der Insel gehört. Daher auch zählt Sóller unter allen Städten Mallorcas die meisten Orangen und die meisten Mücken.

Erschöpft schleppten wir uns über die glühend heißen Straßen, an denen – zum Schutz vor der Hitze – fast alle Türen und Fensterläden geschlossen waren. Alsbald fanden wir im Schatten eines kleinen Platzes die *Fonda*, die wir suchten. Der Inhaber lag im kühlen Inneren in einem Korbsessel und versuchte, sich mit einem Teller Luft zuzufächeln. Er schien äußerst erschöpft: ich war dennoch so frei, ihn zu fragen, ob die Hitze ihm zuviel wäre?
»Die Hitze, Señor? Das ist es nicht, aber die Amerikaner! Ach, diese Amerikaner! Die überfallen mich auf der Suche nach Essen wie ein Schwarm Fliegen, und ich muß die ganze Stadt absuchen, um genug zu finden, sie zu füttern.«
Wir fragten nach Unterkunft, und er rief die Verwalterin, nicht, wie wir bald herausfanden, weil er zu faul war, sich selbst um uns zu kümmern, sondern weil sie seine Herrin war. Sie beherrschte alles. Sie war blaß und dünn mit dunklen, grimmigen Augen, in denen die Unzufriedenheit loderte. ihre Stimme war grell und laut. Obwohl sie nicht unhöflich war und uns ein kaltes, aufgesetztes Lächeln gönnte, taxierte sie ungeniert unsere Kleidung mit harten, berechnenden Augen. Bevor wir noch richtig angekommen waren, wurde uns bereits klar, daß sie begonnen hatte, unsere Rechnung mit kleinen Überraschungen aufzustocken. Ich wußte, die Rechnungssumme würde schon deshalb höher ausfallen, weil die Fee eine Jacke aus Seide und Wolle trug, die sie in Paris gekauft hatte. Zum ersten Mal hatten wir auf Mallorca mit einem solchen Menschenschlag zu tun. Das rührte daher, daß Madame ihre Erziehung auf dem Kontinent genossen hatte. Eine Aura von aalglatter, bedrohlicher Höflichkeit umgab sie, in die sich die Mentalität der ungehemmten Geldgier hüllte. Sie würde keineswegs in einem

eleganten Londoner Geschäft aufgefallen sein, und als sie uns nach oben führte, erwarteten wir fast zu hören: »Dieses Zimmer wäre für Gnä' Frau sehr vorteilhaft, sehr passend. Und die Wandfarbe schmeichelt ungemein dem Teint der Gnä' Frau.«
Solche Begegnungen lassen uns den gradlinigen, einfachen Charakter der Insulaner um so mehr schätzen. Noch ist der Mallorquiner vom Geist des Midas unberührt. Auch er möchte natürlich, daß sich die Dinge in Gold verwandeln, aber daß sie sich in Freundschaft und Glück verwandeln, wünscht er ebenfalls. Er verlangt einen fairen Preis für das, was er bietet, und man hat keinen Grund, darüber Verhandlungen zu führen. Nie würde er versuchen, jemanden, den er für unwissend hält, zu betrügen. Aber die Seele der Madame hier ist die einer kühlen Rechenmaschine; sie beherrscht sämtliche Techniken des kontinentalen Verkäufers, der auf Kunden lauert, die zufälligerweise vorbeikommen. Allzu gern nimmt sie ihm das letzte Geld ab und schickt ihn seines Wegs, immer mit einem kalten, seelenlosen Lächeln auf den Lippen.
Tüchtig aber ist sie. Sie betreibt die *Fonda* und lenkt den Inhaber und ihre Diener im perfekten Zusammenspiel. Der Inhaber sitzt herum und gähnt zwischen den Mahlzeiten, die er zubereitet. Die gelingen ihm gut, da auch er einmal im Ausland war. Wenn wir schlafen gehen, hängen zwei von Madames voluminösen rosa Mückennetzen aus Tüll über unseren Betten, damit wir dort liegen und uns vorstellen können, daß wir unter freiem Himmel schlafen.
Sóller ist nun mal wegen seiner Mücken berühmt. Und ich finde, sie verdienen es auch, berühmt zu sein – wegen ihrer Fähigkeit, die Netze zu umgehen. Als wir darunter in die

Betten krochen, hatten wir noch keine Mücke bemerkt, aber innerhalb einer halben Stunde summten unter dem rosa Baldachin niederträchtig viele Flügelchen. Die Fee schlug in der Enge um sich und scheuchte kräftig, aber Scheuchen ist nicht die richtige Verteidigungsmethode gegen diese Mücken. Und so beschwerte sie sich bald, daß ihr linkes Auge zu sei. Der Stich einer Sóller-Mücke vermag alles zu schließen – sowohl ein Auge als auch die Geschichte eines langen, arbeitsreichen Lebens.
Es fiel uns ein, wir könnten kurz aus dem Bett steigen und die Netze offenlassen, so daß die blutrünstigen Biester uns vielleicht folgen würden. Es schien zu klappen, denn nach fünf Minuten auf den kühlen Fliesen am anderen Ende des Zimmers umsummten die Moskitos unsere Ohren und Fußgelenke. Wir schlichen uns wieder leise ins Bett, zogen die Netze um uns herum, stopften die Enden fest unter die Matratzen und lauschten befriedigt dem Heulen der frustrierten Insekten außerhalb, die wie gebannte Dämonen ihrer verlorenen Hölle nachwimmerten.
Eine Eigenart der Mücken ist es, daß sie die Eigenschaften der Völker, deren Blut sie saugen, anzunehmen scheinen. Die Mücke, die am wenigsten Ärger bereitet, ist die deutsche. Sie ist träge und langsam beim Start und im Flug. Ihr verpaßt man den Todesschlag ohne große Schwierigkeiten. Ähnlich ist es mit der englischen Variante. Die mediterranen Arten aber sind die übelsten Europas. Das französische Modell halte ich für das allerschlimmste, da es angreift, das Blut schlürft, und – uiiiiiii – weg ist es, bevor die vernichtende Hand richtig ausholen kann. Die spanische Mücke scheint zwar etwas langsamer als die französische zu sein, besitzt dafür aber mehr Ausdauer. Wenn sie ihr Opfer nicht

nachts erwischen kann, dann lauert sie sozusagen vor der Tür, um es am Morgen zu erledigen, ehe sie zur Siesta unter die Decke fliegt. Wie das spanische Volk ist auch deren Mücke sehr musikalisch: Ihre Melodie voller Triller und Abwechslungen könnte ohne weiteres ein schönes Wiegenlied abgeben, wäre sie nicht ein Warnsignal und derart unheilverkündend.

Gottfried Kirchner
Das Mallorca-Komplott

Unfaßbar, was da vor mehr als 600 Jahren im Osten der Insel Mallorca geschieht: Fünf Männer dringen in eine finstere, völlig unbekannte Höhle ein. Sie sind mit Seilen, Spitzhacken, Erzhämmern, Grubenlampen, Fackeln und Schreibtafeln ausgerüstet und haben sich mit Proviant für mehrere Tage eingedeckt. Man könnte die Gruppe als erste wissenschaftliche Expedition bezeichnen. Das ist außergewöhnlich für eine Zeit, in der sich niemand auf einen Berggipfel oder in eine nachtdunkle Grotte wagte. Die extremen Punkte der Erde galten im Mittelalter als Orte des Grauens, besetzt von Dämonen und bösen Geistern. Die Menschen mieden solche unheimlichen Plätze; heimisch waren sie nur in dem Land dazwischen, an den Ufern der Flüsse, den Gestaden der Meere, auf den sanftgewellten Hochebenen. Um so erstaunlicher ist da im Jahr 1339 der Abstieg jener kleinen Gruppe in die Unterwelt Mallorcas. Natürlich haben die Männer Angst; Angst vor den gespenstischen Schatten versteinerter Wesen, die ihren Weg säumen, vor allem aber vor einem gefräßigen Drachen, der hier unten hausen soll. Das konnte auch der Teufel in einer seiner schrecklichen Verwandlungen sein, denn nach der damals herrschenden Meinung war eine Höhle der Eingang zur Hölle. Das satanische Fabeltier gab dem unterirdischen Labyrinth schon früh den bis heute gültigen Namen: Coves del Drac (»Drachenhöhlen«).

Im Mittelalter verkörperte der Drache aber nicht nur das Böse, den Teufel. Schon die Schöpfungs- und Endzeitmythen wie die germanischen Sagen erzählen, daß sein Blut Leben spende und übernatürliche Kräfte verleihe. Die Lindwurm-Bezwinger Siegfried und Dietrich von Bern hielt man für große Helden. So ziert der Drache als Symbol für Mut und Unbesiegbarkeit auch bald die Helme kühner Ritter, wie den König Jaimes I. von Aragón (1208–1276), des Eroberers von Mallorca. Mit einem Drachenhelm auf dem Haupt kann man ihn noch heute auf einem Historienbild aus dem 19. Jahrhundert sehen, das die Unterwerfung des arabischen Wali vor dem christlichen Herrscher darstellt und in der Kirche *San Salvador* in Artá (Mallorca) hängt. Die *»Rondales mallorquines«*, eine der wichtigsten Sammlungen von Volksmärchen der Insel, schreiben dem Drachen noch eine andere Funktion zu: Er bewacht kostbare Schätze, die tief in der Erde verborgen sind.
Suchte die tollkühne Expedition durch die zuvor nie erforschten *Coves del Drac* etwa nach solchen Schätzen? Das Unternehmen ist aktenkundig, belegt durch eine Urkunde im Archiv des Königreichs Mallorca *(Archivo del Reino de Mallorca, Palma)*. Es handelt sich um ein kurzes Schreiben des Insel-Gouverneurs Roger de Rovenach an den »Baile real«, den königlichen Landvogt von Manacor, einem schon damals wichtigen Verwaltungszentrum im Osten Mallorcas, nur etwa 10 Kilometer von den Höhlen entfernt.
Die sechs Textzeilen sind in altertümlichem Mallorquin abgefaßt und in eine Sammlung weiterer Briefe aufgenommen worden. Auf dem Deckel des schmalen Archivbandes steht das Datum 23. Februar 1339. Das heißt nun nicht, daß das fragliche Dokument exakt zu diesem Zeitpunkt ausgestellt

wurde; dies kann auch schon vorher geschehen sein. Der auf dem Einband notierte Stichtag gibt lediglich an, wann die vollständige Korrespondenz zu den Akten gelegt wurde.
Roger de Rovenach teilt seinem Amtskollegen in Manacor mit, ein gewisser Bernat Gartell wolle mit mehreren Personen in eine Höhle gehen, die in seinem Bezirk liege. Er solle ihm die Genehmigung dazu geben, aber genau darauf achten, was Gartell dort unten mache, und ihm, dem Gouverneur, später einen schriftlichen Bericht liefern.
Aus dieser dürren bürokratischen Anweisung geht weder die genaue Lage oder gar der Name der Höhle hervor noch das Motiv für die Aktion. Leider gibt es auch keine Rückmeldung des Landvogts an Roger; Fehlanzeige, bedauern die Archive von Palma und Manacor auf entsprechende Anfragen.
Man kann also über Tatort und Hintergrund des für die damalige Zeit höchst ungewöhnlichen Falles nur vorsichtig spekulieren. Fest steht, daß sich Bernat Gartell zuerst an den Gouverneur der Insel in Palma wandte. Offenbar hatte er so Wichtiges, ja Sensationelles über die Höhle erfahren, daß sich die höchste Amtsperson Mallorcas persönlich einschaltete. Naturwissenschaftliche Erkenntnisse spielten bei der Angelegenheit überhaupt keine Rolle; daran hatten die Menschen des Mittelalters, bis auf ganz wenige Ausnahmen, nicht das geringste Interesse. Aber sie brachten Höhlen gern in Verbindung mit verborgenen Schätzen. Hinter dem Vorstoß in die Tiefe steckt vermutlich eine großangelegte Schatzsuche. Dabei ging es nicht um das Gold und die Juwelen der Mauren. Die waren schon seit über hundert Jahren, bis auf kleine Gruppen, von der Insel gefegt und um ihr Hab und Gut gebracht worden.

Das Objekt der Begierde konnten nur die Kleinodien der Tempelritter sein, deren Orden erst vor 27 Jahren (1312) zerschlagen worden war. Dabei hatten gerade sie, zusammen mit dem drachengekrönten Jaime I., Mallorca von der Satansbrut der Sarazenen befreit, durften sich als »Drachenkrieger« auf dem Eiland ausbreiten und sammelten in knapp 80 Jahren ungeheure Reichtümer an. Als die mächtige, immer anmaßender auftretende Organisation ab 1307 in die Schußlinie von Kirche und Staat geriet und die ersten Verfolgungen einsetzten, sahen sich die Templer nach einem Platz um, wo sie zumindest ihre bewegliche Habe in Sicherheit bringen konnten. Für all die Goldpokale und silbernen Prozessionskreuze, die beschlagenen Schatullen, die den Arabern geraubten Edelsteine, die Münzsammlungen und wertvollen Handschriften wäre eine abgrundtiefe Höhle, die niemand zu betreten wagte, das ideale Versteck gewesen. Aber es mußte eine Grotte sein, die nicht auf den Landgütern des Ordens lag, wo man sie sofort als Schatzkammer ausgemacht und, trotz aller Furcht, durchsucht hätte.

Nur im Süden der Insel und an der Ostküste waren die Templer nicht präsent. Dort befinden sich drei große Höhlenkomplexe: die *Coves d' Artá*, die *Coves dels Hams* und die *Coves del Drac.* Die Höhle von Artá war ein relativ leicht zugänglicher Piratenunterschlupf außerhalb des im Dokument von 1339 angegebenen Territoriums. Die Hams-Höhlen (*Hams* bedeutet soviel wie »Angelhaken« oder »Harpune«) erstrecken sich zwar auch unter dem Boden der Gemeinde Manacor, doch sie werden erst 1906 entdeckt und sind in keinem historischen Dokument erwähnt. Wohl aber die Drachenhöhlen. Unter diesem Namen erscheinen sie erstmals 1632 in der »Geschichte des Königreiches Mallorca«. Sie müssen indes schon lange vorher bekannt und teilweise sogar bewohnt gewesen sein. Das belegen Reste steinzeitlicher Grabstätten nahe dem Eingang. Ferner fand man bei Ausgrabungen in den Jahren 1951 und 1960 Gegenstände aus Bronze und Keramik aus der punischen, römischen und arabischen Besatzungszeit.

Wenn überhaupt, haben die Templer nur hier ihren sagenhaften Schatz versteckt, und Bernat Gartell, der Leiter des späteren Suchtrupps, hatte allein diese Höhle im Visier. Sein Gönner, Mallorcas Gouverneur, formulierte den Brief an den Landvogt von Manacor bewußt vage und vermied jede konkrete Angabe. Allem Anschein nach handelte es sich um eine geheime Staatsaktion, in die nur wenige Personen eingeweiht waren.

Was Gartell und seine Männer in der Drachenhöhle tatsächlich entdeckt haben, bleibt ihr Geheimnis. Die Aufklärung bringende Antwort an Roger de Rovenach existiert nicht mehr. Aber wir können uns gut vorstellen, daß jene Menschen des Mittelalters die unterirdische Anlage mit ganz anderen Augen gesehen haben als die Touristen von heute. Tief verwurzelt in ihrem katholischen Glauben, in dem die Hölle ein sehr realer, mit allen Schrecken ausgestatteter Ort war, tasteten sie sich angstvoll durch die erdrückende Dunkelheit, die ihre Fackeln und Öllampen nur an wenigen Stellen vertrieben. In diesen Katakomben des Satans hat man keinen Blick für die Wunder der Natur. Sie wissen nicht, wie die phantastisch geformten Tropfsteine entstanden sind, und sie können sich auch nicht erklären, warum es tief in der Erde, nur wenige Meter vom Meer entfernt, einen Süßwassersee gibt. Allein die Gebete an sämtliche

Heilige, der Auftrag ihres obersten Lehnsherrn und die Aussicht auf einen Anteil an der Schatzbeute treiben sie voran. Die Märchenwelt der Drachenhöhle brachte erst viel später eine der schillerndsten Persönlichkeiten Mallorcas ans Licht: Ludwig Salvator von Habsburg, Lothringen und Bourbon, Erzherzog von Österreich (1847–1915). Ihn langweilt das höfische Getue der Wiener Hofburg, er flüchtet sich in Krankheiten und blüht erst auf, als man ihn zu einer Kur ans Mittelmeer schickt. 1867 kommt Ludwig nach Mallorca, verliebt sich nicht nur in die Insel, sondern auch in so manche Mallorquinerin. Aber den zweifelhaften Ruf als Schürzenjäger und Bonvivant macht er wett durch seinen beispiellosen Einsatz für die Umwelt der Insel und die Rettung ihrer historischen Bauwerke. Das außergewöhnliche Interesse Ludwigs an der Geschichte und den immer noch lebendigen Traditionen Mallorcas kommt in seinem reich illustrierten, mehrbändigen Werk »Die Balearen, geschildert in Wort und Bild« 1869–71 zum Ausdruck.
Darin beschreibt er auch die *Coves del Drac,* »auf welche ich zuerst die Aufmerksamkeit des Besitzers lenkte«, und macht am tief gelegenen See eine besondere Beobachtung: »Wenn der Wind vom Lande weht, fällt das Wasser; wenn er vom Meere kommt, steigt es mehrere Spannen, was auf einen unterirdischen Zusammenhang mit dem Meere hinweisen dürfte.« Diese Verbindung wurde durch spätere Untersuchungen bestätigt: Die rhythmischen Schwankungen erfolgen alle 40 Minuten, und das Wasser ist ziemlich salzhaltig. Ludwig Salvator erzählt auch die aufregende Geschichte von der Wiederentdeckung der Höhle zu seiner Zeit: Drei Katalanen – Salvador Riu Font, Josep Llorens und Joan Jaume Ballester – waren 1878 zufällig auf eine tiefe

Öffnung im Gelände gestoßen und hinabgestiegen. »Sie hatten in der *Cova* eine *Jarra* gefunden. Es ist dies ein kleines Tongefäß mit breitem Mund, zwei Henkeln und vierblattartige Verzierung.« Doch die Männer kamen vom Weg ab. Der Erzherzog kennt noch »die Stelle, wo die verirrten Catalanen die Worte *no hay esperanza* (Es gibt keine Hoffnung mehr!) an die Wand schrieben«. Nach drei Tagen wurden sie schließlich von Francesco Femenies, einem einheimischen Wirt, aus ihrer verzweifelten Lage befreit. Zum Dank schenkten sie ihm den antiken Tonkrug, den er in seinem Gasthaus ausstellte.

Ludwig Salvator hatte nicht nur dem Besitzer der Höhle, der Familie Moragues, die Augen für den Schatz unter ihrem Grund und Boden geöffnet. Er sorgte auch für die erste wissenschaftliche Untersuchung der Grotte, indem er einen der berühmtesten Speläologen Europas, den Franzosen Edouard Alfred Martel, nach Mallorca lockte und seine Arbeit finanzierte. Ab September 1896 erforschte Martel systematisch die Kalksteintunnel der Drachenhöhle. Mit zwei kleinen Faltbooten durchquerte er das kristallklare Gewässer und schrieb in seinen Memoiren: »Ich kenne keinen größeren unterirdischen See.«

Millionen von Touristen werden heute durch einen winzigen Abschnitt der riesigen *Coves del Drac* geschleust; pro Jahr sind es über 600 000. Sie bestaunen das Licht- und Tonspektakel von einer großen Bühne aus. Viele lassen sich auch über die Lagune rudern, die nach ihrem Erforscher *Llac Martel* benannt ist. Kaum einer von ihnen ahnt, daß dieser zweifellos beeindruckende »Walt-Disney-Park« vor langer Zeit der angsteinflößende Schauplatz einer Schatzsuche war. Ihr Ergebnis blieb im dunkeln. Aber sie hing

höchstwahrscheinlich mit den Templern zusammen, der mächtigsten Organisation des Mittelalters, die einem raffinierten Komplott und einem beispiellosen Justizskandal zum Opfer fiel.
Wie glanzvoll hatte alles begonnen!
Als König Jaime I. den günstigen Zeitpunkt gekommen sah, die Balearischen Inseln vor der Haustüre Aragóns von den Sarazenen zu säubern, saßen bereits mehrere Templer im Krisenstab, der die Invasion vorbereitete.
Jaime hatte ein besonderes Vertrauensverhältnis zu den Ordensrittern. Er war von ihnen als Knabe auf der Templerburg Monzón erzogen worden; Guillermo de Montredón, der Ordensmeister von Aragón, bestimmte in den ersten Jahren des Herrschers die Politik. Das Dokument vom 28. August 1228, in dem die Eroberung der Balearen als vordringlicher Regierungsauftrag festgeschrieben wurde, trägt neben der Unterschrift des stellvertretenden Tempelmeisters Bernat de Campanis auch die der anderen Ritter. Es waren 31 hochrangige Tempelherren, die in die Schlacht zogen. Rechnet man die Laienbrüder und Schildknappen hinzu, kommt man auf ein Kontingent von 300 Templern, die unter ihrem Erkennungszeichen, dem roten Tatzenkreuz, zum Sprung auf die Inseln ansetzten.
Im September 1229 startete die aragonesisch-katalanische Flotte in Richtung Südosten, von drei Häfen gleichzeitig: *Tarragona*, *Salou* und *Cambrils*.
Sucht man heute entlang der Küstenstraße, die diese drei Orte an der *Costa Dorada* verbindet, nach Überresten aus dem Mittelalter, wird man enttäuscht. Überall qualmende Industrieanlagen, in Tarragona keine Spur mehr vom alten Hafen. Ebensowenig in Salou oder Cambrils, die als zu

schnell in die Höhe und Breite geschossene Ferienzentren ihr ursprüngliches Gesicht verloren. Nur das winzige *Tamarit de Mar,* östlich von Tarragona, bewahrt noch etwas von der Atmosphäre der Kreuzfahrerzeit. Auf einem Felsvorsprung über dem Meer erhebt sich das Kastell aus dem 11. Jahrhundert. Zeitweise residierte dort die Familie Cardona, aus der ein bekannter Templer-Komtur stammte. Jetzt gehört es den Erben des Amerikaners Charles Deering, der die Anlage gekauft und vor dem Verfall gerettet hatte. Gleich hinter der Burg erstreckt sich ein schmaler, unbebauter Uferstreifen mit einer kleinen Bucht. Von hier aus, träumt man, könnten die Schiffe Jaimes I. noch heute in See stechen.

Zunächst nahm sich der König den größten Brocken der Balearen vor: Mallorca. Die Insel sollte von zwei Seiten angegriffen werden, im Nordwesten und im Osten, bei Pollença. Aber dort verhinderte ein heftiger Sturm die Landung. So konzentrierte man alle Kräfte auf die westliche Küste. Vor der Bucht von *Sant Telm,* um die Insel Dragonera und das kleine Felseiland Pantaleu sammelte Jaime seine Schiffe und schlug erstmals zu. »Das Meer war weiß von Segeln«, heißt es in den Chroniken, »und dann färbten sich die Strände rot.« Heute erinnert ein verwunschenes Kastell über der glücklicherweise nicht zersiedelten Bucht mit ihrem türkisblauen Wasser an diesen dramatischen Auftritt.

Ein zweiter Angriffsteil zielte auf *Santa Ponça,* weiter südlich. Hier wurde in unserem Jahrhundert ein gewaltiges Monument errichtet, vermutlich an der Stelle, wo der König von Aragón am 10. September 1229 mit seinen Truppen an Land ging. Im Dezember 1996 zerfetzte ein Blitz das Kreuz an der Spitze. Reichlich mitgenommen – aber das liegt schon länger zurück – sind auch die Darstellungen auf dem Sockel: Schiffe in der Brandung, christliche Krieger mit Schild und Schwert, Sarazenen auf der Flucht. Nur dieses Erinnerungsmal nahe dem Yachtclub weist auf die historische Wende in der langen Geschichte Mallorcas hin. Ansonsten rahmen gleichförmige Hotelfassaden die Bucht, auf dem körnigen Sand ein Liegestuhl neben dem andern. Oberhalb des Kreuzes von Sa Caleta reihen sich die Villen der Prominenz am Berghang auf. Von einem ihrer Penthäuser hat man den schönsten Blick auf die Szenerie. Und wer sich in die Vergangenheit zurückversetzen will, der sollte sich im Luxushotel »Son Vida« zu Palma die riesigen Ölgemälde von der Eroberung anschauen. Da ist unter anderem das gleiche Panorama zu sehen, freilich ohne die architektonischen Errungenschaften des 20. Jahrhunderts, dafür mit wild gestikulierenden Mauren ausstaffiert, die ahnen, was die Weiße Flotte in der Ferne vorhat.

Die Erstürmung des arabischen Forts von Santa Ponça verlief nicht ohne Verluste für Jaimes Armee, und sein Sieg war erst perfekt, als man nach monatelanger Belagerung an Silvester 1229 *Medina Mayurka*, die Metropole der Insel, einnehmen konnte. Zeitgenössische Illustratoren haben den zermürbenden Stellungskrieg vor den Mauern der Hauptstadt in detailreichen Bildern festgehalten, die früher die Wände in den Palästen alter Adelsfamilien wie den Aguilars und Montcadas schmückten. Heute sind die Fresken im *Museù d'Art de Catalunya* in Barcelona untergebracht. Jaime trauerte mit Guillerm de Montcada, seinem Seneschal, dem mächtigsten Beamten am königlichen Hof, um dessen Brüder, die bei Santa Ponça gefallen waren. Ihre sterblichen Überreste wurden in der kleinen Moschee Dalguiveni beigesetzt, die der Montcada von seinem Herrscher geschenkt bekam und in ein christliches Bethaus umwandelte. Diese Kapelle ging kurz darauf an die Ritter vom Heiligen Grab, die, ebenso wie die Templer, am Feldzug teilgenommen hatten. Seit jener Zeit trug sie den Namen *del Sepulcro.* Das romanische Bauwerk ist längst verschwunden. Zur Erinnerung blieb im heutigen Palma die *Fuente del Sepulcro,* ein Brunnen auf dem dreieckigen Platz zwischen den Straßen Concepión, Agua und Jaime III.

Aus *Medina Mayurka* wurde *Palma,* das die Einheimischen freilich nur »Ciutat«, ihre Stadt nennen. Das klingt schlicht und phantasielos, ist aber als Ausdruck eines selbstverständlichen, wenn auch beiläufigen Stolzes zu werten: Palma ist eben die Stadt schlechthin, einzigartig, mit keiner anderen vergleichbar. Von der maurischen Vorgängerin blieb so gut wie nichts mehr übrig. Außer dem Namen für das Stadtschloß, der *Almudaina,* und dem »arabischen Badehaus« *(Baños arabes),* einer Minimoschee auf zwölf Säulen, mit Fußbodenheizung nach antikem Hypokausten-System und lichtdurchlässiger Halbkuppel. Hinzu kommen ein paar Architekturelemente in den wenigen Schwibbögen, die schmale Gassen überwölben, sowie Grabstelen mit kufischen Schriftzeichen im städtischen *Museo de Mallorca.*

Die Kreuzfahrer haben seinerzeit gründlich aufgeräumt und auf den Trümmern der zerstörten Medina ihre christliche Metropole errichtet. An einigen Stellen im Zentrum von Palma glaubt man, dies alles sei erst gestern geschehen. In den schmalen Gassen sind längst verhallte Schritte zu ausgetretenen Stufen versteinert. Man sollte allerdings sehr früh am Morgen, bevor die Touristen einfallen, die Altstadt erkunden. Geht man durch die Carrer Sant Bernat hinter der

Kathedrale, die Carrer de la Mar und Almudaina oder gar die Carrer de la Sagristia de Sant Jaume, wo es so eng ist, daß gerade mal zwei Personen nebeneinander laufen können, dann scheint das Mittelalter zum Greifen nahe.

Aus der schattigen, von hohen, ehrwürdigen Fassaden eingezwängten Carrer del Sol kommt man auf die helle *Plaza Temple*, den Tempelplatz. Es ist nicht gerade die feinste Adresse von Palma; unmittelbar nördlich liegt ein Rotlichtbezirk. Aber am Ende des Platzes, in den schon immer sechs Straßen münden, erhebt sich wie eine Trutzburg die *Casa del Temple*, die König Jaime den Ordensrittern geschenkt hatte.

Nach der Eroberung Mallorcas ging es ans Verteilen der Beute. Wie es damals Brauch war, erhielt der Herrscher eine Hälfte, die andere der Adel. Eigentlich hätten die Templer aus dem Anteil des Adels entlohnt werden müssen. Seltsamerweise aber kam ihre Prämie direkt vom König, was später noch zu Problemen führen sollte. Noch erstaunlicher ist, daß ihnen das berühmte *Llibre del Repartiment* (Buch der Aufteilung) anvertraut wurde, ein gewichtiges Kataster, in dem auf arabisch und catalán sämtliche Grundstücksverhältnisse und Besitzüberschreibungen auf der Insel aufgelistet waren. Allein in Palma strichen die Templer auf einen Schlag 389 Häuser, 54 Werkstätten und 4 Backöfen ein.

Seit 1232 residierte ihr Meister Ramón de Serra in einem Palast am Ostrand der Stadt, direkt an der Ringmauer und dem Wassergraben. Als Ordenszentrale hatte man ein arabisches Kastell auf rechteckigem Grundriß und mit zwölf Türmen gewählt, die *Almudaina de Gomára*. Zu Zeiten von Erzherzog Ludwig Salvator war das Gebäude schon teilweise zerstört und diente als Eisfabrik. Doch er entdeckt an den

Mauern noch ein »altes Tempelherren-Wappen«, das inzwischen verschwunden ist. Auf der Abbildung in seinem Buch wirkt die Fassade mit ihren wenigen Fensteröffnungen und gerade zwei Balkons wesentlich strenger und abweisender als heute. Aber trotz massiver Veränderungen in den letzten hundert Jahren macht die Frontseite mit den beiden Ecktürmen und dem breiten Portal auch jetzt noch einen wehrhaften Eindruck. Durch den überwölbten Toreingang kommt man in einen verwilderten Garten, der sich kaum mehr überblicken läßt, weil planlos gezogene Mauern die Sicht versperren. Für Ludwig Salvator stand hier »die schönste Palmengruppe der Stadt«. Offenbar hatten die Ordensbrüder im Tempelhof – auch der gleichnamige Bezirk von Berlin war Templerbesitz! – Flächen für Gärten freigehalten. Dort legten sie Beete mit Heilpflanzen an, die künstlich bewässert wurden. Das hatten sie, wie so vieles andere, von den Arabern gelernt.

Der festungsartige Teil zur Plaza ist bis unters Dach vollgestopft mit Wohnungen. Hinter der Oase aus Pinien und Oleanderbüschen aber versteckt sich ein Kleinod, das kaum ein Tourist zu Gesicht bekommt: die Templer-Kapelle. Wir betreten zunächst ein paar modern eingerichtete Räume, in denen es von kleinen Kindern wimmelt. Sie stammen aus zerrütteten Familien und werden hier von Frauen der Trinitarier-Kongregation betreut. Dieser katholischen Laienbewegung gehört jetzt der ganze Komplex.

Dann steht man in einer der ältesten Kirchen Palmas. Ein Bau, der den Übergang vom romanischen zum gotischen Stil eindrucksvoll demonstriert: hohe Strebepfeiler, Rundbögen im Erdgeschoß und in der darüberliegenden Lichtgalerie, dem sogenannten Obergaden. Die Gotik setzt sich erst an der Decke durch, wo typische Kreuzrippen das Gewölbe in mehrere Joche unterteilen. Besonders rein hat sich das Mittelalter in den beiden Seitenkapellen gleich am Eingang erhalten. Dort findet man noch Doppelsäulen und Würfelkapitelle, die mit Rosetten und Greifen verziert sind.

Ende des 19. Jahrhunderts sollte hier ein großes Waisenhaus eingerichtet werden, massive Eingriffe in die Bausubstanz der Kapelle waren geplant. Schon war ein Teil der Apsis abgerissen, da schritt die Archäologische Sozietät Lulliana ein und verhinderte das Schlimmste. Doch der Chorraum zeigt nicht mehr den Originalzustand, ein Portal mit westgotisch-arabischem Hufeisenbogen wurde zerstört, verschwunden sind auch zwei Grabplatten von Johanniterrittern, die nach dem Untergang der Templer deren Besitz übernommen hatten. Gerettet aber hat die Archäologische Sozietät das wertvollste Ausstattungsstück der Kirche: das große Altarbild mit Szenen aus dem Leben des heiligen Bernhard von Clairvaux. Dieses Gemälde in Öl auf Holz, eines der bedeutendsten Kunstwerke der Insel, hängt heute im *Museo de Mallorca*.

Bernhard von Clairvaux (1091–1153), Zisterzienserabt und Kirchenlehrer, hat sich gegen Ende seines Lebens selbst charakterisiert: »Als Fabelmonster meines Jahrhunderts verhalte ich mich weder wie ein Kleriker noch wie ein Laie.« Er paßte nicht in das Denkmodell der offiziellen Kirche und verstörte mit seinen kaum verständlichen mystischen Schwärmereien oft auch die einfachen Gläubigen seines Klosters. Der fanatische Kreuzzugsprediger hatte den Templern 1128 die Ordensregel geschrieben. Seitdem stand er ihnen sehr nahe, und so war es nur selbstverständlich, daß die Templer von Palma de Mallorca den 1174

Heiliggesprochenen mit einer bildlichen Rückschau auf sein Leben ehrten.

Das um 1290 in Auftrag gegebene Gemälde zeigt in der Mitte Bernhard im Habit der Zisterzienser mit dem Abtsstab. Auf den vier kleinen Nebentafeln erscheint er als Schriftgelehrter, hat eine Vision und führt einen Exorzismus durch. Am ungewöhnlichsten ist die Szene oben links: Bernhard kniet vor der Muttergottes mit dem Kind auf dem Arm. Sie greift mit der Linken fast kokett an ihre entblößte Brust und preßt einen Milchstrahl direkt in den Mund des Mönches. Erstmals in der Kunst des Mittelalters wird hier die *Lactatio*, die »Milchspendung«, dargestellt. Dieses Motiv geht auf ein angebliches Wunder zurück, das sich in der Kirche Saint-Vorles in Châtillon-sur-Seine ereignete. Dort betete St. Bernhard vor einer Statue der Madonna mit dem kleinen Jesus. In dem Moment, da er die Worte *Monstra te esse matrem* (»Zeige, daß du Mutter bist!«) aussprach, wurde das Standbild lebendig, die Jungfrau drückte ihre Brustwarze und spritzte einige Tropfen Milch auf die Lippen ihres Verehrers.

Seltsamerweise wird dieser Vorfall in keiner der Heiligen-Beschreibungen des 14. Jahrhunderts angeführt. Auch die Propagandisten des Zisterzienserordens waren nicht erbaut über derart zweideutige Legenden. So meinte Herbert von Clairvaux, ein Autor des 12. Jahrhunderts: »In allen Büchern über die Wunder des heiligen Bernhard findet sich bis jetzt nirgends die Erwähnung jener wunderbaren Milch, die von der seligsten Jungfrau Bernhard gereicht wurde. Dieses Wunder jedoch sehen wir jetzt von Malern und unvorsichtigen Verehrern des Heiligen angepriesen.« Doch in Bernhards Schriften selbst gibt es Hinweise auf eine nicht nur spirituelle Beziehung zur Muttergottes. So heißt es in einer seiner Predigten: »In den Hochgenüssen der reinen Liebe schwillt die Brust an, und die Brüste füllen sich mit einem Strome der Frömmigkeit. Man braucht sie bloß zu drücken, und die köstliche Milch, mit der sie angefüllt sind, wird reichlich fließen.« Angeblich haben nach Bernhards Tod seine Mitbrüder ihm ein Brettchen ins Grab gelegt, auf dem folgende Worte standen: »Mein Geliebter ist wie ein Büschel Myrrhe, das zwischen meinen Brüsten ruht.« Ein Vers aus dem Hohenlied Salomons, der Lieblingslektüre Bernhards! Diese Schrift des Alten Testaments, deren Herkunft immer noch im dunkeln liegt und die vielleicht babylonische Kultgesänge überliefert, sollte auch die Ritter vom Salomonischen Tempel, die Templer, stark beeinflussen. Die fast schon erotische Liebe des Mystikers von Clairvaux zur Gottesmutter machte die Ordensbrüder zu glühenden Marienverehrern. Wie Bernhard wollten sie die lebensspendende Milch der heiligen Jungfrau empfangen. Was die Templer von Mallorca da um 1290 malen ließen, ist also kein frivoler Akt, sondern eines von vielen, wenn auch umstrittenen Wundern, das die katholische Kirche gnädig abgesegnet hatte.

Die Templerfestung im Osten Palmas diente nicht nur als Verwaltungszentrale für die gesamte Insel. In ihr war auch die umfangreiche Bibliothek des Ordens, zeitweise sogar das königliche Archiv untergebracht. Einige Jahre nach ihrem Einzug bekamen die Ritter neue Nachbarn. Die Juden waren aus ihrem ursprünglichen Wohngebiet zwischen der heutigen Plaza de Cort und der Plaza Rosario ausgesiedelt worden, weil die Dominikaner dort ihren mächtigen Konvent und die Kirche errichteten; 1837 wurden diese Gebäude übrigens wieder abgerissen. Die jüdische Gemeinde durfte sich direkt beim Templerbezirk niederlassen. Noch heute weisen Straßennamen wie *Peleteria* (Pelzhandel), *Botónes* (Knopfmacher), *Montesión* (Berg Zion) und *Curtidores* (Gerber) auf das alte Handwerkerviertel hin. Die Ordensritter grenzten sich keineswegs von den Juden ab. Sie gewährten ihnen Wasserrechte und profitierten ihrerseits von einem einzigartigen Spezialbetrieb, in dem jüdische und arabische Experten gemeinsam arbeiteten: der Kartographenschule, die bald die berühmteste in ganz Europa wurde. Nach Meinung von Antoni Ginard Bujosa, einem Fachmann für mittelalterliche Kartographie, war sie in einem Eckhaus an der Plaza San Jerónimo untergebracht.

Betrat man das Atelier, glaubte man zunächst, in einer Gerberei zu sein. Überall hingen enthaarte Tierhäute zum Trocknen. Es roch nach Alaun und Baumrinde, womit die Felle weichgemacht worden waren. Die Haut junger Kälber lieferte die beste Schreibunterlage: ein Pergament, fast so weiß und dünn wie Papier. Das war der Stoff, aus dem Seekarten – und Träume – entstanden. Die Farben wurden aus Pflanzenextrakt oder zerriebenen Mineralien gewonnen, ja sogar aus Tieren. Die Kermesschildlaus zerdrückte man zu Karminrot, die Drüsen der Purpurschnecken sonderten die Farbe der Könige ab.

Man malte buchstäblich, »was auf die Kuhhaut ging«. Das Mittelmeer und Teile des Atlantiks mit ihren Küsten, Inseln und Häfen. Ihre Namen werden notiert, manchmal stehen sie auf dem Kopf, so daß man das Pergament umdrehen muß. Aber das war Absicht, denn der Künstler wußte, daß ein Kapitän die Seekarte an Bord häufig hin- und herbewegte, je nachdem, in welcher Richtung sein Schiff das Festland passierte. Auf manchen Blättern erscheinen auch die Wappen der Königreiche. Europas wichtigste Staaten zeigen zum ersten Mal Flagge.

Entscheidend ist, daß diese Karten aus Mallorca nicht mehr dem lange benutzten Schema folgen, bei dem die Welt eine runde Scheibe bildet, in die der Buchstabe T hineingeschrieben ist. Auf solchen Plänen befindet sich Asien in der oberen Hälfte des Kreises, während Europa und Afrika sich den unteren Halbkreis teilen. Noch beherrscht die Heilige Schrift die Geographie. So steht Jerusalem als Herz der Christenheit häufig im Zentrum, oder die bewohnte Erde wird in Missionsgebiete aufgegliedert, in denen die zwölf Apostel ihre Arbeit tun.

Die Karten aus Mallorca sind da schon wesentlich weiter. Sie werden nach geographischen Gesichtspunkten angefertigt, einige sind bereits nach Norden ausgerichtet. Besonders im Mittelmeerraum werden die Küstenlinien und die Konturen der Inseln erstaunlich genau wiedergegeben. Nur bei weit entfernten Gegenden wie Schottland oder Skandinavien hapert es mit der Präzision. Doch die fast maßstabgetreue Wiedergabe des europäischen Kontinents überrascht uns noch heute.

Das einzige, was auf den ersten Blick verwirrt, sind die scheinbar willkürlich verlaufenden Linien auf der farbigen Fläche. Sie beginnen oder enden in einer Windrose, die meist am Rand der Karte zu finden ist. Diese Windrose war alles andere als ein bloßes Schmuckornament. Auf ihrer Kreislinie bezeichnen 16 Knotenpunkte die Hauptwindrichtungen, die dann mit einem Netz von Geraden, den sogenannten *Rumben*, verknüpft werden. Mit Hilfe dieses Rasters konnte der Navigator den Kurs des Schiffes festle-

gen und auch über größere Entfernungen den gewünschten Hafen direkt ansteuern.
Natürlich wurden solche Seekarten nicht nach der Phantasie oder Erzählungen aus dunkler Quelle gezeichnet. Die mallorquinischen Spezialisten griffen zum einen auf ältere arabische Vorlagen aus Nordafrika und Andalusien zurück. Sie nutzten aber auch zeitgenössische Segelhandbücher oder Augenzeugenberichte von Schiffsreisen. Ihre Beschreibungen enthielten vor allem Angaben über auffällige Küstenformationen, Ankerplätze und Häfen. Deshalb nannte man sie *Portolane*, und diese Bezeichnung ging auch auf die mittelalterlichen Karten über. Mallorca entwickelte sich zum Zentrum der Produktion, was nicht nur an den geschickten jüdischen Grafikern lag, sondern auch mit der einmalig günstigen Lage der Insel zusammenhing. Hier kreuzten sich die wichtigsten internationalen Routen des Mittelmeerraums. Palma war für damalige Verhältnisse ein Welthafen; sein Register zählte im Jahr 1300 mehr als 300 Schiffe. Ihre Kapitäne dürften mehr als einmal bei der Kartographenschule angeklopft haben, um eine der begehrten Portolankarten zu erwerben. Der Preis war enorm hoch, und die meisten blieben unter strengem Verschluß. Die Hersteller suchten sich ihre Kunden sorgfältig aus. Ihre mächtigen Nachbarn, die Templer, kamen vermutlich in den Besitz einiger Exemplare. Doch bevor sie das Meer befuhren, bauten sie ihre Stützpunkte auf der Insel aus.
Wir verlassen Palma in Richtung Osten. Die Ebene der Windräder leuchtet in der Morgensonne. Die charakteristischen Türme mit ihren Flügelrädern treiben die Schöpfwerke der Bewässerungsanlagen an. Zwischen *sa Casa Blanca* und *Sant Jordí,* wo die malerischsten Windräder stehen,

landen und starten die Urlauber-Jets im Minutentakt. Die Gegend um den heutigen Flughafen ist uralter Templerboden. Hier lag ihr Landgut *s'Aranjassa.*
Auf dem Weg ins Landesinnere kommen wir an *Alaró* vorbei. Auf einem bewaldeten Berggipfel thronen, schier unangreifbar, die Mauern des Kastells aus der Sarazenen-Zeit. Nach der Invasion der Christen hatten sich Reste arabischer Streitkräfte auf diesem Felssporn der Tramuntana verschanzt. Die Kreuzritter brauchten sie nur auszuhungern. Der Festungskommandant erkannte schließlich die Sinnlosigkeit jedes weiteren Widerstandes und ergab sich mit seinen Soldaten.
Nach dem Tod König Jaimes I., des »Eroberers« (1276), trat sein verhängnisvolles Testament vom 21. August 1262 in Kraft, mit dem das Erbe von Aragón und Mallorca unter den Söhnen aufgeteilt wurde. Schon wenige Jahre später eskalierte der Familienzwist und führte gerade in Alaró zu einer grausamen Strafaktion. Als sich 1285 die meisten Inselbewohner Alonso III. von Aragón unterworfen hatten, weigerte sich nur Alaró, den Fremdling vom Festland als Oberhaupt anzuerkennen. Für die Menschen des kleinen Bergdorfes war nach wie vor Jaime II. der rechtmäßige Herrscher. Alonso brach ihren Stolz mit brutaler Gewalt. Er ließ die Burg belagern und nach der Kapitulation Guillerm Cabrit und Guillerm Bassa, zwei Männer, die sich bei der Verteidigung besonders ausgezeichnet hatten, an eiserne Stangen binden und in Gegenwart des Heeres lebendig verbrennen. Die Mallorquiner verehrten sie nicht nur als Märtyrer, die für ihre Standhaftigkeit und Treue gegenüber dem geleisteten Eid gestorben waren, sondern erhoben sie zu Heiligen. Als Jaime II. wieder alleiniger Herr von Mallorca war, wurde die

Asche von *Sant Cabrit* und *Sant Bassa* in zwei steinerne Urnen gefüllt und in der Kathedrale von Palma unter der Orgel feierlich beigesetzt. Wer Alaró besaß, der kontrollierte *Inca*. Wenn man von den Ruinen des Kastells oder dem Parkplatz des Restaurants »Es Verger« (seine Lammschulter und die Schnecken in Knoblauchcreme sind inselberühmt!) hinunterschaut, dann hat man die wasserreiche Ebene zwischen Binissalem und Inca vor sich, wo Wein und Orangen, Gemüse und Oliven in verschwenderischer Fülle wachsen.

Noch nicht einmal zwei Jahre nach der Eroberung – ganz genau am 8. Juli 1231 – erlaubte König Jaime I. den Templern, in Inca 30 Familien sarazenischer Leibeigener anzusiedeln. Die arbeiteten für sie in Pacht, waren an den Erträgen aus der Landwirtschaft beteiligt, durften weiter arabisch sprechen und ihre Religion frei ausüben. Als das neun Jahre später Papst Gregor IX. in Rom zu Ohren kam, protestierte er heftig gegen diese humane Behandlung der satanischen Anhänger Mohammeds. Umsonst; die Templer hatten vollendete Tatsachen geschaffen.

In dem lärmenden und architektonisch verschandelten Lederzentrum Inca findet man heute kaum noch Spuren der Ordensritter. Die Pfarrkirche *Santa Maria la Mayor* entstand zwar unter ihrer Regie, wurde aber später abgerissen und durch einen Barockbau ersetzt. Im Inneren erinnert ein merkwürdiges Überbleibsel aus der ersten Kirche an vergessene Templer-Rituale. Es ist eine knapp 50 Zentimeter lange Holzwinde aus dem 13. Jahrhundert, die links vom Eingang hoch an der Wand über der Taufkapelle hängt. Darunter befindet sich eine lateinische Inschrift, deren Text in deutscher Übersetzung besagt: »Es heißt, daß einst

an dieser Winde die in die Wellen der Buße getauchten Kinder auch ihre Herzen gereinigt haben.« Schon Erzherzog Ludwig Salvator fiel dieser Gegenstand aus eisenbeschlagenen Hölzern auf, und er meinte, es sei »die einzige Winde, die sich auf Mallorca erhalten hat«. Mit dem daran aufgewickelten Seil wurden Neugeborene tief in das Taufbecken hinabgelassen. Offenbar praktizierten die Priester des Tempels noch lange diese Ganzkörpertaufe, die von der Amtskirche um 1250 abgeschafft und durch das bloße Benetzen des Kopfes ersetzt worden war. Vielleicht stammt auch das mächtige Glockenrad mit seinen ursprünglich 12 Glöckchen, das sich in einer Nische neben dem Hochaltar versteckt, aus der Epoche der Ordensritter.
In Inca förderten die Templer auch die Produktion und den Vertrieb von Keramik. Es handelte sich um eine Spezialität: um Gefäße und Kacheln aus naturfarbigem Ton, die man bei einem zweiten Brand und Temperaturen von etwa 900 Grad mit einer wasserundurchlässigen Zinnglasur überzog. Die fertigen Gegenstände wurden dann als »Majolika«, als Ware aus Mallorca, in aller Herren Länder exportiert. Wer heute in Inca nach traditionellen Werkstätten sucht, wird enttäuscht. Die wenigen noch vorhandenen Betriebe stellen ausnahmslos unglasierte Industriekeramik her. Nur in dem kleinen Dorf *Pòrtol*, kurz hinter Palma, gibt es noch ein paar Töpfereien *(Ollerías)*, in denen auf alten Holzscheiben und in geradezu vorsintflutlichen Brennöfen die rostroten Gefäße auf Hochglanz gebracht werden.
Auch im südlich von Inca gelegenen *Porreres* saßen Ordensritter. Aber was wird nicht alles über die Templer von Porreres phantasiert, selbst in den neuesten Reiseführern! Ob Polyglott, DuMont oder dtv Merian – fast jeder ver-

breitet die Mär vom prächtigen »Stiftskreuz der Tempelherren«.
Bleiben wir bei den Fakten. Mitten im Dorf, da, wo sie hingehört, steht die Pfarrkirche *Nuestra Señora de Consolación*. Ursprünglich Johannes dem Täufer geweiht, wurde das 1242 errichtete Bauwerk später bis zur Unkenntlichkeit des Originals verändert. Verschwunden sind heute die Stühle der Chorempore, die, wie Ludwig Salvator schrieb, »nach der Überlieferung einst den Tempelherren dienten und mit Skulpturen und Wappen reich verziert sind«. Der Erzherzog war es auch, der das Gerücht vom »silbernen Kreuz der Tempelherren aus dem 14. Jahrhundert« in die Welt setzte. Selbsternannte Kunstexperten haben es bis in unsere Tage immer wieder kolportiert. In der Sakristei bewahrt zwar ein dreifach gesicherter Tresor wertvolle Kultgegenstände aus dem Mittelalter auf. Doch nur eine Silberschatulle für geweihte Hostien und vielleicht der Kern der gotischen Monstranz mit dem Splitter des »wahren Kreuzes« von Golgatha stammen aus der Templerzeit. Das vermeintliche Prozessionskreuz des Ordens, eine Silberschmiedearbeit mit Einlagen aus Email-Schmelz, wurde erst später geschaffen. Das verraten die winzigen Figuren am Ende der Kreuzarme. Ihre Gewänder, Rüstungen und Helme spiegeln unverkennbar die Mode des 15. Jahrhunderts, und da waren die Templer längst ausgelöscht.
Die Karte mit den Templerniederlassungen auf Mallorca macht deutlich, daß der Orden im Zentrum der Insel nur spärlich vertreten war, an der Ost- und Südküste sowie westlich von Palma überhaupt keine Stützpunkte besaß. Seine ganze Macht konzentrierte sich auf den Nordosten, auf die felsige, damals schwer zugängliche *Tramuntana* und

ihre Ausläufer. Dort gab es nur ein paar kümmerliche Hochweiden, aber kein fruchtbares Ackerland. Was hatten die Ritter in jener lebensfeindlichen Einöde verloren?
Fährt man von Inca hinauf ins Gebirge, dann zeigt sich bald schon der Reichtum dieser dünn besiedelten Region: Es ist der immer noch üppige Wald aus Kiefern und Eichen. Zur Zeit von Erzherzog Ludwig bedeckten 10 221 Hektar Piniforst *(Pinar)* die Insel. Uralte immergrüne Eichen *(Encinar)* wuchsen vor allem an den steilen Hängen zwischen Valldemosa und Pollença. Im Mittelalter waren die Waldflächen noch wesentlich größer als heute. Sie lieferten den Templern das ideale Material zum Bau ihrer Schiffe. Für den Mast, die Rippen und Spanten zur Querversteifung nahm man Fichten- oder Kiefernstämme. Der am stärksten beanspruchte Teil des Schiffes, der Kiel, wurde aus hartem Eichenholz angefertigt.
In die dämmrige Wildnis um den Puig de Massanella hatten sich nach der Eroberung Sarazenen geflüchtet. Der Legende nach entdeckte ein arabischer Hirtenjunge, der schon auf den christlichen Namen *Lluch* (Lucas) getauft war, in einem nahe gelegenen Tal eine Madonnenstatue. Die kleine Figur aus braunem Marmor wurde schon bald zur Schutzpatronin Mallorcas, und an ihrem Fundort entstand eine schlichte Kapelle, später ein Marienkolleg, in dem Armenkinder unterrichtet wurden, schließlich ein Wallfahrtszentrum, zu dem besonders an Mariä Geburt, dem 8. September, Pilger aus allen Teilen der Insel und vom fernen Festland strömen. Sicher hat das Wort *Lluch* nichts mit dem Vornamen *Lucas* zu tun, sondern leitet sich vom lateinischen *Locus,* »der Platz«, ab. Bereits an der Pforte wird dem Besucher in vier Sprachen mitgeteilt, daß »wahrscheinlich Templer« das

Marienheiligtum errichteten. Es gibt gute Gründe für diese Annahme, denn schon im »Buch der Verteilung« war dem Orden das Gebiet um das heutige *Lluc* zugewiesen worden. So haben die Ritter wohl als glühende Marienverehrer ab 1240 den Bau einer Anbetungsstätte mit Geld und Personal unterstützt. Aber warum ausgerechnet für eine dunkelhäutige Jungfrau? Die Schwarze Madonna von Lluc war keine heidnische Göttin und kein Mutteridol aus grauer Vorzeit, an denen die offizielle Kirche Anstoß nehmen konnte. König Salomons Tempelritter hielten sich genau an die Bibel. Dort heißt es im Hohenlied Salomons (1,5–6), das ihr Förderer Bernhard von Clairvaux außerordentlich schätzte: »Ich bin schwarz, aber gar lieblich, ihr Töchter Jerusalems, wie die Teppiche Salomons. Seht nicht auf mich herab, weil ich schwarz bin, denn die Sonne hat mich so verbrannt.« Dank einer geschickten, auf dramaturgische Steigerung bedachten Planung ist *La Mare de Déu*, die Muttergottes von Lluc, nicht der unmittelbare Blickfang in der Basilika. Sie wird erst sichtbar, wenn man am Hochaltar vorbei über ein paar Stufen in die Andachtskapelle dahinter geht. Man muß zu der schlanken Figur aufschauen, die, einen silbernen Strahlenkranz um das Haupt, in einer halbrunden Nische steht. Der Volksmund nennt sie zärtlich *La Moreneta*, »die Kleine mit der braunen Haut«. Kopien von ihr haben die Templer angeblich Ende des 13. Jahrhunderts auch nach Alicante und in das Dorf Alzira bei Valencia gebracht. Bevor man das Heiligtum mit dem Original verläßt, sollte man einen Blick in den Nebenraum werfen. Dort sind die Wappen aller Inselgemeinden angebracht, darunter auch das von *Escorca*. Escorca, ein westlich von Lluc hoch in den Bergen gelegener Weiler, war eine der ältesten Pfarreien Mallorcas, der das berühmte Marienzentrum zeitweise unterstand. Das Wappen zeigt in Rot und Gelb die Farben Aragóns, davor ein blaues Band, auf dem das blutrote Kreuz der Tempelritter prangt.

Östlich von Lluc erreicht man *Pollença*. Eingebettet zwischen den Ausläufern der Tramuntana und zum Meer hin offen – eigentlich ein friedlicher Flecken. Aber Pollença lag keineswegs im Windschatten stürmischer Ereignisse. Hier hielten sich die Widerstandsnester der Sarazenen am längsten. Ihre Terrorkommandos unternahmen immer wieder Vorstöße vom Gebirge in die fruchtbare Niederung. Gefahr drohte auch von der Nachbarinsel Menorca, über der noch der Halbmond wehte. Sie wurde erst 1287 endgültig von den Mauren befreit. Der Außenposten Pollença brauchte eine starke Hand, und die hatten die Templer. Mit den almohadischen Freischärlern machten sie kurzen Prozeß oder arrangierten sich, je nach politischem Kalkül. So wurden die Anhänger des islamischen Führers Aben-Abet, der zum Christentum übergetreten war, ihre Vasallen und arbeiteten weiterhin auf den angestammten Feldern bei *Son March*, mit dem feinen Unterschied, daß die neuen Lehnsherren am Ertrag beteiligt waren. Dann begannen die Mönchskrieger, ihren eigenen Grund und Boden zu vermehren, und schufen so den größten Ordensbesitz auf der Insel.

In *Son March*, dem »Tal der Wiesen« vor der Stadt, reihen sich noch heute die Mühlen der Ritter an den Bergflanken auf. Nur sie und der König durften das Korn für die gesamte Region mahlen und auch das Brot backen. Dieses Monopol brachte, neben Landwirtschaft und Schweinezucht, satte Gewinne. Die Templer steigerten ihren Umsatz noch durch einen kühnen Finanztrick, der modernen Wechselkursma-

növern in Ländern mit schwacher Währung ähnelte: Sie akzeptierten bei ihren Geschäften nur *Marabotinos*, arabische Münzen aus Gold.
Der Name leitet sich ab von *Al Murabitun*, den Almoraviden. Diese Berberdynastie aus Nordafrika hielt bis 1147 ganz Spanien besetzt und ließ dort die nach ihr benannten Goldstücke prägen. In alten Dokumenten erscheinen sie auch als *Morobotínores*, worunter man, etymologisch abgewandelt, die Kriegsbeute verstand, die man den Mauren abgenommen hatte. Auch als Kastilien wieder christlich war, wurden diese Münzen weiter hergestellt und benutzt, mit dem Unterschied freilich, daß sie auf der Vorderseite jetzt ein Kreuz trugen und die arabische Umschrift auf den »Imam der katholischen Kirche, den Papst« und seinen »Emir, den König« verwies. Später verwandelten sich die glänzenden Geldstücke in billige *Maravedis* aus Kupfer oder Bronze. Zur Zeit der Templer aber waren sie von beachtlichem Wert. Wenn ihre Handelspartner keine *Marabotínos* im Beutel hatten, mußten sie für die Ware sechsmal mehr von jenem Geld bezahlen, das sich inzwischen an den Finanzmärkten durchgesetzt hatte, aber eine geringere Kaufkraft besaß, zum Beispiel die *Sueldos* aus Barcelona.
Die Plaza Mayor von Pollença ist einer der intimsten Marktplätze auf der Insel. Dahinter erhebt sich die Pfarrkirche *Santa Maria de los Angeles*, die der erste Bischof Mallorcas, Ramón de Torrella, Mitte des 13. Jahrhunderts an die Templer abgetreten hatte. Nur die große Fensterrose erinnert an den Bau von 1236. Im stark veränderten Innenraum hat man sämtliche Spuren der Ritter beseitigt. Gleich neben dem Gotteshaus, in der *Carrer del Temple*, steht aber noch das trutzige Haus, in dem der Stellvertreter ihres Komturs resi-

dierte. Vom *Café Espanyol* an der Plaza sind es nur wenige Schritte dorthin.

Die Männer an der Spitze des Ordens wurden im Lauf der Jahrzehnte immer mächtiger und dreister. Gerade in Pollença spielten sie sich auf wie an keinem anderen Ort der Insel. Sie mischten sich in Angelegenheiten der Kirche ein, was zu ständigen Reibereien mit dem Bischof führte. So ertrotzten sie sich gegen eine jährliche Zahlung von 10 *Marabotínos* das Recht, aus ihren eigenen Reihen einen Vikar auf Lebenszeit zu bestimmen, der die Pfarrei leitete. Auf dem Kalvarienberg, den die alten Leute in Pollença noch heute *Puig del Temple* (»Templerhügel«) nennen, errichteten sie einen riesigen Galgen, an dem sie, angeblich »im Namen des Königs«, Verbrecher aufknüpften. Damit verstießen sie klar gegen das Gesetz, nach dem allein der König oder sein Vertreter in Strafsachen entschieden und vollstreckten. Die Templer durften nur bei Zivilprozessen mitreden. Heute steht an der Hinrichtungsstätte eine schlichte Kapelle mit einer ergreifenden Passionsgruppe, aus einem einzigen Steinblock gemeißelt und original Mittelalter: Maria, die Schutzpatronin der Templer, zu Füßen ihres gekreuzigten Sohnes.

1301 beschwerten sich angesehene Bürger der Gemeinde, daß der Orden keine Rücksicht auf die schon von Jaime I. verordnete Abgabenfreiheit für alle Untertanen auf Mallorca nehme. Statt dessen würde er übermäßigen Pachtzins kassieren und ihnen verbieten, in ihren Privathäusern und Öfen Brot zu backen, wie es von alters her Brauch auf der ganzen Insel war. Als der Landvogt Seiner Majestät daraufhin die Templer ermahnte, den königlichen Erlaß zu befolgen, antworteten diese postwendend, dazu hätten sie sich per Eid verpflichtet, würden aber in ihrem Hoheitsbereich selbst entscheiden, welche Steuervergünstigungen der Bevölkerung zukämen; der Vertreter des Königs könne ihnen da keine Vorschriften machen. Schon 1279 war der rebellische Komtur Bernat de Montoliu vor Jaime II. erschienen und hatte dagegen protestiert, daß der Herrscher in Pollença seinen *Bayle* (oberster Verwalter) einsetzte. Die Bevölkerung dort sei Untertan des Ordens und nur diesem verpflichtet zu dienen, nicht aber dem König. Eine ungeheure Anmaßung, die freilich darin wurzelte, daß die Besitzverhältnisse zwischen der Monarchie und den Templern kurz nach der Eroberung nicht klar definiert worden waren. 1301 pochte der Orden erneut auf das Privileg, in Pollença allein das Sagen zu haben. Nach einem alten mallorquinischen Sprichwort hatte er dort offenbar jenen goldenen Schlüssel gefunden, der jedes Schloß öffnet (»Clâu d'or ôbrj quálsevôl pañy«). Am Nordostrand der Insel, weit weg von Palma, sollte unter dem schwarz-weißen Templerbanner ein eigener Stadtstaat im Staate entstehen.

Nur sieben Kilometer vor den Mauern Pollenças wachen über der bizarren Felsküste die Trümmer von *Castell del Rei*. Die Ruinen liegen in der wohl schönsten Gegend Mallorcas, können aber nicht besichtigt werden, weil sie sich auf dem Privatgelände der Familie March befinden und das Betreten ziemlich gefährlich ist. Noch ist das Gewölbe der Kirche San Gabriel zu erkennen, deren Altar nach Norden gerichtet war. Noch sieht man die gotischen Spitzbögen des Hauptquartiers, Reste von Zisternen, einem Turm und einem Backofen. Aber die Mauern sind vom Einsturz bedroht. Vom höchsten Punkt der Anlage führen unzählige Steinstufen an jähen Felswänden vorbei nach unten. Ein Geheimgang, der kurz vor dem Abgrund endet, dort, wo es nur noch senkrecht in die Tiefe geht. Die Abbildung in Ludwig Salvators »Balearen« zeigt den Verlauf des riskanten Abstiegs vom Meer aus.

Vermutlich stand hier schon zu römischer Zeit ein Signalturm, um den die Araber später eine Festung bauten, die dann zur Fluchtburg christlicher Herrscher wurde. Als Mallorca 1343 seine Selbständigkeit einbüßte und ein Teil von Aragón wurde, wehte die Fahne des letzten mallorquinischen Königs, Jaime III., nur noch auf dem Bergfried von *Castell del Rei*. Auf dem Schlachtfeld von Llucmayor verlor der unglückselige Regent nicht nur sein Reich, sondern auch seinen Kopf. Damals kursierte das Gerücht, dies sei die gerechte Strafe der Templer, denen das Herrschergeschlecht, bis auf Jaime I., so übel mitgespielt habe. Jedenfalls verfolgten die königlichen Beamten in *Castell del Rei* ab 1301 das Treiben der Templer im nahen Pollença mit wachsendem Argwohn. Auch im fernen Palma wurde man unruhig.

Im November 1307 bekam Arnalt de Castelví, Chef der Templer in Palma de Mallorca, einen alarmierenden Brief von seinem Kollegen García Ferrández aus Katalonien, also vom spanischen Festland. Dieses Dokument blieb wie durch ein Wunder bis heute erhalten und wird im Archiv der Krone von Aragón in Barcelona unter der Registernummer *Templarios 18* aufbewahrt.

In dem Schreiben heißt es: »Ich lasse Euch wissen, daß die Komture zu Aragón ihren Besitz verkaufen und alles zu Geld machen, was nur möglich ist. Auch Ihr solltet Euer Vermögen in bare Münze umsetzen und das Geld guten Freunden anvertrauen, denn ich fürchte, unser Orden zerbricht.« Kurz darauf werden die ersten Festnahmen aus Katalonien gemeldet, schon ein Jahr später rollt eine Verhaftungswelle über die Insel. Die aufsässigen Templer von Pollença sind als erste betroffen.

Angeblich wollten der Papst und die Könige die heilige Kirche von ketzerischen Elementen reinigen. In Wahrheit aber ging es um die schon sprichwörtlichen Reichtümer einer Organisation, die ihnen über den Kopf gewachsen war. Man konnte den immer noch angesehenen Orden freilich nicht wie eine lästige Laus abschütteln. Sein erbittertster Feind, König Philipp IV. von Frankreich (1285–1314), bereitete deshalb von langer Hand ein Komplott vor, das den Ruf der Templer in den Dreck ziehen und ihre gesellschaftspolitische Stellung ruinieren sollte.

Jaime II., König von Mallorca (1276–1311), machte sofort mit, denn ihm gehörten das Roussillon mit dem Hafen Collioure, die Stadt Montpellier, die Grafschaft Cerdagne und die Länder Conflent und Valespir – alles Besitztümer im Süden Frankreichs, die er nicht an den mächtigen Nachbarn verlieren wollte.

Verschwörer arbeiten stets nach der gleichen Methode: Sie streuen bösartige Verleumdungen aus, die von gekauften Zeugen bestätigt werden. Falsche Aussagen oder unter der Folter erpreßte Geständnisse ergeben erste Beweise, die zur Anklage vor Gericht führen. Die offiziellen Verfahren der Justiz sind, aus heutiger Sicht, nichts weiter als Scheinprozesse. Man wirft den Templern Ketzerei, Götzenverehrung, schwarze Magie, Homosexualität und Amtsmißbrauch vor. Das sind schwere Straftaten, die harte Urteile nach sich ziehen. In Frankreich lodern ab 1310 Scheiterhaufen mit brennenden Templern.

Auch auf Mallorca fürchten die Ordensbrüder das Schlimmste. Auf einer Insel gefangen ist doppelt gefangen; so sehen sie ihre Lage. Welches Ausmaß die Verfolgungen hier hatten, wissen wir nicht. Aufgrund der wenigen noch vorhandenen Dokumente scheinen die Maßnahmen gegen den Orden aber weniger grausam gewesen zu sein als in Frankreich.

Nachdem Papst Clemens V. die Organisation 1312 offiziell aufgelöst hatte, fiel den Johannitern der größte Teil des Templerbesitzes zu. Bei der gesamteuropäischen Vermögensregelung klammerte man zunächst die Iberische Halbinsel, einschließlich der Balearen, aus. Sancho, der neue König von Mallorca (1311–1325), hielt sich in der Angelegenheit auffallend zurück. Er machte weder eigene Vorschläge zur Verteilung, noch schickte er rechtzeitig Gesandte an den Papst. Von seinem zweiten Wohnsitz, dem Palast im südfranzösischen Perpignan, schrieb er dem Bischof von Mallorca, er solle sich um den Templerfall kümmern. Doch auch Guillerm de Vilanova, der oberste Kirchenmann in Palma, blieb untätig. Der Einladung des Papstes zum Konzil in Vienne, wo über das Schicksal des Ordens entschieden wurde, war er nicht gefolgt. Schließlich verlor Clemens V. die Geduld und übergab in der Bulle vom 11. Juli 1313 das Templererbe auf Mallorca und im Roussillon an die Johanniter. Jetzt erst machte König Sancho eigene Ansprüche geltend. Im Vertrag von 1314 bekam er von den Johannitern eine einmalige Abfindung über 31 500 mallorquinische *Sueldos* sowie eine jährliche Rente von 2000 *Sueldos* aus Barcelona. Außerdem erhielt er die Immobilien s'Aranjassa, Sant Martí d'Alanzell und Vernissa.

Was aber geschah mit den geächteten und enteigneten

Ordensrittern? Darüber schweigen die Akten. Aus der Korrespondenz zwischen König Sancho und seinem Bischof erfahren wir immerhin, daß die beiden Templer de Montanyans und Duyl de Molins aus der Haft entlassen wurden und sich frei auf der Insel bewegen durften. Und die übrigen Brüder? Sicher haben viele ihr Heil in der Flucht gesucht. Hundert Jahre nach diesen dramatischen Ereignissen malte der mallorquinische Künstler Père Nisart eine höchst aufschlußreiche Szene, die heute im Diözesanmuseum hinter der Kathedrale von Palma zu besichtigen ist: Sarazenen greifen ein Stadttor von Palma an, die berühmte, aber inzwischen abgerissene *Porta pintada*. Durch diesen Eingang im nördlichen Mauerring, der arabisch *Bab Benalcofor* hieß, betrat Jaime I. am 31. Dezember 1229 die eroberte Metropole. Auf dem Bild wird die wehrhafte Pforte von Templern verteidigt und ist mit ihrem Erkennungszeichen, dem roten Tatzenkreuz, markiert. Eine späte Ehrenrettung des längst verbotenen Ordens! Die Darstellung bildete mit zwei anderen, gleich großen Tafeln den schmalen Sockel für ein riesiges Altargemälde, ebenfalls von Père Nisart. Heute hängt dieses Bild für sich und ist der Blickfang des Raumes. Vordergründig wird da Sant Jordí oder Sankt Georg, der Drachentöter, gefeiert. Aber dahinter liegt Mallorcas Hauptstadt mit ihren engen, belebten Gassen, der halbfertigen Kathedrale neben dem Stadtschloß *Almudaina* und dem quirligen Hafen. Am Ende der Mole sieht man die *Torre de Pelaíres*, einen viereckigen Turm mit Zinnen. Zwischen ihm und der *Torre del Señal*, dem Leuchtturm, war im Mittelalter eine Eisenkette gespannt, um die Einfahrt in den Hafen zu blockieren. Dieser Hafen – *Porto Pí* – ist auf dem Gemälde voll von Schiffen, die sich seit der Templerzeit nur wenig verändert haben. Ähnliche Bootstypen zeigen auch die farbigen Tafeln zur Legende der heiligen Ursula, die vermutlich vom Anfang des 14. Jahrhunderts stammen und nach sorgfältiger Restaurierung jetzt in der Sakristei der Kirche *San Francisco*, im Zentrum von Palma, ausgestellt sind. Zwei Segler der Ordensflotte kennen wir sogar mit Namen: den »Falken« und die »Tempelrose«.

Das war die Chance für die auf Mallorca verfolgten Ritter: weg von der Insel, mit den Schiffen, die sie noch hatten, und ihren Seekarten aus dem jüdischen Atelier, die plötzlich wertvoller waren als alles Gold und Silber! Trotz strenger Geheimhaltung gelingt nur wenigen die Flucht. Diejenigen, die es schaffen, haben ein klares Ziel: das spanische Festland, wo viele Brüder dem Druck des Gegners noch standhalten oder aber in den Untergrund gegangen sind.

Von Mallorca zur spanischen Gegenküste brauchte man damals bei günstigem Wind etwa 40 Stunden mit dem Segelboot. Die Seefahrer steuerten eine bekannte, unverwechselbare Landmarke an: *El Macho*, »den Kerl«, die Templerburg von *Peñiscola*, die sich auf steilem Felsen ins Meer vorschiebt. Hier waren die Flüchtlinge erst einmal sicher, denn auf der Festung hatte seit 1307 ein Landsmann das Kommando: der Mallorquiner Ramón de Guardia, hoch angesehen bei Jakob II. von Aragón. Doch der König erklärte den Orden schon bald zum Staatsfeind Nummer eins. Peñiscola wurde zwar nie erobert, fiel aber schließlich an neue Erben, die Ritter von Montesa. Als einer der wenigen Ordensführer bekam Ramón de Guardia einen ehrenvollen Abgang, durfte auf Anweisung seines Herrschers nach Mallorca zurückkehren und verbrachte seinen Lebensabend in der Komturei von Masdéu (Roussillon), nahe dem heutigen

Dorf Trouillas. Er erhielt eine üppige Pension von jährlich 700 *Sueldos*.

Den meisten Templern ging es wesentlich schlechter. Nach der vom Papst verfügten Aufhebung hatten sie nur die Wahl, im Kerker zu verfaulen, in eine der Nachfolgeorganisationen einzutreten und als widerwillig geduldete Rentenempfänger niedere Dienste zu verrichten oder in jenes Land auszuwandern, dessen König sich als einziger nicht an dem internationalen Komplott beteiligt hatte: Portugal. In dieser Alternative sahen gerade die jüngeren Ritter ihre Chance.

Es gibt mehrere Möglichkeiten, von *Peñiscola* aus nach Portugal zu gelangen. Wir haben einen Fluchtweg rekonstruiert, der eine möglichst kurze und direkte Route durch die spanischen Reiche darstellt, gleichzeitig aber über Stationen verläuft, die damals immer noch Templerbesitzungen waren, wo man zeitweilig unterschlüpfen konnte.

Weit größer als Peñiscola schützte die Templerbastion von *Alcalá de Xivert* das Hinterland der *Costa del Azahar*, der »Orangenblüten-Küste«. Das Gebiet war erst 1234, also fünf Jahre später als Mallorca, den Muselmanen entrissen worden. Die Ordensritter bauten das maurische Kastell zu einer starken Festung mit fünfeckigem Waffenplatz aus. Dieser pentagonale Grundriß wiederholt sich bei vielen Templerburgen. Auf dem Gelände entstand schon bald eine Kapelle. Mit der arabischen Bevölkerung gingen die Templer auch hier sehr human um. Kurz nach der Eroberung gaben sie den Leuten Häuser und Land zurück, ließen sie zwei Jahre steuerfrei ihre Felder bewirtschaften, erlaubten ihnen, ungestört ihren Glauben zu praktizieren, und zogen sie nie zum Militärdienst heran. Sie schützten die Muslime sogar vor Übergriffen christlicher Fanatiker, indem sie eine hohe

Mauer zwischen den Wohnvierteln errichteten. Ihre Toleranz ging noch weiter. Da hatten die Mauren in Gipsputz einen Koranvers (Sure 29,5) an die Wand geschrieben. Und was tun die Templer? Nichts! Sie lassen ihn einfach stehen! Eine großzügige Geste gegenüber den Heiden, aber eine ungeheure Provokation für Vertreter der katholischen Kirche. So liest man noch heute: »Wir warten auf die Begegnung mit Allah.« Allah kam nicht mehr nach Xivert. Um 1317 trat der Montesa-Orden das Erbe der Templer an. Die letzten Mauren wurden nach der Entdeckung Amerikas verjagt. Erst dann verfiel die 8000 Quadratmeter große Anlage zu einer Geisterstadt. Geblieben ist nur der Name, das arabische *Al-qual'a* (»Burg«).

Nächste Station ist *Albocácer*, auch eine alte Templerdomäne. Ein ungewöhnliches Überbleibsel aus ihrer Zeit stellt die Einfriedung neben der Kirche dar: Parallel verlaufende Mauern stoßen entweder auf die steinernen Begrenzungswände des Vierecks oder lassen einen schmalen Durchgang frei, und das immer abwechselnd. Man kann also nur im Zickzack über den grasbewachsenen Platz gehen. Heute dient er als Kreuzweg zur Erinnerung an die Leiden Christi. Templerexperten wie Juan G. Atienza halten die Konstruktion für eine Art Labyrinth, das die Ordensbrüder als Meditationsstrecke oder Initiationskurs für ihre Novizen benutzten. Jede Wende am Ende einer Mauer bedeutete eine neue Etappe auf dem Weg zur höheren Erkenntnis.

In Albocácer hatten die Templer auch eine Burg. Sie wurde aber 1930 auf Beschluß des Gemeinderats abgerissen. Dabei hat man auch alle Hinweise auf die früheren Besitzer zerstört. Die bis in die Gegenwart geführte Stadtchronik bewahrt noch ein Foto auf, das eine Steinplatte mit dem

Templerkreuz zwischen den Wappen des Komturs zeigt. Nach alten Urkunden war das bis 1317 ein gewisser »Ferrándiz de Mallorca«. Handelte es sich um einen unserer Flüchtlinge von der Insel, der hier hängenblieb?
Die anderen Ritter wollten weiter. Sie kommen in eine geheimnisvolle Bergwelt; noch heute eine der verschlossensten und unbekanntesten Gegenden Spaniens: der *Maestrazgo,* auf deutsch »die Herrschaft«.
Diese Bezeichnung geht auf die Templer zurück, genauer auf das Dorf *Cervera del Maestre,* 15 Kilometer westlich von Benicarló. Es war von Hugo Follalquer, dem Ordenschef Aragóns, erobert worden. Diesem »Meister« zu Ehren nannte man den Ort und die Burg *del Maestre* und übertrug den Titel auf das ganze, den Mauren später entrissene Gebiet.
Der Brennpunkt des Ordens lag in *Cantavieja,* auf uraltem Siedlungsboden. Angeblich hatten schon die Karthager unter ihrem Führer Hamilcar Barcas dort 232 v. Chr. eine befestigte Stadt gegründet. Ihr Name »Carthago vetus« bildet vielleicht die Wurzel für das spanische Cantavieja.
Als die Mallorca-Gruppe hier eintrifft, war der Ort schon über hundert Jahre (seit 1197) in Besitz der Templer. Die Wirtschaft boomte, dank Sonderrechten wie Zollfreiheit und Steuervergünstigungen. Nachbargemeinden mit weniger großzügigen Herren starrten voll Neid auf das Schmuckstück. Aber jetzt, Anfang 1308, belagern königliche Truppen die Festung auf dem Felssporn hoch über den tiefen Canyons. Sechs Monate halten 80 Verteidiger die Stellung, darunter gerade mal zwölf Templer. Der Rest sind arabische Freiwillige und Einwohner aus dem Dorf. »Wasser haben wir keins, außer was Gott uns mit dem Regen schickt«, schreibt einer nach draußen. Auch die Lebensmittel werden

knapp. Das ständige Dröhnen der feindlichen Wurfmaschinen zerrt an den Nerven. Stück für Stück zerhacken ihre Steinkugeln die schützenden Mauern. Am 12. August 1308 kapitulieren die letzten Templer in einer verkohlten Ruine. Die Burg wurde nie wieder aufgebaut.
Unzerstört blieben nur das Hospital des Ordens und seine Kirche *San Miguel.* Nach einer alten Sage, die man sich noch heute in Cantavieja erzählt, soll dort ein Templerkomtur bestattet sein, in vollem Ornat, mit Gold und Juwelen geschmückt. Wir haben den Alabaster-Sarkophag in der gotischen Kirche mit Hilfe modernster Technik untersucht. Das aufwendige, aber zerstörungsfreie Verfahren mit dem Video-Endoskop wurde von dem auf diesem Gebiet weltweit führenden Unternehmen Karl Storz in Tuttlingen unterstützt. Es stellte sich heraus, daß das Grabmal menschliche Knochen enthält, die durch schwere Steine zertrümmert wurden. Daneben zeigte das Monitorbild nur ein paar handgeschmiedete Nägel; keine Spur von Gold oder Edelsteinen. Irgendwann hat jemand die Ruhe des Toten massiv gestört und seinen Sarg durchwühlt. Der Verstorbene war auch kein Templer, wie man lange annahm, sondern ein Komtur des Johanniterordens, der später in Cantavieja regierte. Das haben spanische Forscher erst kürzlich nachgewiesen.
An diesem Ort des Grauens konnten die Flüchtlinge aus Mallorca nicht länger bleiben. Auf geheimen Pfaden schlagen sie sich weiter nach Westen durch und überqueren die Grenze zu Kastilien. Templerniederlassungen gibt es jetzt kaum noch. Erst hinter Toledo stoßen sie wieder auf ein großes Ordensgebiet, in dem scheinbar tiefster Frieden herrscht. Aber ihre Brüder bleiben wachsam und kampfbe-

reit. Es sind die Ritter von *Montalbán*, einer der größten Templerburgen Spaniens.
Im Schicksalsjahr 1308 verhandeln die Burgherren mit Fernando IV. von Kastilien. Der König will die Festung auf keinen Fall einem anderen Orden aushändigen, wie es der Papst wünscht; er möchte sie vielmehr für sich. Woher rührt dieses außergewöhnliche Interesse? Kastilien – das sagt schon der Name – strotzt doch geradezu vor Kastellen. Aber Montalbán ist etwas Besonderes: Alte Karten, z. B. die des Nicolaus Germanus von 1482 oder die Leidener *Tabulae Geographicae* aus dem 15. Jahrhundert, zeigen, daß Burg und Komturei genau im Herzen Spaniens liegen und die geographische Mitte der Halbinsel bilden. Ein idealer Platz, um Macht zu konzentrieren und nach allen Seiten auszustrahlen. Montalbán geht wunschgemäß an die Krone Kastiliens, wird aber nicht Regierungssitz Spaniens, sondern kommt später in andere Hände und verliert bald seine strategische Bedeutung. Jetzt gehört es der Herzogin von Osuna, die mit bescheidenen Mitteln versucht, die menschenleere Anlage vor dem endgültigen Verfall zu bewahren.
Der steinerne Koloß mit dem fünfeckigen Turm, den bis zu 17 Meter hohen Torbögen und verwinkelten Räumen läßt uns noch heute staunen. Die vielen unterirdischen Gewölbe und Gänge wurden nie erforscht. In den nahe gelegenen Dörfern La Puebla und San Martín kennt man eine Sage, die sich auf das Stollensystem unter der Burg bezieht. Danach fiel ein trächtiges Mutterschwein in ein tiefes Loch im Waffenhof. Nach einigen Tagen tauchte die Sau wieder auf, aber nicht allein. Mit sieben Ferkeln kroch sie aus einer trockenen Zisterne, vier Kilometer weiter östlich, Genau dort steht die Kapelle von *Melque* aus westgotischer Zeit.

Wie ein Klosterverzeichnis Papst Alexanders III. vermerkt, war dieses Bauwerk schon im 12. Jahrhundert Templerbesitz. Die Ritter hatten es der Muttergottes geweiht, später aber zu einem militärischen Vorposten umfunktioniert, indem sie einen plumpen Wehrturm mitten auf das Dach setzten und das Marienheiligtum durch einen Geheimgang mit ihrer Festung verbanden. So wurde Melque eine Aufklärungsbasis direkt an der Straße zu einer der wichtigsten Verkehrsadern im alten Spanien: dem Rio Tajo.
Auf diesem Fluß erreichten die Flüchtlinge aus Mallorca die letzte Station vor ihrem Reiseziel Portugal: *Alconétar*. Das arabische Wort bedeutet soviel wie »zweite Brücke«; die nächste lag 38 Kilometer weiter westlich in Alcántara, nahe der Grenze. Bei Alconétar spannte sich eine steinerne Römerbrücke über den Strom. Die Mauren verstärkten die gut erhaltene Konstruktion durch ein Fort an der Mündung des Rio Almonte in den Tajo. 1169 besetzten die Templer diesen Brückenkopf und erweiterten das arabische Kastell zu einer prächtigen Ritterburg. Von jedem, der über den Fluß wollte, kassierten sie Brückenzoll und Straßengebühren. Aber das reichte ihnen noch nicht. Sie verlangten, daß Reisende den Tajo nur an dieser Stelle überquerten. Im Umkreis durften keine weiteren Brücken errichtet werden, auch Kähne zur Überfahrt waren verboten. Zähneknirschend stimmten der König und der Stadtrat von Plasencia zu. Über den Dauerstreit zwischen dem Orden und den Nachbargemeinden geben alte Dokumente noch heute Auskunft. In dieser mit allen juristischen Tricks, aber auch mit Waffengewalt behaupteten Bastion fand die Mallorca-Gruppe noch einmal Zuflucht, bevor sie sich aufmachte in Richtung Portugal.

1310 kam das bittere Ende für die selbstherrlichen Templer an der Tajo-Brücke, und seit 1969 ist auch von Alconétar nichts mehr zu sehen. Ein riesiger Stausee bedeckt jetzt das Land zu beiden Seiten des Stromes. Unter den Fluten verschwanden nicht nur Felder mit Baumwolle und Paprika, sondern auch Hünengräber aus der Steinzeit und eine westgotische Basilika. Nur die Römerbrücke hat man damals Stein für Stein abgetragen und vier Kilometer weiter nördlich wieder aufgebaut, zumindest vier Bögen davon.
Jeden Herbst, wenn Milliarden Hektoliter aus dem Becken abgeflossen sind und die ausgebrannten Felder der Estremadura bewässert haben, taucht das Erbe der Templer wieder auf. Aber nur ein kümmerlicher Rest, die *Torre de Floripes*, der Bergfried. Er wurde nach der Tochter eines Sultans benannt, die sich während der blutigen Maurenkriege in einen christlichen Ritter verliebte. Der fünfeckige Turm mit der vorkragenden Brustwehr ruht wie ein versteinertes Schiff im See. »An dieser Stelle sammeln sich immer die dicksten Fische«, behaupten die alten Männer aus den Dörfern am Ufer. Sie lassen sich viel Zeit, wenn sie in ihren Kähnen hinausfahren und die Angel auswerfen. Während sie schweigend auf ihren Fang warten, erinnern sie sich, wie es hier aussah, bevor mit dem Staudamm die große Flut kam. Dann fallen ihnen auch die alten Sagen wieder ein, die man sich seit Generationen erzählt: vom versunkenen Alconétar und seinen Glocken, deren Geläut in der Osternacht aus der Tiefe schallt, oder von den Tempelherren, die von hier aus über die nahe Grenze fuhren, in ein Land, wo sie endlich willkommen waren. Aber das ist eine ganz andere Geschichte.

Roderic Jeffries
Mauren und Christen

Alvarez seufzte und schaute auf die Uhr. Es war Samstagnachmittag und bis Montagmorgen konnte er nichts mehr unternehmen. Zufrieden ließ er sich zurücksinken und dachte voller Freude an den bevorstehenden Abend. Er würde sich mit Brenda den Kampf der Mauren gegen die Christen anschauen.

Gekleidet in helle Kittel und Hosen, die bis kurz unters Knie reichten, bewaffnet mit Schwertern, Knüppeln und Flinten, versammelten sich die Christen. Zwei wollten unauffällig in einer Bar verschwinden, wurden erwischt und in die erste Reihe gestoßen. Gott um Beistand anflehend, griffen die Christen an.

Die Mauren, mit geschwärzten Gesichtern und Hälsen, trugen farbenprächtige Hemden und Pluderhosen, schwangen ihre blitzenden Krummsäbel, riefen Allah zu Hilfe und verteidigten sich tapfer.

Die engen Gassen waren erfüllt mit dem Lärm und Geschrei der Kämpfenden und Verwundeten, als sie aufeinandertrafen.

»Genug, zieht weiter«, rief ein Polizist dazwischen.

Die Mauren wichen zurück, die Christen verfolgten sie. Brenda mußte schreien, um sich verständlich zu machen: »Gibt es dabei keine Verletzungen?«

»Nur ein paar gebrochene Rippen«, beruhigte sie Alvarez.

Drei Mauren trugen einen uralten Vorderlader zwischen

sich, zwei Meter lang, der Lauf war mit Draht zusammengebunden. Sie richteten die Mündung auf die nachstürmenden Christen, die sofort ihren Angriff stoppten. Einer der Mauren schüttete Schießpulver in die Mündung. »Um Gottes willen, sie werden doch nicht damit schießen«, entsetzte sich Brenda.

»Warum nicht?«

»Es wird explodieren.«

»Das ist noch nie passiert«, beruhigte Alvarez sie.

Der Vorderlader wurde zündfertig gemacht, einer der Mauren hielt ein Streichholz an die Lunte. Ein ohrenbetäubender Knall löste sich, alles versank in schwefelgelbem Rauch. Brenda schrie auf und klammerte sich an Alvarez' Arm.

Zwei der christlichen Kämpfer gaben vor, erschossen worden zu sein, und verschwanden eiligst in der Bar, vor der man sie kurz vorher abgefangen hatte. Die anderen, mutigeren oder weniger durstigen Kämpfer setzten den Mauren nach, die ihren Vorderlader mit sich schleppten.

»Die entscheidende Schlacht wird auf dem Fußballfeld ausgetragen«, erläuterte Alvarez. »Dort gelingt es den beiden Helden, Benito und Felix, den Vorderlader zu erbeuten. Sie erschießen damit Dutzende von Mauren, ehe sie selbst sterben. Sie haben das Dorf gerettet.«

»Aber die Christen waren von Anfang an im Vorteil«, wunderte sich Brenda.

Alvarez lachte verschmitzt. »Wir haben die geschichtliche Überlieferung etwas berichtigt. Die Mauren hatten mitten in der Nacht angegriffen, und die verschreckten Christen liefen in allen Richtungen davon. Benito und Felix, zwei Taugenichtse, hatten den Soldaten ein Fäßchen Wein gestohlen und sich sinnlos betrunken in einem Schweinestall verkrochen. Sie wachten durch den Lärm auf, stolperten hinaus, sahen die Mauren mit der Kanone und hielten sie für die Soldaten, denen sie den Wein gestohlen hatten. In Panik überwältigten sie die drei Mauren und nahmen die Kanone mit. Sie fanden sich plötzlich inmitten der angreifenden Mauren und erkannten endlich, in welcher Gefahr sie schwebten. Es blieb ihnen kein Ausweg, sie zündeten die Kanone und schossen die Mauren nieder. Die Dorfbewohner glaubten, Verstärkung wäre eingetroffen, griffen ebenfalls an und schlugen die Mauren in die Flucht.«

»Was wurde aus Benito und Felix?«

»Wie alle wahren Helden fand man sie tot inmitten der Mauren, die sie niedergeschossen hatten.«

»Sie haben die Geschichte eben erfunden.«

»Sie ist wahr. Warum sollten sonst die Bars drei Tage und drei Nächte nicht schließen, wenn nicht zu Ehren der beiden Säufer? Sollen wir zum Fußballplatz gehen und dem letzten Kampf zusehen?«

»Wird dort nochmals geschossen?«

»Ja.«

»Das will ich mir ersparen.«

Alvarez sah auf die Uhr. »Ich habe in einem Restaurant einen Tisch bestellt. Darf ich Sie zum Essen einladen?«

»Eigentlich sollte ich in den Hotels nach dem Rechten sehen ... Ja, ich komme gern mit. Zur Hölle mit den Touristen!«

»Oh, das freut mich.« Alvarez strahlte.

Der Sklaven-Patron

Märchen aus Mallorca

In Andraitx lebte ein Patron bei dem Vordach des Platzes. Dieser Patron hatte die Gewohnheit, jedes Jahr am Weihnachtstage, bevor er zu Mittag speiste, vor die Türe seines Hauses zu gehen, und wenn er irgendeinen Fremden unter dem Vordach sah, lud er ihn in sein Haus zum Speisen ein. Eines Jahres am Weihnachtstage sah er einen Mauren unter dem Vordach stehen, und obschon er gegen die Mauren nicht günstig gesinnt war, weil er sie auf dem Meere sehr nahe gesehen hatte, so lud er ihn nichtsdestoweniger zum Essen ein, um die Gewohnheit nicht zu verlieren.

Nach langer Zeit nahm eines Tages eine Barke mit Mauren die Barke dieses Patrons weg, machten ihn zum Gefangenen und führten ihn fort, um ihn auf dem Markte von Algier zu verkaufen.

Hier ging ein Maure von mittlerem Alter vorüber, sah ihn, kaufte ihn und führte ihn nach seinem Hause.

Als sie zu Hause waren, gab ihm der Maure ein gutes Essen, und als sie mit dem Essen fertig waren, sagte er ihm: »Ihr seid Mallorquiner, nicht wahr?« – »Ja, Herr«, antwortete ihm der Patron. – »Ich war schon auf Mallorca. Und von welcher Ortschaft seid Ihr? Seid Ihr nicht aus Andraitx?« – »Ja, Herr«, sagte wieder der Patron, etwas erstaunt. – »Ich war auch in Andraitx, erinnert Ihr Euch meiner nicht mehr?« – »Nein, ich erinnere mich nicht, Sie je gesehen zu haben«, sagte der Patron. – »Und Ihr erinnert Euch nicht an einen Mauren, den Ihr am Weihnachtstage zum Essen eingeladen habt und der unter dem Vordache des Platzes von Andraitx stand?« – »Ja, ja, jetzt erinnere ich mich.« – »Und nun, jener Maure bin ich, und um Euch die Guttat, die Ihr mir erwiesen habt, zu vergelten, habe ich Euch auch zum Mittagsmahl eingeladen, und ich werde Euch die Freiheit geben, damit Ihr in Eure Heimat zurückkehren könnt.« Der Patron war sehr dankbar und kehrte nach Mallorca zurück; aber nach vier oder fünf Jahren nahmen ihn die Mauren wieder gefangen, sie verkauften ihn von neuem, und wieder kaufte ihn der gleiche Maure, der ihn wieder zum Essen einlud und ihm wieder die Freiheit schenkte. Nach vier oder fünf Jahren geschah ihm nochmals das nämliche, und der Maure, als sie mit dem Mittagsmahl fertig waren, sagte zu ihm: »Dreimal habe ich Euch zum Mittagsmahle eingeladen und Euch die Freiheit gegeben, aber jetzt bin ich alt und kann von einem Tag auf den anderen sterben. Und wenn ich sterbe, kann ich Euch nicht mehr zum Essen einladen und Euch nicht mehr die Freiheit geben. Deswegen rate ich Euch, schifft Euch nicht mehr ein, und so werden sie Euch nicht ein viertes Mal fangen. Gehet weg und fahret fort, Eure gute Sitte zu befolgen, an Weihnachten denjenigen ein Mittagsmahl zu geben, die sich von ihrem eigenen Hause entfernt finden.«

Der blinde Maure

Märchen aus Mallorca

In Algier war ein mallorquinischer Gefangener im Hause eines maurischen Herrn, der blind war und der ihn als Sklave gekauft hatte. Dieser Gefangene war bei seinem Herrn sehr beliebt, weil er ein sehr braver Junge war und alle Arbeiten sehr gut zu verrichten wußte.

Eines Tages sagte der Herr zu ihm: »Wenn du machtest, was ich dir sagen würde, und mich nicht betrögest, würde ich dir die Freiheit und soviel Geld, wie du willst, geben.« – »Sagen Sie, was soll ich tun.« – »Wenn ich dich nach Mallorca schicke, würdest du nicht mehr zurückkehren, weil es deine Heimat ist, aber ich versichere dir, wenn du zurückkehren möchtest, würdest du zufrieden mit mir sein.« – »Sagen Sie nur, was ich auf Mallorca tun soll, und vertrauen Sie auf mein Wort.« – »Von welcher Ortschaft bist du?« – »Von Valldemosa.« – »Du mußt den Puig de na Fátima kennen.« – »Ja, Herr, und sehr genau, weil ich ihn durchwandert habe, um dort Gras zu mähen.«

»Also gut. Ich werde dir sieben Paar Schuhe geben, mit diesen sieben Paar Schuhen wirst du nach Mallorca gehen. Wenn du dort bist, wirst du an einem Montag ein Paar Schuhe anziehen und mit den angezogenen Schuhen auf den Puig de na Fátima steigen und den ganzen Tag dort spazierengehen. Am Abend wirst du die Schuhe ausziehen, ein Zeichen daran machen, daß es jene des Montags sind, und sie aufbewahren, gut aufbewahren. Anderentags,

Dienstag, wirst du ein anderes Paar Schuhe anziehen, und mit den angezogenen anderen Schuhen wirst du auf den Puig de na Fátima zurückkehren und dort den ganzen Tag spazierengehen. Am Abend wirst du ein Zeichen daran machen, damit man erkenne, daß es die Schuhe sind, die du den Dienstag getragen hast, und sie aufbewahren, gut aufbewahren. Am Mittwoch wirst du ein anderes Paar Schuhe anziehen und wirst dasselbe machen; am Donnerstag das gleiche, ebenso Freitag und Samstag, endlich am Sonntag wirst du das siebente Paar anziehen, und an allen wirst du den Tag bezeichnen, an dem du sie getragen hast. Sodann wirst du gleich hierher zurückkehren und mir die sieben Paar Schuhe gut eingewickelt bringen und sehr behutsam, damit keiner verlorengehe.«

»Haben Sie keine Angst, es wird alles so gemacht werden, wie Sie sagen«, sagte der Sklave.

»Gut«, sagte der Herr. »Wenn du wieder zurückkehrst, ich versichere dir, du wirst es nicht bereuen, weil ich dir dann die Freiheit und soviel Geld, wie du verlangst, geben werde.«

Der Gefangene kam nach Mallorca, machte alles so, wie sein Herr ihm gesagt hatte, kehrte dann wieder nach Algier zurück und brachte die gut zugerichteten Schuhe mit.

Als der Herr vernahm, daß er zurückgekehrt sei, war er sehr zufrieden, weil er sich schon gedacht hatte, daß er nicht zurückkehren würde, und sofort nahm er das Paar Schuhe vom Montag, brachte sie vor seine Augen und rieb sie ... und nichts.

Alsdann nahm er das Paar des Dienstags, brachte sie vor seine Augen ... und nichts.

Alsdann nahm er das Paar des Mittwochs, des Donnerstags,

des Freitags, des Samstags, und alle brachte er vor seine Augen … und nichts.
Alsdann nimmt er das siebente Paar, welches das vom Sonntag war, und brachte es vor seine Augen, und sogleich war er von seiner Blindheit geheilt und konnte sehr gut sehen. Und das kam von der Heilkraft der Kräuter, auf welche jene Schuhe getreten waren.
Der Herr warf sich an den Hals des Gefangenen und begann ihn zu küssen, und er gab ihm die Freiheit und eine Anzahl Beutel mit Gold. Der Gefangene kehrte nach Mallorca zurück, er blieb wohlhabend sein ganzes Leben, und seine Nachkommen sind noch reich.

George Sand
Die goldene Insel

Mit Fug und Recht wurde Mallorca von den alten Römern die goldene Insel genannt, denn sie ist äußerst fruchtbar, und die Landesprodukte sind von hervorragender Qualität. Der Weizen ist so rein und fein, daß er ausgeführt wird; so verwendet man in Barcelona ausschließlich diese Sorte zur Herstellung des weißen, duftigen Gebäcks, das man *pan de Mallorca* oder *ensaimada* nennt. Die Mallorquiner beschaffen sich für ihre Ernährung aus den kantabrischen Provinzen gröberes und billigeres Getreide. So ißt man in einem Lande, das so reich an gutem Weizen ist, ein widerliches Brot. Ich weiß nicht, ob dieser Tausch sehr vorteilhaft ist. In Mittelfrankreich, wo unsere Landwirtschaft am rückständigsten ist, beweist die Arbeitsweise des Bauern nichts weiter als seine Unwissenheit und seinen Dickschädel. In Mallorca ist es noch schlimmer; man arbeitet zwar sehr emsig, aber die Landwirtschaft steckt noch in den Kinderschuhen. Nirgends sonst habe ich beobachtet, daß der Boden mit so viel Geduld und doch so wenig gründlich bearbeitet wurde. Selbst die einfachsten Maschinen sind unbekannt; Menschenarme, recht mager und schwach im Vergleich zu unseren, tun alles, aber mit unglaublicher Langsamkeit. Man braucht einen halben Tag, um weniger Erde umzugraben als bei uns in zwei Stunden; fünf oder sechs der stärksten Männer müssen ran, um eine Last von der Stelle zu bringen, die der schmächtigste unserer Träger fröhlich auf seinen Schultern wegschleppt. Trotz dieser Lässigkeit ist der gesamte Boden auf Mallorca bebaut, und allem Anschein nach wohlbebaut. Wie man sagt, hat die Bevölkerung niemals Not kennengelernt; aber gesegnet mit allen Schätzen der Natur und dem schönsten blauen Himmel, ist ihr Leben viel primitiver und freudloser als das unserer Bauern.

Reisende pflegen über das glückselige Leben der Südländer viele schöne Worte zu machen. Sie sehen ihre Gesichter und malerischen Trachten am strahlenden Sonntag und halten die Ideenarmut und den Mangel an Voraussicht für den Inbegriff des heiteren Landlebens. Das ist ein Irrtum, dem auch ich verfallen war, von dem ich aber geheilt bin, vor allem seitdem ich Mallorca gesehen habe. Es gibt nichts Erbärmlicheres und Elenderes auf der Welt als diesen Bauern, der nur beten, singen und arbeiten kann und niemals denkt. Sein Gebet ist eine leere Formel ohne Sinn für seinen Verstand; seine Arbeit ist eine Muskeltätigkeit, zu deren Erleichterung ihm sein Kopf beim besten Willen nicht verhelfen kann; und sein Gesang ist der Ausdruck jener düsteren Melancholie, die ihn unversehens überkommt und deren Poesie uns beeindruckt, ihm selbst aber nie bewußt wird. Erweckte ihn nicht die Eitelkeit von Zeit zu Zeit aus seiner Erstarrung, um ihn zum Tanz zu treiben, würde er die Festtage verschlafen.

In allen mir zugänglichen Handbüchern fand ich folgende kurze Angabe, die ich zwar bestätige, auf die ich jedoch später einschränkend zurückkommen werde: »Diese Inselbewohner sind sehr freundlich (bekanntlich sind auf allen Inseln die Menschen entweder Kannibalen oder sehr freundlich). Sie sind von sanfter Gemütsart und gastfrei.

Verbrechen sind selten, und Diebstahl ist so gut wie unbekannt.«
Hierauf komme ich später zurück, denn fast hätte ich die strenge Regel außer Acht gelassen, wonach ein geographischer Artikel zunächst die wirtschaftlichen Verhältnisse abhandeln muß; erst nach dem Vieh wird an letzter Stelle auf den Menschen eingegangen.

Wie schon gesagt, der Boden Mallorcas ist erstaunlich fruchtbar. Bestellte man ihn rationeller und systematischer, ließe sich der Ertrag verzehnfachen. Die wichtigsten Ausfuhrprodukte sind Mandeln, Orangen und ... Schweine. O ihr wunderschönen Hesperidenbäume, die ihr von ekligen Drachen bewacht seid: es ist nicht meine Schuld, daß ich euch in meiner Erinnerung mit diesem gemeinen Borstenvieh koppeln muß, auf das der Mallorquiner versessener und stolzer ist als auf eure duftenden Blüten und goldenen Äpfel!
Ich komme also auf meine Schweine zurück. Diese Tiere sind die schönsten von der Welt. Ein spanischer Autor des 18. Jahrhunderts zollt in schlichter Einfalt einem jungen Schwein Bewunderung, das im unschuldigen Alter von 1 1/2 Jahren 24 *Arrobas*, d. h. etwa 600 Pfund, wog. Damals genoß die Aufzucht von Schweinen in Mallorca nicht den gleichen Glanz, in dem sie jetzt erstrahlt. Der Tierhandel war durch die Raffgier der Konzessionäre beeinträchtigt, denen die spanische Regierung Lieferungsgenehmigungen erteilte oder besser verkaufte. Kraft ihrer unumschränkten Vollmacht unterbanden diese Unternehmer allen Export von Rind, während sie sich das Recht auf unbegrenzten Import vorbehielten.

Dieses habsüchtige Verhalten hatte zur Folge, daß die Landwirte die Lust an der Rinderzucht verloren. Nachdem das Fleisch nur mit Verlust verkäuflich und die Ausfuhr untersagt war, blieb ihnen nichts anderes übrig, als sich zu ruinieren oder die Rinderzucht vollständig aufzugeben, damit starb das Rind bald aus. Der gleiche Autor trauert der Zeit der arabischen Besetzung der Insel nach, als allein das Bergland von Artá mehr trächtige Kühe und edle Stiere zählte, als man heutzutage in der gesamten mallorquinischen Ebene zusammentreiben könnte.
Die Mißwirtschaft auf diesem Gebiet war nicht die einzige, die den natürlichen Reichtum des Landes schwinden ließ. Die gleiche Quelle berichtet, daß die Berge und insbesondere diejenigen von Torella und Galatzo mit den herrlichsten Bäumen der Welt bestanden waren. Ein Olivenbaum hatte einen Umfang von 42 Fuß und einen Durchmesser von 14, aber diese prächtigen Holzbestände wurden von den Schiffszimmerleuten geplündert, die daraus anläßlich der spanischen Algerienexpedition eine ganze Flottille von Kanonenbooten bauten. Die Schikanen, denen die Eigentümer dieser Gehölze damals ausgesetzt wurden, und die schäbige Entschädigung, die man ihnen zubilligte, veranlaßten die Mallorquiner, eher ab- als aufzuforsten. Heutzutage ist die Vegetation noch so reichlich und so schön, daß der Besucher nicht veranlaßt wird, sich nach Vergangenem zu sehnen; aber jetzt wie damals ist die obrigkeitliche Willkür auf Mallorca wie auch in Spanien überhaupt noch immer der ausschlaggebende Machtfaktor.
Indessen hört der Reisende niemals Klagen, denn zu Beginn eines ungerechten Regimes hält der Schwache aus Furcht das Maul und schweigt aus Gewohnheit weiter, wenn das

Unheil angerichtet ist. Obwohl das Diktat der Konzessionäre aufgehört hat, konnte sich die Rinderzucht von ihrem Tiefstand nicht erholen und wird es auch nicht, solange die Ausfuhrgenehmigung auf den Schweinehandel beschränkt bleibt. Man sieht sehr wenig Kühe und Ochsen in der Ebene und gar keine im Bergland. Ihr Fleisch ist mager und zäh. Die Schafe sind zwar von guter Rasse, aber schlecht genährt und vernachlässigt. Die Ziegen sind afrikanischer Herkunft und liefern kaum den zehnten Teil der Milch, die unsere heimischen Ziegen geben.

Dem Boden mangelt es an Düngung, und trotz allen Lobes, welches die Mallorquiner ihren Bebauungsmethoden spenden, glaube ich, daß der Seetang, den sie verwenden, ein sehr dürftiger Dünger ist und daß die Erträge des Landes weit unter dem liegen, was bei einem so üppigen Klima erzielbar wäre. Ich habe mir den Weizen genau betrachtet, den die Einwohner für so kostbar ansehen, daß sie sich dessen Verbrauchs nicht für würdig halten: es ist der gleiche wie der in Mittelfrankreich angebaute, den unsere Bauern weißen oder spanischen Weizen nennen. Bei uns ist er trotz des anderen Klimas ebenso fein. Dabei sollte das mallorquinische Erzeugnis dem beträchtlich überlegen sein, welches wir unseren so harten Wintern und wechselhaften Frühjahren abtrotzen. Zugegeben, daß auch unsere Landwirtschaft sehr rückständig ist und daß wir in dieser Beziehung noch viel zu lernen haben, aber der französische Bauer besitzt eine Zielstrebigkeit und Energie, auf die der Mallorquiner wie auf Geistesstörung hinabblicken würde.

Feigen, Oliven, Mandeln und Orangen wachsen auf Mallorca im Überfluß, doch hat der Handel damit wegen der dürftigen Wegeverhältnisse im Innern der Insel längst nicht die mögliche Ausdehnung und Betriebsamkeit. 500 Orangen kosten beim Erzeuger ungefähr 3 Francs; um aber diese umfängliche Last auf Maultierrücken vom Innern an die Küste zu befördern, muß man fast den gleichen Betrag rechnen, den der Warenwert macht. In Anbetracht dessen vernachlässigt man den Orangenanbau im Innern der Insel. Nur im Tal von Soller und an den Buchten, wo unsere kleinen Fruchtschiffe laden können, gibt es zahlreiche Orangenbäume. Sie würden jedoch überall gedeihen. So hatten wir in unserem Bergland von Valldemosa, einer der kühlsten Gegenden der Insel, Zitronen und herrliche Orangen, obgleich sie später reiften als die von Soller. In La Granja, ebenfalls in bergigem Gelände, haben wir kopfgroße Limonen gepflückt. Mir scheint, als könnte Mallorca allein ganz Frankreich mit seinen köstlichen Früchten zum gleichen Preis versorgen, den wir für die gräßlichen Orangen aus Hyères und der genuesischen Küste anlegen müssen. Dieser Erwerbszweig, mit dem sich die Mallorquiner so brüsten, wird wie alles andere durch stolze Lässigkeit niedergehalten.

Das gleiche gilt für den reichen Ertrag der Olivenbäume, die sicher die schönsten auf der Welt sind und die von den Mallorquinern dank der maurischen Überlieferung mit großer Kennerschaft kultiviert werden. Leider können sie aus den Oliven nur ein ranziges Öl gewinnen, von dem uns übel wird; es stinkt derart, daß jedes Haus, jeder Mensch, jedes Fahrzeug auf der Insel, ja sogar die Luft auf den Feldern von dem Gestank durchtränkt ist. Da alle Gerichte mit diesem Öl zubereitet werden, steigen seine Dünste täglich zwei- oder dreimal von jedem Herd auf und setzen sich im Mauerwerk fest. Wenn man sich in freiem Gelände verläuft, braucht man nur zu schnuppern; trägt einem die Brise die Witterung von ranzigem Olivenöl zu, darf man gewiß sein, daß sich hinter diesem Felsen oder in jenem Kaktusgestrüpp eine menschliche Behausung befindet. Wird einem an der unwirtlichsten und einsamsten Stelle dieser Duft zugetragen, braucht man bloß aufzuschauen; man wird in hundert Schritten Entfernung einen Mallorquiner auf seinem Esel sehen, wie er den Hügel herab auf einen zutrabt. Das ist kein Witz und keine Übertreibung, sondern die reine Wahrheit. Dieses widerliche Öl läßt sich in nennenswerten Mengen nur nach Spanien exportieren, wo man ebenfalls Geschmack daran findet. Spanien ist aber selbst überaus reich an Olivenbäumen; Öllieferungen ans Mallorca werden daher nur aufgenommen, wenn sie zu sehr niedrigem Preis angeboten werden.

Wir haben einen enormen Konsum von Olivenöl in Frankreich; was man aber bekommt, ist schlecht und unerhört teuer. Wendete man unsere Raffinierungsverfahren auf Mallorca an und hätte die Insel ein Straßennetz, bestünden schließlich regelmäßige Schiffsverbindungen, so würden wir über sehr viel billigeres Olivenöl verfügen, das zudem reiner und reichlicher wäre, selbst wenn der Winter hart war. Ich bin mir völlig bewußt, daß unsere Unternehmer, die den Ölbaum des Friedens in Frankreich anbauen, viel lieber wenige Tonnen der kostbaren Flüssigkeit zum Preis ihres Gewichtes in Gold verkaufen, um es letztlich über den Kolonialwarenhändler nach bedenkenloser Verpanschung mit Rüb- und Mohnsamenöl zum ›Einstandspreis‹ an den Mann zu bringen. Es wäre aber unfaßbar, daß man darauf beharrt, dieses Produkt unserem unfreundlichen Klima abzuringen, wenn wir es uns aus einer Entfernung von 24 Stunden Überfahrt billiger und besser beschaffen können. Unsere französischen marktbeherrschenden Unternehmer brauchen jedoch nichts zu befürchten; selbst wenn wir den Mallorquinern – oder gar den Spaniern insgesamt – zusagten, uns bei ihnen einzudecken und ihren Wohlstand zu verzehnfachen, würden sie ihre Gewohnheiten auch nicht im geringsten ändern. Sie empfinden eine so tiefe Verachtung für alle Reformvorschläge aus dem Ausland und insbesondere aus Frankreich, daß es mir sehr fraglich erscheint, ob sie für Geld (was sie übrigens im allgemeinen durchaus nicht verachten) bereit wären, etwas an einem Verfahren zu ändern, das ihnen von ihren Vätern überkommen ist.

Der Mallorquiner versteht sich also nicht auf die Rindermast, auf die Wollverarbeitung und auf das Melken von Kühen (Milch und Butter schätzt er nämlich ebensowenig wie Industrie); er ist nicht fähig, genügend Weizen zu erzeugen, um sich davon zu ernähren; er kann sich kaum dazu aufraffen, Maulbeerbäume anzubauen und Seide zu gewinnen; die einst blühende Kunst der Tischlerei ist ihm abhanden gekommen und völlig in Vergessenheit geraten; er besitzt keine Pferde, denn das spanische Mutterland requiriert alle Fohlen für das Heer, und der friedliche Mallorquiner ist nicht so dumm, für die Ausrüstung der königlichen Kavallerie zu arbeiten. Da er es nicht für notwendig hält, eine einzige Straße, auch nur einen einzigen brauchbaren Weg auf der Insel zu unterhalten, da die Ausfuhrrechte der Willkür einer Regierung anheimgegeben sind, die keine Zeit hat, sich mit solchen Lappalien zu befassen, blieb dem Mallorquiner nichts anderes übrig, als zu vegetieren, als seinen Rosenkranz abzuleiern und seine

Hosen zu flicken, die in einem traurigeren Zustand sind als die von Don Quijote, seinem Vorbild in Armseligkeit und Stolz.

Schließlich aber kam das Schwein als Retter. Der Export des Borstenviehs wurde gestattet, und eine neue Ära, die Zeit des Wohlstandes, brach an. In Mallorca wird die Nachwelt unser Jahrhundert das Zeitalter des Schweins nennen, ähnlich wie die Moslems in ihrer Geschichte mit einem Zeitalter des Elefanten rechnen.

Heutzutage liegen Oliven und Johannisbrot nicht wie früher unter den Bäumen herum, die Kaktusfeige dient den Kindern nicht mehr als Spielzeug, und die Hausmütter haben gelernt, mit Saubohnen und Kartoffeln sparsam umzugehen. Das Schwein erlaubt keine Vergeudung und läßt nichts umkommen. Es ist das beste Beispiel herzhafter Gefräßigkeit bei bescheidenen Ansprüchen an Kost und Logis, das man den Massen vorhalten kann. Daher genießt es in Mallorca Vorrechte, die man früher nicht einmal menschlichen Wesen eingeräumt hätte. Man hat die Gehöfte ausgebaut und besser belüftet; Frucht, die am Boden verrottete, wurde aufgesammelt, verlesen und eingelagert, und eine Schiffsverbindung zwischen der Insel und dem Festland, die man vordem für überflüssig und abwegig gehalten hatte, wurde eingerichtet.

Ich habe es also dem Schwein zu verdanken, daß ich die Insel Mallorca besuchen konnte. Wäre ich nämlich drei Jahre früher auf die Idee gekommen, hätte mich vermutlich die lange und gefährliche Reise auf einem Kutter den Plan aufgeben lassen.

Aber mit dem Schweineexport hat die Zivilisation hier Fuß gefaßt. Man kaufte in England ein nettes kleines Dampfschiff, das zwar gegen den steifen Nordwind nicht ankommt, aber bei gutem Wetter einmal in der Woche zweihundert Schweine und beiläufig einige Passagiere nach Barcelona befördert.

Kunze/Mann/Mikhail
Ensaimadas & Co

Wenn Miquel Pujol in der Tür seines Ladens lehnt, ist er der Inbegriff von Wohlbehagen. So stellen sich Kinder einen Bäcker vor, in sich ruhend, rund und zufrieden, großzügig, freigiebig. Hier gibt es Süßes aller Art, nach traditionellen Rezepten, nach alter Machart. Seine Spezialität sind *ensaimadas,* jenes für Mallorca typische Frühstücksgebäck, das die Form eines plattgedrückten Turbans hat.

Der 3. Oktober 1996 war ein historisches Datum für die mallorquinische *ensaimada.* Seit diesem Tag darf das Schmalzgebäck *(saim* ist das mallorquinische Wort für Schmalz) offiziell die Herkunftsbezeichnung »Ensaimada de Mallorca« führen. Damit soll, so ein Sprecher des balearischen Landwirtschaftsministeriums, die Mallorca-Ensaimada von ähnlichen Produkten, die beispielsweise in Valencia oder Barcelona hergestellt werden, abgegrenzt werden. Außerdem will man verhindern, daß »Kopien« anderer Festlandsbäckereien mit dem Zusatz »de Mallorca« verkauft werden. Die Herkunftsbezeichnung gilt nur für die »normale« oder die mit *cabell de angel,* Kürbismus, gefüllten *ensaimadas.* Alle anderen Abwandlungen der schmackhaften Schnecke dürfen die Herkunftsbezeichnung nicht führen.

Miquel Pujol ist Bäcker und Konditor aus Berufung. Und aus Tradition. Die Bäckerei, die er im Carrer de Sa Pelletería im Stadtteil Sa Calatrava betreibt, heißt Forn de Sant Miquel.

Daß der Name des Besitzers im Firmennamen erscheint, ist auf Mallorca ganz normal. Die Bäckerei selbst, der *forn*, der Ofen, ist nach dem Handwerk der Kürschner benannt, die in diesem Teil von Palma einst zu Hause waren: »Sa Pelletería«. Sa Calatrava ist heute ein verschlafener Stadtteil mit Klöstern, Kirchen und Plätzen, mit wenig Betrieb in den Gassen. Die werden vor allem dann belebt, wenn die Schüler des Priesterseminars Pause haben, wenn die Glocken der Kirche Sant Jeroni, wo eine der ältesten Orgeln der Stadt zu finden ist, oder die von Montesion, des einstigen Sitzes des Jesuitenordens, die Gläubigen zur Messe rufen. Auf der Plaça Sant Jeroni plätschert ein Brunnen, und der Verkehr der Stadt ist für einen Augenblick ganz fern.
Der »Forn de Sa Pelletería« hieß schon zu Zeiten von Miquels Vater und Großvater so. Er kaufte die Bäckerei zu Beginn dieses Jahrhunderts, nachdem sie auch zu jenem Zeitpunkt schon drei Generationen lang von ein und derselben Bäckersfamilie bewirtschaftet wurde. Großvater Pujol war in seiner frühen Jugend nach Argentinien ausgewandert, um Geld zu verdienen. Mit dem Verdienst der Emigration erwarb er den Bäckerladen. Hier wird also seit dem 18. Jahrhundert gebacken.
Miquel Pujol hat seine gesamte Kindheit und Jugend in der Bäckerei im Carrer de Sa Pelletería verbracht, zwischen Mehl und Eiern, Hefe und Schweineschmalz. Er ist stolz darauf, heute noch das gleiche Inventar zu haben wie zur Kaufzeit: ein kleines Schaufenster, eine Holztheke, ein paar wackelige Stühle, auf denen seine Kunden dann Platz nehmen, wenn sie nicht nur ein Brot kaufen, sondern ein Zukkerteilchen gleich an Ort und Stelle verspeisen, während sie mit Miquel die Welt erörtern. »Unternehmen wie das meine

haben Erinnerungsvermögen. Und Tradition«, sagt er. »Sie sind ein Teil der Stadt, ein Teil der Kultur dieses Volkes.« Auch die *ensaimada* ist ein Stück Kultur. Miquel Pujol erzählt, daß sie seit dem 17. Jahrhundert in Chroniken verbürgt ist: »Das heißt aber nicht, daß man sie täglich gegessen hat. Das konnten sich die Leute einst gar nicht leisten. Es gab früher unter den Bäckerleuten ein Sprichwort, das eine bestimmte Kundenschicht beschrieb: Ein kleiner Junge kommt in den Laden und sagt: Meine Mutter läßt fragen, ob sie mir zwei altbackene Brötchen verkaufen können. Wir zahlen, wenn wir können. – Womit ich nicht sagen möchte, daß die Leute hier früher gehungert hätten. Aber man achtete alle Lebensmittel und hatte Respekt. Auch vor einem altbackenen Brot. *Ensaimadas* gab es einst nur zu hohen Feiertagen, zu Hochzeiten, Kommunionen oder Taufen.«

Miquel Pujol ist Bäcker und Philosoph. Mit sanfter Stimme und geistiger Ausgeglichenheit spricht er über Handel und Wandel. Besonders über letzteres. Wandel allerdings ficht ihn nicht an.

»Wer Eier, Zucker und Mehl hat, muß nur noch seine Phantasie, seine Vorstellungskraft walten lassen. Ich weiß, daß ich noch lange nicht alle Süßigkeiten dieser Insel kenne. Und was die salzigen Backwaren anbelangt – meine Kenntnis reicht bis zu 350 Variationen.«

Und er spricht begeistert von salzigen *empanadas*, jenen gefüllten Teigküchlein, die vor allem im Herbst und Winter gegessen werden, mal gefüllt mit Fleisch wie Lamm und Schwein, mal nur mit Gemüse. Miquel Pujol schwärmt von *empenadas* mit frischen Pilzen, zu denen je ein Hauch von Paprikawurst *(sobrasada)* und Blutwurst *(butifarró)* gegeben wird. Oder er spricht von Blätterteig, gefüllt mit frischem Krebsfleisch, hartem Ei und ein wenig Mayonnaise, bedeckt mit gerösteten Mandeln.

Miquel Pujol ist nicht gerade ein schlanker Typ. Man sieht ihm an, was ihm schmeckt. Und er weiß ganz genau um die Feldzüge, die Kalorienbewußte gegen die üppige Verwendung von Öl und Schweineschmalz führen. »Sie sollen nur zu sagen wagen, daß das gesundheitsschädlich ist! Das sind Materialien, die benutzt wurden, seit die Erde sich dreht.«

Miquel Pujol schwört auf mallorquinische Backwaren, hat sein Handwerk von mehreren Meistern gelernt, zum Beispiel von Mestre Toni, der dreißig Jahre lang mit seinem Vater und Großvater gearbeitet hat. Auf die Frage, was er am liebsten mag, sagt er: »Immer das Brot des Landes, der Region, in der ich mich aufhalte. Das dunkle mallorquinische Brot paßt am besten zur hiesigen Küche.«

Miquel Pujol verkauft nur, was er auch selber herstellt. Hilfe hat er nur beim Verkauf, einen Lehrling, der das Handwerk lernen will, hat er bislang nicht gefunden. Er hofft, daß eines Tages einer seiner Söhne den Laden übernehmen wird.

Abend für Abend steht er in der Backstube, um zum Beispiel den Teig für die *ensaimadas* vorzubereiten, der – so wollen es die traditionellen Regeln – zwischen 14 und 24 Stunden gehen muß. »Meine Arbeit ist oft einsam«, sagt er, »aber man gewöhnt sich daran.«

Am Morgen ist er dann gegen fünf Uhr schon wieder auf den Beinen, heizt den alten Holzofen an, mengt den Teig, formt die *ensaimadas*, die *panadas*, die *coques*, belegt sie mit frischem Gemüse. Bald danach kommen dann auch schon die ersten Kunden. Der erste ist meist Pere, der Schuster, der frisches Brot kauft. Dann sprechen die beiden über die

Gewinnchancen ihrer Lotterielose oder was so passiert in Sa Calatrava.
»Hier, in diesem Stadtteil bin ich zu Hause.«
Hierher kommen Kunden aus ganz Palma, aus vielen Teilen Mallorcas. Um zu kaufen, was Miquel Pujol gebacken hat. Einer der berühmtesten Kunden ist der Maler Miquel Barcelò, der immer zu seinem Namensvetter kommt, wenn er auf der Insel ist. Oder Frank Tyler, der amerikanische Sammler, der mit Miquel Pujol eine ganze Nacht verbrachte, um die Kunst der *ensaimada* zu studieren.
Kunst gibt es bei Miquel im Hinterstübchen. Bilder von Xim Torrens oder Gerard Matas oder Coll Bardolet, Bilder, die er in den letzten beiden Jahrzehnten gesammelt hat. Kunstvoll ordnet er auch seine Törtchen und weiß genau, was er seiner Liebsten schenken würde: ein selbstgemachtes Cremetörtchen, denn »das Herz liegt neben dem Magen. Ist der zufrieden, ist es das Herz auch.«
Miquel Pujol hat selbst schon viele Cremetörtchen gegessen.

Ensaimada

Schmalzgebäck

½ l Wasser
450 g Zucker
4 Eier
1 ½ kg Mehl
60g Hefe
125 g masa madre *(eine Art Hefe,*
die man in Bäckereien bekommt)
50 ml Olivenöl
etwas mejorante, *ein Stärkemittel*

Alle Zutaten mischen, dann den Teig ausrollen und immer wieder ziehen und in Form bringen. Will man eine große *ensaimada* bereiten, die das ganze Backblech ausfüllt, nimmt man etwa die Hälfte des Teiges, plant man kleine Portionsstücke zuzubereiten, sticht man jeweils 50–60 Gramm ab und rollt sie zu einem plattgedrückten Turban.
Wenn alles in Form gebracht ist, mindestens 14 Stunden ruhen und fermentieren lassen.
Dann im vorgeheizten Ofen bei 190 Grad 5–10 Minuten backen.

Joan Miró
Schmollende Sonne

»Ich empfinde sehr als Mallorquiner, und außerdem liebe ich Mallorca sehr. Ich fühle mich hier tief verwurzelt, und einer meiner Vorfahren, mein Großvater mütterlicherseits aus Sóller, war ein sehr aufrechter Mann mit einer starken Persönlichkeit. Als Kind verbrachte ich einige Sommertage bei ihm zu Hause in Sóller, wo ich möglicherweise noch Verwandte habe. Mein Großvater, den ich von meinen Vorfahren am meisten bewundere, war ein hervorragender Handwerker, ein großartiger Tischler, wie auch die Vorfahren meiner Frau großartige Tischler waren. Du weißt ja sehr wohl, Eduardo (bei dem Gespräch war auch der Bildhauer Eduardo Chillida dabei), daß im Kunsthandwerk viel wirkliche Kunst enthalten ist, Kunst, die nie lügt. Mein Großvater ging gern auf Reisen, und wenn er etwas Geld beisammen hatte, bestieg er das Dampfschiff nach Barcelona und dann einen Zug, der ihn in ferne, fremde Länder bringen würde. Auf diese Weise gelangte er schon damals nach Rußland. Er nahm immer die langsamsten Züge, denn so erlebte er das Abenteuer des Reisens am besten, sagte er. Er konnte weder lesen noch schreiben, und er brauchte das auch nicht. Ich glaube, von ihm habe ich meine Liebe zum Kunsthandwerk, zu den ›Siurells‹, geerbt. Als Kind habe ich gerne den sich ständig ändernden mallorquinischen Himmel betrachtet. Und des Nachts begeisterten mich die glitzernden Linien der Sternschnuppen und das Leuchten der

Johanniswürmchen. Und das Meer – Tag und Nacht, immer war es blau. Hier erhielt ich als Kind die ersten Eindrücke für mein Schaffen. Mallorca, Barcelona und Montroig haben meine Persönlichkeit geformt, aus diesem Dreieck entstand meine Kunst. Ich glaube, daß dort, auf der jetzt verlassenen Tenne, in ihren meisterlich gehauenen Steinen, Kunst zu finden ist. Ich möchte nicht, daß eines Tages jene schrecklichen Wolkenkratzer hier aufragen, die mich umgeben. Dieser Gedanke beunruhigt mich schon seit einiger Zeit. Das sage ich auch Pilar, meiner Frau ..., es beunruhigt mich, wie mich auch die Zeichnungen beunruhigen, die ich im Laufe der Jahre auf die Wände von Son Boter gemalt habe. Es erschüttert mich der Gedanke, eines Tages könnten die Zeichnungen der Spitzhacke zum Opfer fallen. Diese Zeichnungen in Son Boter waren erste Schritte zu künftigen Werken, für Skulpturen. Sie könnten einmal interessant werden, um den Prozeß meines Schaffens zu analysieren.«

Gordon West
Don Juan und sein Maultier Roja

Ein Klappern auf dem Dach weckte uns nach einer mückengeplagten Nacht, da trotz aller Vorkehrungen doch einige Angriffe stattgefunden und unsere Gesichter darunter gelitten hatten. Das Klappern ging weiter, etwas klopfte seinen Weg an der Wand der *Fonda* hoch, und ein dunkles Objekt warf seinen Schatten auf unser Fenster.

Wir sprangen erschrocken aus dem Bett und entdeckten Juanita, eine Dienerin. Sie zog einen Korb voller Wäsche aufs Dach, um sie in der Sonne trocknen zu lassen. Dabei aß sie Obst, und als sie uns bemerkte, legte sie zwei Apfelsinen in den nun leeren Korb, ließ ihn hinunter und wünschte »Buenos, Señor, buenos, Señora.«

Nach einem Schluck Kaffee gingen wir in die Stadt. Obwohl erst Anfang Mai, war die Hitze schon intensiv. Auf der Straße beschäftigte man sich mit den Vorbereitungen für das alljährliche Festspiel, mit dem man eine Woche lang den Sieg der Bewohner Sóllers über die türkischen Piraten im Jahr 1561* feiert.

Diese schlichen sich damals bei Nacht in die schlafende Stadt, so wie sie es schon mit fast jeder Ortschaft auf den Balearen getan hatten. Sie griffen aus verschiedenen Richtungen an, blieben aber letztlich erfolglos. Denn ein Ein-

* Der Überfall vom 11. Mai 1561 wurde vor allem mit Hilfe der Frauen Sóllers, der *Valentes Dones de Can Tamany* zurückgeschlagen.

wohner namens *Angelats* faßte sich ein Herz, sammelte eine Truppe Männer und Frauen um sich und schlug die Piraten zurück, dezimiert um fünfhundert Mann, die Beute gesucht hatten, aber ihr eigenes Ende fanden.
Beinahe in jeder Kleinstadt Mallorcas erzählt man von verzweifelten Schlachten bei Nacht und von Siegen über die Piraten. Der Stolz Sóllers kennt keine Grenzen, wenn man den Sieg *Angelats* mit Tanz und Gesang, mit flatternden Fahnen und Festessen feiert.
Dem Besucher fällt schnell auf, daß das Tal von Sóller der Garten Mallorcas ist. Überall gibt es Obstbäume, und das Klima im Winter ist wohl das günstigste der ganzen Insel. Die Lage in einer fruchtbaren Senke zwischen hohen Bergen schützt die Stadt vor kalten Winden, Frost hat Seltenheitswert. Ein bevorzugter Zeitvertreib am Abend ist ein Spaziergang an den Eisenbahngleisen entlang, wo wir Dutzende von Leuten trafen. Diese Gewohnheit ist aber weniger außergewöhnlich, als sie auf den ersten Blick erscheinen mag, denn nur wenig Züge befahren täglich das Gleis. Es wird von Orangen- und Zitronenhainen gesäumt mit hohen Dattelpalmen hier und dort, die ihre Blätter in der Sonne ausbreiten.
Auf der einen Seite, hinter den Orangenbäumen, wirbelt und gurgelt ein Fluß aus den Bergen, der sich seinen Weg durch eine schmale Schlucht bahnt. An seinem Ufer stehen zahlreiche weiße Häuser mit weiteren Apfelsinen-, Zitronen- und Dattelbäumen, und im Februar öffnet der Mandelbaum dort seine rosa Blüten.
Und dann gibt es noch die Gaswerke, scheinbar ein Ort ganz und gar ohne Romantik. In Sóller aber – und wo sonst? – wird ein Gasometer mit Kletterrosen in Rot und Weiß ver-

schönt, die sich aus dem Beet nach oben durch ein Eisenspalier winden. Wir bewunderten die Verwandlung einer plumpen Monstrosität in echte Schönheit, als ein junger Arbeiter aus einem Schuppen kam, einige Rosen pflückte und sie uns überreichte. Wir sagten ihm, wie außergewöhnlich es uns vorkam, Rosenkultur in einem Gaswerk anzutreffen, aber er schien daran nichts Bemerkenswertes zu finden.

Diesen Ort würde ich gerne den Vorstandsmitgliedern einiger unserer Gaswerke in England vorführen, um ihnen zu zeigen, was sich alles mit einem Gasometer machen läßt, aber ich fürchte, sie würden für einen derartigen unwirtschaftlichen Unfug wenig Verständnis haben. Es ist kaum denkbar, daß sie einem Vorarbeiter Gehör schenkten, der vorschlüge, Rosen um den Gasometer oder Gartenwicken um die Schlackenhalden zu pflanzen.

Am Ende einer flachen, staubigen Straße liegt Puerto de Sóller an einer kleinen, blauen Bucht. Wie alle mallorquinischen Städte in Küstennähe besitzt auch Sóller einen Hafen in einigen Kilometern Entfernung. Denn in früheren Zeiten war es nicht klug, eine Siedlung direkt an der Küste zu gründen: Die Überfälle der Mauren kamen zu häufig und zu überraschend. Daher entwickelten sich die Städte weiter landeinwärts. Angreifer mußten so im Dunkeln erst ihren Weg finden, während die Stadtbewohner – durch Vorposten gewarnt – Zeit fanden, einen gebührenden Empfang für die ungebetenen Gäste vorzubereiten.

Nach einigen Tagen in Sóller fühlten wir uns allmählich durch die Berge bedrängt. So nahe waren sie, und so vollständig umzingelten sie uns, daß wir das Bedürfnis verspürten, sie zu überqueren. Wir wollten sehen, was auf der anderen Seite lag, versteckte Wunder vielleicht, kühle, grüne Seen zwischen den Felsen, wirbelnde Bäche, Wölfe, dunkle, geheimnisvolle Höhlen …

Eines Abends also fragten wir Madame, wo wir ein Maultier auftreiben könnten, das uns über die Berge brächte.

»Ach, ein Maultier kann ich für sie finden!« rief sie. »Ja, das beste Maultier Sóllers und den besten Treiber dazu, der drei Sprachen spricht: Spanisch, Mallorquin und Französisch. Stellen Sie sich vor: drei Sprachen und ein Maultier für so wenig Geld!«

»Wieviel Geld?«

Die Summe lag ihr auf der Zungenspitze, aber sie beherrschte sich und sagte nur: »Das weiß ich nicht, Sie müssen es mit ihm abmachen, aber es wird sehr, sehr wenig sein. Ich laß ihn kommen, und Sie können alles klären.«

Wir hatten so unsere Zweifel wegen dieses Treibers. Mit Sicherheit war er einer von Madames Handlangern, und wer könnte mit solch einem Begleiter glücklich reisen?

Eigentlich wären wir lieber alleine durch die Berge gegangen, aber mehrere Leute hatten uns davon abgeraten. Ein Maultier ohne Treiber ging nicht; die einzige Alternative wäre gewesen, das Tier zu kaufen.

Am Abend, als wir in der Diele der *Fonda* speisten, kam ein kleiner, schlanker Mann mit mahagonifarbener Haut und ruhigem, elastischen Gang herein. Seine schlichte Bekleidung bestand aus einem blauen Hemd, einer dunklen Hose und roten Spadanias.

Als er an uns vorbeiging, blickten seine wachen, braunen Augen von links nach rechts, und augenblicklich brachte Madame ihn zu uns.

»*Señor Don Juan Trias*, der Maultiertreiber«, sagte sie theatralisch, trat einen Schritt zurück und verschränkte die Arme.

Wir fanden Don Juan auf Anhieb unwiderstehlich. Er war ein lebendiger, spritziger Knirps, dem der Schalk aus den Augen blitzte. In ernsthaften Momenten hatte er die feierlichen Hofmanieren eines Märchenprinzen. Seine Mundwinkel waren nach oben gebogen, als ob er ständig ein Lächeln zu unterdrücken versuchte. Die Fee bemerkte Lachfalten unter seinen Augen.

Don Juan legte die Hand aufs Herz, machte eine Verbeugung und wartete, daß wir das Gespräch begännen. Wir sagten, wir wollten ein Maultier für eine Reise über die Berge nach Lluch und Pollensa, ein Maultier, das weder treten noch beißen würde, nicht störrisch wäre und nicht unbedingt den äußersten Rand einer Klippe betreten würde. Ob er so ein Tier besäße?

»Señor«, sagte er, »so eine Mauleselin habe ich, sie ist so brav, daß sie ein Baby in den Schlaf schaukeln könnte.«

»Wir wollen aber«, sagte die Fee, »ein liebes Lasttier und keine Amme.«

»Señora«, sagte Don Juan, »diese Mauleselin ist so lieb, daß Sie Ihnen etwas von ihrem Futterhafer geben würde, wenn Sie Hunger hätten. Sie wird in Ihrem Dienst klettern und klettern, bis sie erschöpft zusammenbricht, und dabei würde sie Ihnen ihren Körper als Kopfkissen überlassen, während sie im Sterben läge.«

»Das hört sich wie ein Mustermaultier an«, sagte ich. »Wieviel wird sie kosten?«

»Mit dem Treiber zusammen fünfundzwanzig Peseten am Tag, *Señor.*«

»Das ist teuer.«

»Es ist eine gute Mauleselin, *Señor*, vom Treiber ganz zu schweigen.«

Darüber verhandelten wir eine Weile. Fünfundzwanzig Peseten war ein stolzer Preis, da Unterkunft und Verpflegung für Don Juan die ganze Zeit zu unseren Lasten gehen würden. Am Ende einigten wir uns auf zwanzig Peseten pro Tag für Tier und Treiber zusammen, die Mauleselin hätte sich »um ihren eigenen Proviant zu kümmern«, für Don Juan würden wir aufkommen.

»Aber«, sagte die Fee auf einmal, während sie Don Juan Strenge vortäuschte, »das Maultier muß beige sein. Anders geht es nicht. Auf keinen Fall kann ich auf einem Maultier einer anderen Farbe sitzen.«

Don Juan war völlig verdutzt und schaute uns irritiert an.

»Damit es zu meinem Mantel paßt«, sagte die Fee und zeigte auf ihre Kleidung.

Don Juan zögerte kurz, dann entrunzelte sich seine Stirn.

»Gut, dann wird es ein Maultier dieser Farbe sein müssen«, meinte er ernst. »Ein beiges Maultier, das zu Ihrem Mantel paßt, das sich um seine Verpflegung selbst kümmert, mit einem Treiber, der französisch spricht, für zwanzig Peseten am Tag – das haben Sie wahrhaftig gut gemacht, *Señora.*« Seine Augen tanzten derartig, daß wir einfach lachen mußten, und er lachte mit. Er war einverstanden, auf uns ab neun Uhr zu warten, machte einen Diener, ließ seine weißen Zähne aufblitzen und verschwand.

Als wir am nächsten Morgen kurz nach acht Uhr hinunter kamen, war er schon da und inspizierte unsere Essensvorräte, die wir mitnehmen wollten. Wir hatten mehrere große Pakete für uns, auch zwei Flaschen Wein, und ein Paket für ihn.

»Sehen Sie, *Señora*, wie versprochen, die beige Mauleselin«, sagte er und führte uns zur Tür, »und ich habe ihr braune Schuhe gegeben, die zu denen der *Señora* passen.«
Unser Galan hatte tatsächlich die Hufe der Mauleselin braun gefärbt und poliert! Unsere Mauleselin war zudem so beige, wie ein Maultier es sein kann, und sie schaute uns mit kritischem Interesse an, als wir näherkamen, um die Packtaschen zu begutachten. Als Sattel dienten ein paar schwarzweiße Schafsfelle. Don Juan stellte uns die Eselin vor, als er das Essen und viele Zitronen in der einen Tasche und das bißchen Gepäck und unsere Mäntel in der anderen verstaute. Ihr Name sei, sagte er, *Roja* – Aussprache *Roh Ha* –, und sie sei das beste Maultier auf ganz Mallorca. Daß sie leichtfüßig und wendig war, sah man, und ihr Eifer loszugehen, ließ sie den Boden mit ihren zierlichen Hufen aufwühlen.
Nachdem unser Hab und Gut in die Taschen gepackt war, wollten wir die Rechnung begleichen. Wie wir es erwartet hatten, gab es Diskussionen, worüber ich nicht viel zu erzählen brauche, denn die waren langweilig und am Ende unbefriedigend, wie derartige Diskussionen es immer sind. Einen kleinen Sieg aber errangen wir: Entgegen aller Gewohnheit des Landes hatte Madame den Wein berechnet. Als wir dagegen protestierten, war sie so freundlich, die Summe wieder abzuziehen, um einer Niederlage zuvorzukommen. Es war typisch für sie, daß sie sich – nachdem sie unser Geld erhalten hatte – nicht die Mühe machte, sich zu den beiden Bediensteten zu gesellen, die uns an der Tür eine gute Reise wünschten.
Um auf ein Maultier zu steigen, das keine Steigbügel trägt, gibt es drei Möglichkeiten: Ein sehr wendiger Reiter gelangt

mit einem Bocksprung auf dessen Rücken. Wie ein Fahrradartist, der sein Gefährt seitlich besteigt, kann man auch von der Seite hinaufspringen, oder man wählt die ruhige Variante und steigt mit Hilfe eines Steins oder eines Stuhls in den Sattel, so gut es geht. Die Fee hatte sich für die letzte Methode entschieden, und viel Zappeln und Drehen brachten sie letztlich auf die weichen Schafsfelle über Rojas Schultern; ihre Füße hingen um Rojas glatten, beigen Hals. Auf je einer Seite gingen Don Juan und ich; bald verließen wir die Stadt und kletterten die unteren Berghänge hinauf. Die staubige Straße läuft zunächst durch Oliventerrassen, aber etwas höher, am *Puig Major*, dem höchsten Berg der Insel, verkümmert sie zu einem harten, beschwerlichen Maultierpfad, dem alten Weg über die Berge. Dort ließen wir die Olivenbäume hinter uns und gelangten zu grauen Felsklippen und eisigen, rauschenden Bächen. Wir wanderten an einer Schlucht entlang, deren Hang einem Regenbogen ähnelte, rot und blau und grün, lila und rosenrot. Und weit unten strömte das Wasser grün, schaumig und heiser auf seinem steinigen Kurs zum Meer.
Don Juan hatte pausenlos den Himmel abgesucht und zeigte plötzlich auf einen Punkt, der hoch in der Luft über uns stillzustehen schien wie ein dauerhafter Fleck im blauen Himmel.
»Er wartet darauf«, sagte Don Juan, »daß wir eines Tages von den Felsen stürzen. Wir sind alte Freunde!«
Es war ein Geier, der viele hundert Meter hoch über uns schwebte in der Hoffnung, irgendein Unglück würde ihm ein Mahl aus Menschenfleisch liefern, Don Juan kannte ihn gut. Er begleite ihn auf jeder seiner Überquerungen der Berge, sagte er, und gäbe niemals die Hoffnung auf, daß ihm

eines Tages ein falscher Schritt die ersehnte Gelegenheit bieten würde.
Seltsam, wie die Anwesenheit eines lauernden Geiers eine stabilisierende Wirkung auf den Bergwanderer hat. Er wählt seine Schritte überlegter, und in seinem Bewußtsein wird die Tiefe der Schlucht, die er passiert, um vieles präsenter! Ein Sturz, der den hungernden Schnabel nach unten locken würde, muß um jeden Preis vermieden werden. Jedesmal, wenn Roja sich einem gefährlichen Wegrand näherte, sah ich, wie die Augen der Fee gen Himmel wanderten, als ob sie dachte, der Geier könne schon in Vorfreude mit seinem Anflug beginnen.
Don Juan beruhigte sie. Sie brauche keine Angst zu haben, sagte er. Habe Roja sie nicht in ihrer Obhut? Roja würde sie den Geiern nicht vorlegen, dafür sei die Eselin zu sicher.
Und es stimmte, Roja war wirklich fabelhaft. Sie erklomm zuverlässig die in Stein gehauenen Treppen, drückte sich um haarscharfe Kanten und an gefährlichen Abgründen entlang, wo eine ihrer Taschen gegen einen steilen Hang ratschte und die andere über einer hundert Meter tiefen Klippe hing. Ein oder zwei Mal trat sie auf einen losen Stein, und die Hufe rutschten einen Zentimeter oder zwei. Sie raunte sich daraufhin selbst einen Tadel zu, ein kleines Grollen tief unten im Hals.
»Sie ist stolz«, sagte Don Juan. »Ja, sie ist stolz, *Señora*, und mag es nicht, einen falschen Schritt zu tun, weil sie weiß, sie ist die beste Mauleselin Mallorcas. Habe ich das nicht immer gesagt?«
Es wurde kalt, und es freute uns zu sehen, wie Don Juan die Mäntel aus den Satteltaschen holte. Eine Wolke schwebte von einer Bergspitze herunter und umgab uns wie ein

weißes Tuch, aber das störte Roja nicht, und Don Juan rief von hinten zur Ermutigung »*Arrrr-iiii-ii*« mit starker, hoher Stimme. Eine ganze Schlucht unter uns war mit der Wolke gefüllt und sah aus wie ein mit Baumwollwatte vollgestopftes großes Loch.

Bald entkamen wir dem weißen Tuch und betraten ein grünes Plateau zwischen den Felsen. Hier gab es keinen Wind, keine Abkühlung, und trotz einer Höhe von zwölfhundert Metern über dem Meer brannte die Sonne wieder heiß.

Mehrere Bächlein wanden sich über die Hochfläche, aber Don Juan warnte uns, aus ihnen zu trinken, das Wasser der meisten sei wegen bestimmter chemischer Substanzen nicht trinkbar. Er kannte aus eigener Erfahrung die Wirkung des Wassers der »schlechten« Bäche. Wir machten es uns neben einem »guten« Bächlein bequem und aßen zu Mittag, während Roja sich einem Sack Hafer widmete. Dann setzten wir unseren Weg fort.

Ab und zu verschwand Don Juan, um eine halbe Stunde später und einen Kilometer entfernt zwischen den Felsen wieder vor uns aufzutauchen, zurück von einem Besuch bei einem befreundeten Holzfäller, Hirten oder einsamen Bauern. Hin und wieder trödelten wir herum oder kamen vom Pfad ab, so daß der Sonnenuntergang uns bereits mehrere Kilometer vor Erreichen des Klosters Lluch ereilte, unserem anvisierten Übernachtungsziel. Just dann begann es zu regnen, und über den Himmel zuckten Blitze.

»Da haben wir den Salat«, sagte die Fee, was immer das auch heißen sollte.

»Sehen Sie, die Hütten der *Carboneros*. Dort finden wir Unterschlupf«, meinte Don Juan.

Er rief Roja etwas zu und rannte den rauhen Pfad entlang, Roja hinter ihm. Die Fee ruckelte auf ihren Schafsfellen kräftig herum, und ich hetzte hinter Roja her. Mittlerweile peitschte der Sturm durch die Berge. Die Blitze schossen in Pfeilen vom schwarzen Himmel, warfen riesige, flackernde Schatten um uns herum und verschwanden wieder im Nichts. In der Dämmerung glänzten die grauen Felsen im grellen Schein wie die Turmspitzen einer weißen Stadt. Das Grollen des Donners wurde immer lauter und kam immer näher, bis die Berge auf uns zuzurollen schienen wie monströse Kugeln auf einer Kegelbahn. Sie waren zu einem Alptraum aus furchterregendem Klang und unheimlichem Licht geworden.

Roja verlieh ihrer Unruhe lauten Ausdruck, als sie über die Felsen kraxelte und Don Juan sie ermutigte. Wir rochen brennendes Holz, und alsbald stolperten wir in den schwachen Schein eines Feuers, der drei kleine, runde Hütten zum Vorschein brachte.

Sie waren aus losem Stein errichtet mit Dächern aus Strohkegeln. Es hätte die Behausung vorgeschichtlicher Menschen sein können, die hoch in den Bergen ihre Zeit überlebt hatten. Als wir uns näherten, traten mehrere lange, hagere Gestalten aus den türlosen Hütten in den Feuerschein und warteten auf uns. Es waren die Köhler der Berge, die an solch einsamen Orten leben, abgeschieden von der menschlichen Gemeinschaft. Sie fällen Bäume und brennen sie zu Kohle für die Haushalte in den Städten und Dörfern weiter unten.

Ein Mann wie ein Wolf, fast zwei Meter groß, trat hervor und lud uns in eine der Hütten ein. Er hatte ein sympathisches, gutwilliges Gesicht und ging wohl auf die Fünfzig zu.

Gekleidet war er in Lumpen. Er folgte uns in die Hütte und zeigte auf zwei Steine als Sitzgelegenheit.
Am hinteren Ende der Hütte, die so niedrig war, daß man kaum aufrecht stehen konnte, erhob sich – einem Altar ähnlich – ein Steinhaufen. Davor war Stroh ausgebreitet, darauf einige Decken; zwischen den Decken lag eine Frau mit einem neugeborenen Kind. Für eine Geburt ein wahrhaftig hartes, grobes Bett!
Große Stücke getrockneten Schweinespecks hingen von der Decke. Neben dem Bett lag ein klobiger Sack, aus dem Trockenbohnen auf den Erdboden gefallen waren.
Im gelben Schein einer Talgkerze sah uns die junge Mutter an und lächelte. Wir fragten, wie alt das Kind sei. Eine Woche. War es hier auf dem Steinbett geboren worden? Ja, dort wurde es geboren. Es war ihr siebentes Kind. Einige seiner Brüder und Schwestern betraten jetzt die Hütte, um uns neugierig zu begutachten. Wir gaben ihnen ein paar Apfelsinen, und danach plauderten wir mit dem Köhler.
Was für ein Leben, einsam in den Bergen! Als erstes muß der Köhler einen geeigneten Platz für seine Arbeit finden, am besten mit reichlich Baumbestand. Dann baut er sein Haus, die Wände aus lose aufgehäuften Steinen und das Dach aus Stroh, so gekonnt gemacht, daß kein Tropfen Regen durchdringt. Mit seinen Söhnen zusammen fällt er die Bäume und hackt die Stämme und größeren Zweige zurecht. Wenn das Holz fertig präpariert ist, vergräbt er es in einem großen Erdhügel, zündet Feuer an und deckt den Hügel wieder zu.
Eine Woche oder länger schwelt das Holz, und der Rauch leckt langsam aus tausend Rissen des Hügels heraus, der ein

Herz aus Feuer zu haben scheint. Tag und Nacht muß ein Familienmitglied auf das eingegrabene Feuer achten und – mit einer langen Harke in der Hand – um den Hügel herumgehen. Jede Flamme, die durch einen Riß herausschießt, muß mit Erde abgedeckt werden, denn das Holz darf nicht brennen.

Der Köhler und seine Familie leben im beißenden Qualm, atmen ihn ein, schlafen in ihm, essen verräucherte Lebensmittel. Wenn das schwelende Feuer ausgebrannt ist, öffnet er den Hügel, läßt das nun zu Kohle gewordene Holz abkühlen und bringt alles per Maultier oder Pferdekarren zum Verkauf ins nächstgelegene Dorf.

Für die Familie ist diese Reise in die Stadt ein großes Ereignis. Weg mit den verräucherten Lumpen. Hände und Gesicht werden im Bach bei den Felsen geschrubbt; saubere Bekleidung erscheint aus geheimen Verstecken in den Steinhütten. An eine Mauer wird ein Spiegel gehängt, vor dem die ganze Familie sich fein herausputzen kann!

Wenn der zulässige Baumschlag erschöpft ist, werden aus den Köhlern Nomaden, die – auf der Suche nach neuem, geeigneten Terrain – ihre groben Hütten verlassen, um anderswo Behausungen zu errichten und auch dort einige Monate lang zu bleiben. Oft stößt man in den Bergwäldern Mallorcas auf verlassene Hütten, wo man die Nacht verbringen kann, ist der Tag bereits weit fortgeschritten.

Der hagere Wolf erzählte uns, er hätte sein ganzes Leben damit verbracht, in einsamen Gegenden Holzkohle herzustellen. Das Handwerk hatte er von seinem Vater erlernt. Es sei, meinte er, ein harter Beruf, obwohl er auch gute Seiten habe: die Ruhe, die Freude des In-die-Stadt-Gehens, die Freiheit. Viel Lohn brächte er nicht! Zwanzig bis dreißig Peseten in der Woche, mehr sei nicht zu erzielen. Ein schlechtes Entgelt, aber er sei dennoch zufrieden.

Don Juans Rückkehr unterbrach uns; er schüttelte niedergeschlagen den Kopf und erklärte, der Regen hätte nicht aufgehört. Die Fortsetzung der Reise sei sehr schwierig, er bedauere es unendlich, aber es wäre wohl klüger, eine Übernachtung hier in Betracht zu ziehen, falls der Köhler uns die Herberge anböte.

Wir hatten mit einer Übernachtung in den Bergen nicht gerechnet, sondern geplant, das Kloster zu erreichen. Aber Don Juan beharrte darauf, daß es zu gefährlich sei, bei Dunkelheit und Regen weiterzureisen.

Wie ein gediegener Gastgeber stand der Köhler auf und bot uns in seiner langsamen, sanften Stimme eine seiner Hütten für die Nacht an. Seine Frau, auf ihrem Altar aus Stein, unterstrich seine Einladung und beschwor uns, auf keinen Fall die Reise an einem solchen Abend fortzusetzen. Wir hatten keine andere Wahl, als die Einladung anzunehmen. Die Hütte, die uns zugewiesen wurde, ähnelte der, in welcher wir uns vorher aufgehalten hatten. Man gab uns zwei exzellente Kopfkissen aus starkem, rot-weiß karierten Stoff und dazu drei Decken. Daraus bereiteten wir unser Bett. Nach einem Mahl – Essen aus den Satteltaschen – wünschten wir Roja, die an einen Baum gebunden und mit einer Plane bedeckt war, gute Nacht, zogen uns die Schuhe aus und gingen schlafen.

Es wurde eine ereignisreiche Nacht. Obwohl der Donner langsam abzog und der Regen fast aufgehört hatte, flackerten immer noch Blitze durch die Berge und warfen ihr schwaches, gelbes Licht durch das Stroh in die Hütte. Wir versuchten, es uns bequem zu machen, und dachten zuerst sogar, wir hätten es geschafft. Von wegen!

Das aufgehäufte Stroh schien zunächst weich zu sein, aber sobald unser Körpergewicht es zusammengepreßt hatte, wurde es so hart wie die darunterliegenden Steine.

Bald bekamen wir Besuch. Die hellwache Stimme der Fee verriet ihre wachsende Entrüstung, als sie fragte: »Kitzelst du mir die Fußsohlen?« Dieses leugnete ich entschieden, da ein Mann, falls er noch bei Trost ist, die Fußsohlen seiner Frau nicht kitzelt, wenn sie – während eines Sturms in den Bergen – auf einem Bett aus Stein liegt. »Dann muß etwas anderes hier im Bett sein!« rief sie in Panik.

Ich zündete ein Streichholz an und sah in der Nähe ihrer Füße eine lange, graue Eidechse, die sich durch die Strohmatte mühte. Nie wieder habe ich jemanden so schnell aus dem Bett springen sehen, wie die Fee es augenblicklich tat. Die Echse verschwand über die Seite des Bettes in einer Ritze.

Noch ein Streichholz zeigte mir sechs Augenpaare, die wie Edelsteine ans anderen Ritzen zwischen den Steinen hervorglänzten; hier und dort verriet die Spitze eines langen Schwanzes, daß sich deren Besitzer in die geheimen Ecken des Bettes verkrochen hatten. Eidechsen im Bett können selbst unter normalen Umständen zu Störfaktoren beim Schlafen gezählt werden, da sie nicht ruhig im Bett liegen, sondern unter dem Stroh zappeln und rascheln.

Es ist eine lästige Angewohnheit von ihnen, aus einem Loch herauszuflitzen, einen kurz anzuglotzen, um dann wieder zu verschwinden. Diesen Bewegungen um uns herum zum Trotz schliefen wir schnell ein, da der Tagesmarsch uns erschöpft hatte.

Mehrmals während der Nacht wurden wir geweckt, einmal durch Bewegungen Rojas, einmal, als der Köhler kräftig harkte, danach durch den erstickenden Rauch, der zu uns hereindrang, und letztlich, kurz nach Sonnenaufgang, durch die Vorbereitungen der Familie auf ihr Tagewerk. Sie stärkten sich mit grobem, sauren, bräunlichen Brot, mit Kaffee und Ziegenmilch und boten auch uns davon an. Wir aßen und tranken mit Appetit, da wir hungrig waren. Der hagere Wolf kochte derweil schon das Mittagessen, indem er große Stücke Fett in einen Topf warf und Mengen von getrockneten Bohnen dazugab.
In einer halben Stunde war Roja »gesattelt«, und wir waren startbereit. Ich fragte Don Juan nach angemessener Bezahlung für unsere Herberge, aber er schüttelte den Kopf. »Für die Unterkunft werden sie kein Geld annehmen«, sagte er, »aber vielleicht zwei Peseten für das Brot und den Kaffee.«
Ich bot dem Köhler zwei Peseten an. Lässig akzeptierte er und ließ die Münzen ohne einen zweiten Blick in seine Tasche fallen. Die ganze Familie blieb noch eine Weile stehen und schaute uns zu, als wir aufbrachen, wobei sie ihre Augen mit den Händen vor der Sonne schützten. Alsbald widmeten sie sich wieder ihrer Arbeit, als ob sie uns auf der Stelle vergessen hätten.
Eigenartige, einsame Leute waren sie, abgeschnitten von der Menschheit, und mit anscheinend wenig Interesse an der Welt außerhalb ihres Kreises voll Steinhütten. Don Juan meinte, sie seien gute Menschen, gute Freunde, ehrliche Männer trotz ihrer Lumpen und ihrer Armut, und das glaube ich ihm gerne.
An diesem Morgen war Don Juan gut gelaunt und gesprächig. Mit viel Gewese schnaubte er sich die Nase, um uns

zu zeigen, wie seine kleine Tochter seine Initialen in ein Taschentuch gestickt hatte. Die Mallorquiner sticken ihre Initialen in jedes Stück Leinen, das ihnen gehört. Sie haben eine wahre Leidenschaft für Monogramme. Nachdem Don Juan uns genügend imponiert hatte, sprang er über die Felsen und schnitt mir einen Stock von einem Baum, damit ich besser auf dem steinigen Boden zurechtkäme.

Plötzlich zeigte er auf rote Formationen weit unter uns. »*Gorge Blau*«, sagte er. »Die schönste Schlucht in den Bergen. Lassen Sie uns dorthin gehen.«

Nach einer Stunde begannen wir, über eine breite Spalte ins Berginnere abzusteigen. Sie verjüngte sich allmählich auf nur noch höchstens vier Meter. Immer steiler ragten die Seiten der Schlucht empor, höher und höher und wie rot und blau und grau bemalt, bis der Streifen azurblauen Himmels über uns wie ihr Dach aussah. Auf einem schmalen Felsgrat balancierten wir an einer Seite der Schlucht entlang. Nur knapp zwei Meter tiefer lag einer der kältesten, grünsten und klarsten Seen, der je eine Menschenseele zu einem erfrischenden Bad verlockt haben mag. Die smaragdfarbenen Untiefen der eisigen Transparenz besaßen blaue Schatten an ihren Flanken, aber irgendwo im Grünen hielten sie halb versteckt die rotschimmernde Wärme der aufragenden Wände der Schlucht.

Die Schlucht wurde wieder breiter, und bald kamen wir seitlich des Berges heraus, um den Abstieg fortzusetzen. Endlich erreichten wir den staubigen, harten Weg, der sich durch die dunklen Steineichenwälder windet. Kurz darauf hörten wir Hufe, die auf Steinen klapperten. Unter den Bäumen tauchten vier Esel auf, die sich in eine Reihe stellten und uns anstarrten, obwohl ihr Interesse nicht uns, sondern Roja galt. Der jungen Dame allerdings war die Aufmerksamkeit dieser zotteligen Gesellen offenbar gar nicht willkommen. Sie schnaubte laut, hob höhnisch ihren Kopf und schlug verächtlich mit dem Schweif. Als wir die Esel passiert hatten, verriet uns ein erneutes *Klop-klop* der Hufe, daß sie uns folgten. Don Juan hob einen Stein auf und warf ihn in ihre Richtung. »Diese Viecher«, stöhnte er, »haben keine Manieren und keine Moral. Immer wieder ärgern sie Roja mit ihren Gelüsten, aber sie will mit ihnen nichts zu tun haben. Sie ist eine anständige Mauleselin, die anständigste Mallorcas.«

Einen Kilometer lang blieben uns die leidenschaftlichen Esel – trotz der gut gezielten Steine, die häufig voll und dumpf ihre Körper trafen – auf den Fersen, ehe sie ihr Liebeswerben aufgaben. Als wir um einen Felsvorsprung bogen, warfen wir einen letzten Blick zurück und bemerkten, wie die vier Tiere niedergeschlagen in einer Reihe quer über die Straße verteilt mit hängenden Köpfen und mitleiderregenden, liebeskranken Augen der entschwindenden Roja nachblickten.

Von nun ab wurde der Weg leichter, die Straße wandte sich steil bergab, und weit vor uns sahen wir die sonnigen Vertiefungen eines graugrünen Tals, versunken unter den Bergspitzen. Kurz nach Mittag kamen wir in Sichtweite des Klosters Lluch.

Es liegt geschützt in einem fruchtbaren Hochtal zwischen den grauen Gipfeln, eine weiße Zuflucht in der Wildnis der Berge. Ringsherum wogte goldenes Korn in der sanften Brise, und ein erhabener Friede lag über allem. Roja hob den Kopf, erblickte die weißen Mauern in der Ferne und beschleunigte ihren Gang. Denn sie wußte, daß ein kühler,

dunkler Stall mit einer Ration Hafer auf sie wartete. Sie begann sogar zu traben und mußte durch einen Zuruf von Don Juan wieder beruhigt werden.
Der Pilgerweg von den Bergen zum Kloster hinunter ist eine lange, baumbeschattete Allee. Seit Jahrhunderten sind Pilger auf dieser Straße gekommen – auf der Suche nach göttlicher Hilfe in der heiligen Stätte, die der wundersamen Entdeckung des Lluch, oder Lucas, dem Schäfer der Berge, gewidmet ist.
So lautet die Legende: An einem Sommerabend vor siebenhundert Jahren hütete Lucas seine Schafe. Er war fromm und träumerisch, und als er an einer felsigen Anhöhe vorbeikam, sah er ein Licht in einer Spalte nahe dem Gipfel. Es war aber kein gewöhnliches Licht wie der Schein eines Lagerfeuers oder der einer geschützten Kerze, sondern eine weiche, diffuse Strahlung.
Lucas eilte ihr entgegen und fand in der Felsspalte eine Statue der heiligen Jungfrau mit ihrem Kind. Da niemand wußte, wo sie herkam, gab es nur eine Erklärung, nämlich die, welche in jenen Tagen des schlichten Glaubens für das Unverständliche immer gegeben wurde: Sie war göttlichen Ursprungs, ein Wunder.
Von dem Tag an galt der Ort als heilig. Die Nachricht des Wunders verbreitete sich rasch über die Insel, und so nahm sich die Kirche der Angelegenheit an und ließ eine Kapelle errichten, welche die Statue beherbergen sollte, später ein ganzes Kloster. Die dunkle Marienfigur, *La Morenita*, kann man immer noch besichtigen, sie steht in einer Nische mit Vorhang über dem Altar, eine Nachbildung tausender ähnlicher Skulpturen.
Es ist eigenartig, daß eine Schöpfung göttlichen Handwerks

so sehr der lokalen zeitgenössischen Kunst ähnelt und daß dem himmlischen Bildhauer nichts Originelleres zu diesem Thema eingefallen sein soll. Gleich wie man zur Statue als Kunstwerk oder der plumpen Täuschung des einfältigen Lucas steht, das Wunder verdient Anerkennung insofern, als es in der Wildnis der Berge für einen Ort der Zuflucht und Erholung sorgte, wo der Wanderer ein ordentliches Bett und reichlich zu essen bekommt.

Holger Schnitgerhans
Von Dora, Luna und den anderen. Ein Leben mit Eseln

Dora erreichte uns zusammengefaltet in einem alten R4 und bestand nur aus Kopf und Ohren. Wir halfen ihr aus dem Auto, sie schüttelte den Schädel, daß die Ohren klatschten, reckte sich und stand dann abwartend da: eine zierliche Eseldame, mit zerbrechlichen Fesseln, glattem, silbrigbraunem Fell, das am Nackenauslauf eine dunkle Zeichnung in der Form eines Kreuzes trug. Eine Afrikanerin, wie die Mallorquiner diese Rasse nennen – eleganter, kleiner und schlauer als die sonst hier ansässigen Modelle.

Jedenfalls Dora. Die war aus dem Südosten der Insel zu uns gekommen und hatte die zwei Jahre ihres Lebens genügend Menschenkenntnis gespeichert, um uns immer wieder zu zeigen, daß der Spruch vom dummen Esel ein dummer Spruch ist: Dora war klug bis zur Gerissenheit, unbestechlich und behielt immer die Übersicht – eine ebenso amüsante wie anstrengende Mischung.

Ich sehe uns noch, wie wir versuchten, der Dame Dora Säcke mit Johannisbrot aufs Kreuz zu laden – eine geringe Last, süßduftend und Esels Lieblingsspeise. Sollte die doch mal ihr Futter selbst den Berg hochtragen.

Es war lächerlich. Zwei Mann schafften es nicht, Dora zu überlisten. Sie trat gelassen beiseite, machte einen kleinen Sprung, drehte uns den Kopf zu. Und als wir endlich die Säcke angebracht glaubten, schritt sie zum nächsten

Olivenbaum und streifte sich das Zeug am Stamm ab. Mit leicht vorgestülpter Unterlippe blickte sie dann gelangweilt in die Gegend. Als schließlich jeder von uns einen Sack schulterte, schlenderte sie zufrieden bergauf hinter uns her.

Wer gar auf Dora reiten wollte, brauchte Geschicklichkeit, Mut und Geistesgegenwart. Schon das Anlegen von Satteldecke und Zaumzeug geriet zur Zirkusnummer – für den unbeteiligten Betrachter. War dies geschafft, aufgesessen und das Reittier in Gang gebracht, war Vorsicht geboten: Dora liebte es, unter tiefhängenden Ästen zu gehen, scharf an Wegesmauern entlangzustreifen oder unversehens in einen halsbrecherischen Galopp zu fallen. Irgendwann haben wir es gelassen.

Erst dachten wir, der Esel frißt zuviel und wird zu rund. Dann, spät, wurde klar: Wir hatten zwei Esel gekauft. In einer Vollmondnacht kam Luna zur Welt, die rasch zu einer dunkelbraunen Schönheit heranreifte und der Mutter Konkurrenz machte im Kampf um Futter und Zuneigung.

Luna war zärtlich, neugierig und emotional. Wir gehörten für sie zur Herde. Wer mit einem Buch im Schatten eines Olivenbaums saß, hatte bald rechts und links über der Schulter großköpfige Mitleser, die sanft am Ohr knibbelten und vor allem scharf auf Papier waren. Wenn man nicht aufpaßte, griff sich die Eselslippe ein paar Seiten und mahlte das Zeug, Literatur oder nicht, genüßlich weg.

Wir wußten nicht, daß Esel mit ihren sanften, langbewimperten Augen so gut gucken können und von weither. Fern im Gelände – beim Putzen von Macchia und Gräsern – und vom Haus aus kaum sichtbar, hatten sie uns stets unter Kontrolle. Das Gartentor nur zugestoßen und nicht verriegelt? Gemächlich setzten sich die beiden in Bewegung, stießen das Tor auf und delektierten sich am mühsam der kargen Gegend abgetrotzten Grün. Doch auch der Sperrriegel blieb für Dora kein unüberwindliches Hindernis. Ein paarmal betrachtete sie sich das Ding und schob es dann mit sensibler Oberlippe aus dem Weg. Erst ein darüber angebrachter zweiter Riegel ließ sie kapitulieren.

Esel lieben ein weites Revier. Das großräumige Gelände bot genügend Futter und Auslauf. Aber was jenseits war, schien Mutter und Tochter interessanter. Und wenn irgendwo der Zaun durchlässig war, gab es ein eindeutiges Zeichen: die Esel waren weg.

Können Esel mit ihren samtigen Ohrtüten gut hören? Ganz gewiß. Wollen sie das auch? Selten. Und schon gar nicht, wenn man auf der Suche nach ihnen ist. Es nützte alles nichts, sie mußten aufgestöbert und eingefangen werden, möglichst mit Johannisbrotschoten. Und seltsam: sobald sie erwischt waren, folgten sie brav nach Haus.

Bei einem dieser Ausflüge war ein anderer Trieb dabei. Dora hatte sich mit einem Macho der benachbarten Finca eingelassen – einem Arbeitsesel –, und nach 15 Monaten kam Don ins Leben. Der kam mehr nach dem grobknochigen Vater, war größer und etwas dußlig. Obwohl er schon früh scharf auf Mutter und Schwester war, nahmen ihn die beiden nie richtig ernst. Ganz gegen unser Wissen von Eseln blieb Mutter Dora das Leittier und bestimmte, wo es langging.

Mit dem Jungmacho in der Familie veränderte sich dennoch einiges. Esel, so hatten wir gelesen, lassen sich nie ganz domestizieren. Werden sie in die Freiheit entlassen, verwildern sie sofort. Oder besser: Sie legen ihr Verhalten auch im

Zusammenleben mit Menschen nicht ab. Für uns bedeutete dies: der Jungesel Don war mit Vorsicht zu behandeln. Er war im Umgang mit uns eher noch sanfter als seine Damen und forderte ein großes Maß an Zuneigung. Aber der männliche Mensch war für ihn auch Konkurrent, den er gelegentlich mit dem dicken Schädel zu stoßen beliebte und mit blitzschnellem Auskeilen der Hinterbeine schmerzhaft treffen konnte. Und der weibliche Mensch konnte sich vor mächtig drängendem Anlehnungsbedürfnis kaum retten. Und mußte aufpassen, Don nicht im Rücken zu haben, der dann versuchte, was alle Esel gern tun: aufsteigen. Bei drei Zentnern Lebendgewicht schon ein Erpressungsversuch. Doch eine Maulschelle, ein lautes Wort brachten den Kerl sofort zur Räson. Und für ein paar Stunden hielt er sich auf Distanz. Bis der Kampf um Salatblätter oder Äpfel unsere kleine Herde wieder einte.
Natürlich war Don mit Mutter und Schwester triebmäßig gut ausgelastet. Und diesmal war die schöne Luna dran: Max nannten wir das im mallorquinischen Winter geborene, dick bepelzte Eselchen, das wieder ein anderes Temperament zeigte. Schon nach ein paar Wochen versuchte dieser Knirps, die Mutter zu besteigen, obwohl er mit den Vorderfüßen kaum auf deren Rücken kam. Im übrigen war Vater Don für ihn nur ein Konkurrent. Wir mußten gelegentlich dazwischengehen, weil der Viertelstarke den Vater derart provozierte, daß selbst der bedächtige Don in Rage kam. Und Eselsbisse sind schmerzhaft.
Wir hatten unseren Eseln einen Stall gebaut. Aber dorthin kamen sie eigentlich nur, um im trockenen Sommer ein Zubrot und Wasser zu empfangen. Und nachts, auch bei Regenwetter, eigentlich nie. Dann waren sie im Gelände

und suchten sich wählerisch ihre Mahlzeiten zusammen. Die kleine Herde hielt das Gras kurz, die Büsche knapp und die Wege frei.

Esel sind erstklassige Landpfleger. Weshalb die Regierung der Balearen ihren Erwerb subventioniert: wo Esel sind, herrscht eine gewisse Ordnung im Revier, wird die Brandgefahr durch das Kurzhalten der alles überwuchernden Macchia gemindert. Außerdem sorgen die Pflanzenfresser für Humus – in kargen Kalksteingegenden sehr willkommen.

Noch heute gehen wir die alten Eselspfade und freuen uns über die schwarze Erde unter den Füßen. Eigentlich, finden wir, eigentlich ist so ein Land ohne Esel arm dran. Und dann sehnen wir uns nach ihrer Geselligkeit, nach ihren Späßen und nach den morgendlichen Weckrufen, wenn sie, die Köpfe über den Zaun gelegt, ungeduldig nach Zuwendung und einer Futtermorgengabe riefen.

Wir mußten das Land für eine Weile verlassen, kamen nur noch selten. Die Esel mußten weg, weil sie – alleingelassen – ausgebrochen und verwildert wären. Ein Bauer hatte einen Platz für sie, hoch über Sóller, weit entfernt von Straßen und Gärten.

Als sie auszogen, waren wir nicht dabei. Aber der Gedanke schmerzte. Dora hatte mittlerweile Don erhört – Inzuchtfolgen gibt es bei Eseln nicht –, und so verließen viereinhalb Esel unser Tal. Als wir das nächste Mal wiederkamen, war es seltsam leer. Kein Begrüßungsgerangel, Schnauben oder forderndes Geschrei. Wir kamen uns ganz fremd vor.

Einmal noch – ein Jahr darauf – haben wir unsere Esel besucht. Wir wollten sehen, ob sie es gut haben. Sie standen in einem sich weit erstreckenden Olivenhain und blickten uns neugierig entgegen. Als wir riefen, kamen sie. Zögernd, vorsichtig – und hielten Abstand. Wir hatten Johannisbrotschoten mitgebracht, die sie gnädig annahmen. Nur Dora stand ein paar Meter abseits und blickte uns mit ihren klugen Augen lange an. Dann warf sie den Kopf einmal jäh in den Nacken und ging davon.

Ingrid Brase Schloe
Privilegierte

Ihr erster Blick am Morgen gilt dem Meer, verliert sich in den Weiten des Horizonts, gleitet über die hingetuschten Wolken mit den Mondgesichtern, hängt sich an die unruhigen Wellen und wandert zurück ins eigene Reich. Verflixt! Dina steht schon wieder im Garten! Die Wickenpracht von gestern passé! Nur elendes Gestrüpp starrt ihr entgegen. Abgegrast! Alle Herrlichkeit verschwunden in Dinas Bauch. Na ja, sie ist eben wieder schwanger und darum versessen auf Leckereien, Wicken – Delikatessen.
Tilde huscht in den Garten, schimpft dauernd über die verfressene Dina, die ihr nun, gespielt unschuldig, entgegenkommt, besänftigend ihren Eselkopf reibt an Tildes Schulter und allen Ärger wegstreift. Wicken, Wurzeln, Gurken, Bohnen, überall hat sie genascht, aber damit auch das Ernten erspart, das viele Bücken, das sich in Tildes Rücken festkrallt. Sie krault sich hinein in die Eselwolle. Wie dicht sie wird jetzt im Spätsommer! So einen Fellmantel hatte ihre Eselin damals auf Mallorca nie gehabt.
Tilde greift sich fest in Dinas Mähnenhaar und zerrt sie aus dem Garten, schließt das Tor sorgfältig und entläßt Dina mit einigen scherzhaften Mahnungen, die eigentlich böse klingen sollten. Ein kleiner Klaps auf den runden Eseldamenschenkel!
Der Klaps hatte damals auf Mallorca ihre Petty nach Hause geschickt, zurück über den Trampelpfad zum weißen

Landhaus mit den olivgrünen Fensterläden und den blaßrosa blühenden Tamarisken. Umberto fing Petty ab, überließ sie sich selbst in der umzäunten Steinwildnis, die bis zum schmalen Sandstrand hinabreichte, und rief sie mittags wieder zurück. »Geh unsere Tilde holen, Petty, alé!« Ein Klaps genügte, und Petty trollte den Eselspfad zurück, empfing Tilde am Ortseingang, verkürzte ihr den Heimweg und lud sich mit Tilde auch alle kleinen Schulbegebenheiten auf, die das Mädchen ihr in die Eselohren plauderte. Ein rechter Kamerad war Petty gewesen, hatte ihr den weiten Umweg über die holprige Zufahrtstraße zwischen den Steinwällen erspart, die auf dem Fahrrad kein Spaß gewesen war, und sie brav hin- und hergetragen. Eselpflichten, die Petty ganz selbständig erledigte: Esel sind gescheite Tiere.

Tilde schmunzelt, wenn sie daran denkt, daß ihre Petty zuweilen auch reichlich eigenmächtig handelte. Dann blieb sie etwas länger aus, verspätete sich nur unwesentlich, und nachher kam der Fischer Carlos angerannt und polterte, Petty habe seine panierten Fische gefressen, die er nur kurz vor dem Haus abgestellt hatte. Oder Norah verlangte Entschädigung, weil Petty durch das offene Küchenfenster gelangt, wobei sie die Fliegengardine beiseite geschoben und sich das Brot vom Tisch geangelt hatte. Petty wußte sich immer leckere Extras zu beschaffen – wie heute Dina – diese naschhaften Eselinnen.

Dina hat sich wieder zur kleinen Herde gesellt, zuvorkommend begrüßt vom Esel Balthasar. Was für ein schönes, friedliches, faules Leben ihre Esel führen dürfen am Ostseestrand! Da mußten Esel auf Mallorca ganz anders ins Geschirr.

Ihre Petty hatte allerdings zu Mallorcas Privilegierten gehört, das hatte Tilde jedenfalls gemeint.
Nachmittags nach dem täglichen Schulweg durfte Petty nämlich die zwei Stufen zur Terrasse erklimmen und ihr Nachmittags-Bier schlürfen. Wein mochte sie nicht.
Das war einer der kuriosen Einfälle ihres Vaters gewesen. Whisky-fidel hatte es den Vater nach einem Trinkkumpanen verlangt, und in Ermangelung eines anderen holte er sich die Eseldame Petty. Er klemmte sich ihren Kopf unter den Arm, öffnete das Samtmaul und goß ihr Bier in die Kehle. Dann amüsierte er sich königlich, daß Petty sich schüttelte, mit den Augen rollte, davontingelte, die Treppen hinunterstolperte, ihre Blase auf dem Hofplatz entleerte und sich ein schattiges Plätzchen suchte. Rausch ausschlafen – und zufrieden gab der Vater den eigenen schläfrigen Gelüsten nach.
Wie lange hatte es gedauert, bis Petty richtig auf den Biergeschmack gekommen war? Jedenfalls suchte sie bald Gelegenheiten, um in Vaters Nähe, am liebsten gleich auf der Terrasse zu sein. Ihm gefiel es sichtlich, immer einen durstigen Zecher und obendrein von so besonderer Art zu haben, daß andere Gäste ein köstliches Vergnügen darin zu sehen schienen, eine Eseldame betrunken zu erleben.
Von Pettys Nachwuchs wurden sie überrascht. Sie hatten ihre Leibesfülle als Bierbauch angesehen und nicht geahnt, daß sie sich auf dem Schulweg einen Esel angelacht hatte. Als das Fohlen zur Welt kam, war es blind, das linke Vorderbein zudem deformiert. Tilde versuchte, alle Gebrechen mit ihren Tränen zu heilen. Vergebens. Eines Tages hatte der Vater in seinen nüchternen Morgenstunden befohlen, daß Umberto es tötete. Tilde setz-

te ein Holzkreuz unter die rosa Tamarisken, ohne daß sie gewußt hätte, wo das Fohlen begraben lag. Sicherlich nicht in der Nähe der weißen Villa. Alle schwiegen darüber.

Nur Andrés, Umbertos Sohn, um weniges älter als Tilde, fand sich mittags nach der Schule neben ihr ein, als sie auf die Eselin wartete, kaute auf einem Halm und erklärte: »Dein Vater ist schuld an dem Krüppel.« Dann liebkoste er Petty so sanft um die Nüstern, strich auch mit den Lippen über das Samtmaul, und Petty sah ihn verstehend aus großen, wachen Eselaugen an und klimperte mit den Wimpern. Weinte sie? Tilde schien von beiden übersehen, vergessen. Dabei hatte sie die Anschuldigung empört zurückweisen wollen, aber die Art, wie der Hirtenjunge die Eselin tätschelte, rührte sie tief. Vielleicht sah Tilde in seinen sanften Händen und den schön geschwungenen Lippen schon wundersame Fühler eines jungen Mannes, die sich weich herantasteten, bezauberten. Sie hätte sich am liebsten mit Andrés unter eine der uralten, knorrigen Oliven gesetzt, über ein trauriges Eselschicksal gesprochen oder nur die silbrigen Blätter flüstern lassen. Sie vergaß augenblicklich ihren Ärger und schob nur leicht ihre Hand auf dem Eselhals an seine heran. Ob er es merkte? Aber er wies ironisch schroff zurück, was sich ihm da spielerisch schüchtern näherte: »Bier für eine Eselin!«

Kein Zweifel, seine liebkosende Hand galt Petty, ihr allein, seine Lippen suchten die weiche Eselnase. Tilde seufzte schwach auf. Hatte der Vater mit seinem täglichen Ulk tatsächlich schuld gehabt?

Wenig später wurde Petty an einen Bauern abgegeben, der sicherlich ihre Trinksucht ignorierte. Tildes Familie zog in

die Heimat der Mutter, nach Dänemark, der Schule und der Sprache wegen. Die Liebe zu Eseln blieb.
Wenn sie jetzt Dinas Fohlen auf gesunden Beinen mit den zierlichen schwarzen Hufen über den Ostseestrand trippeln sieht, Balthasar singen hört, Dina die schönsten Blüten vernascht, fühlt sie sich hinweggetragen in die sanften Winde Mallorcas, träumt sich an den weißen Sand und in das freundliche Inselland. Während sie über den Eselhals streicht, begegnet ihr zuweilen eine zärtlich tastende Hirtenhand, jung, einfühlsam.
Tilde kehrt zum Haus zurück, um Ole und die Kinder zu wecken.

Ingrid Brase Schloe
Das Eselkind

Zierlich, x-beinig trippelt es in schwarzen Schühchen heran, das Eselkind, vierzehn Tage jung, 23 1/2 Pfund schwer, muttermilch-ernährt, der schmale, schwingende Körper von hellgrauer Eselwolle umwärmt, von allen geliebt:
von Lamm und Huhn, von Blumen und Sonnenschein, von Eselin und Mensch, der es an seinen staksigen, kraftlosen Beinen in die Welt herauszog – hereinzog.
Mit offenen Armen willkommen geheißen, begegnet es jedem nah, ohne Neugier, ohne Furcht, einfach da.
Die Eselkeile, von Mißlaunigen der Herde ausgeteilt, geht gezielt an ihm vorbei.
Des Menschen Hand tätschelt.
Alle Welt verspricht ihm Gutes, dem kleinen Eselwunder auf Erden.
Wer ein Eselkind im Arm hält, die weiche Babywolle krault, sich in großen, unergründlich dunklen Märchenaugen angenommen sieht, Urvertrauen spürt, der schließt einen Freundschaftspakt für Ewigkeiten.

Albert Camus
Auf den Balearen: Im vergangenen Sommer

Was den Wert des Reisens ausmacht, ist die Angst. Denn in einem gewissen Augenblick, so fern von unserer Heimat, von unserer Sprache (eine französische Zeitung wird unerschwinglich teuer. Und die Abendstunden in den Cafés, wo wir versuchen, mit anderen Menschen in Tuchfühlung zu kommen), überfällt uns eine unbestimmte Angst, und wir empfinden unwillkürlich das Verlangen, in den Schutz unserer alten Gewohnheiten zurückzukehren. Das ist das augenfälligste Ergebnis des Reisens. In diesem Moment fiebern wir und sind zugleich durchlässig. Der geringste Stoß erschüttert uns bis auf den Grund unseres Wesens. Laßt uns einem Sturzbach des Lichts begegnen, und wir stehen vor der Ewigkeit. Deshalb darf man nicht sagen, man reise zu seinem Vergnügen. Es gibt kein Vergnügen des Reisens. Ich möchte eher eine Askese darin sehen. Man reist um der Bildung willen, wenn wir unter Bildung die Betätigung des geheimsten unserer Sinne verstehen, nämlich des Sinns für das Ewige. Das Vergnügen lenkt uns von selbst ab, so wie die von Pascal beschriebene Zerstreuung uns von Gott entfernt. Das Reisen, das gleichsam eine höhere und ernstere Wissenschaft ist, führt uns zu uns zurück.

Balearen.

Die Bucht.
San Francisco – Kreuzgang.
Bellver.
Reiches Viertel (der Schatten und die alten Frauen).
Armes Viertel (das Fenster).
Kathedrale (Geschmacklosigkeit und Kunstwerk).
Café mit Musik und Gesang.
Küste von Miramar.
Valldemosa und die Terrassen.
Sóller und der Süden.
San Antonio (Kloster). Felanitx.
Pollensa: Stadt. Kloster. Pension.
Ibiza: Bucht.
La Peñe: Befestigungen.
San Eulalia: Der Strand. Das Fest.
Die Cafés am Hafen.
Die Steinmauern und die Mühlen in den Feldern.

Heinrich Breloer/Frank Schauhoff
Der falsche Ort, der richtige Mann

Am Ende des Sommers, wenn die Touristen die Insel verlassen haben, kehren auch die Bewohner wieder zu ihrem normalen Leben zurück. Es ist dann die Zeit der *firas*, eine Mischung aus Landwirtschaftsausstellungen und Volksfesten. An diesem ersten Sonntag im Oktober wurde in Llucmajor die *fira de tardor*, das große Herbstfest der Stadt, gefeiert. Stiere, Kühe, Schafe und sogar Hunde wurden auf Wagen durch die Stadt gezogen. Bauern im Sonntagsanzug auf den Traktoren zeigten ihre Tiere in einem Wettbewerb um die beste Zucht vor.

Die Stiere auf dem Wagen, hinter dem Michaels Taxi nun Schritt fahren mußte, trugen noch die farbigen Preisrosetten mit dem roten Band. Die fröhliche Menschenmenge vor und hinter den Wagen brachte das Taxi bald zum Stehen. Es war ein Fest ganz nach dem Geschmack der Mallorquiner: Feuerwerk, Tanz, Kapellen auf den Plätzen, Essen und Trinken in allen Bars und Häusern. Ein ständiges Kommen und Gehen, begleitet von Erzählungen und Gelächter. Das erste große Beisammensein der Einheimischen zu Beginn des Herbstes.

Der Taxifahrer hatte Michael noch den Weg zum Marktplatz gezeigt. Mit seinen beiden Koffern schob er sich nun dicht an den Häusern vorbei durch diesen späten Karneval.

Plötzlich fühlte sich Michael ganz verloren. Niemand beachtete den Fremden, der mit seinen Koffern mitten in diesem bunten Treiben auf dem Marktplatz stand. Dabei hatte er gerade zwischen den spanischen Geldscheinen den Zettel mit der Anschrift gefunden. *Lluc-Alcari* stand darauf und das Hotel *Costa d'Or*, wo ihn an der Rezeption Pepe erwarten würde, um ihn zur Finca der Möllers zu fahren. Nichts war an diesem Ort so, wie es ihm die Freunde seiner Bekannten geschildert hatten. Dieser Marktplatz hier schien so groß wie das ganze Lluc-Alcari. Er bereute es, sich so früh von seinem Taxifahrer verabschiedet zu haben. Michael stand vor einer Bar. Auf einer Leuchtreklame las er *Bar Colón*. Ein großer Wartesaal mit raumhohen, offenen Doppelflügeltüren, verschlossen nur durch Perlenvorhänge, durch die die Menge herein- und herausschob. Er steuerte mit seinen Koffern auf die große Theke zu, die die ganze rechte Seite des Lokals begrenzte, und bahnte sich den Weg zum Telefon, das er wie einen Rettungsanker ergriff. Er wählte die Rufnummer des Hotels, die er auf seinem Zettel notiert hatte, und dann war alles klar, er war im falschen Ort gelandet, und Pepe würde am nächsten Mittag zwischen zwölf und eins wieder auf ihn warten. Die Umstehenden hatten ihm mittlerweile erklärt, wo er sich befand: Llucmajor. Schlimmer hätte es nicht kommen können. Es war genau das andere Ende der Insel. Michael war wütend über den Streich, den er sich selbst gespielt hatte. Niedergeschlagen saß er auf seinen Koffern, als ihm ein Glas Rotwein gereicht wurde.
»Salud, caballero.« Er sah ein fröhliches Lachen über sich.
»Muchas gracias, señor«, kramte er in seinem Spanisch, »si yo puede oferecer a usted un asiento« und wies mit einla-

dender Geste auf den zweiten Koffer. Wahrscheinlich der einzig freie Platz in diesem Bienenkorb. Tatsächlich nahm der Mann mit den Jeans und dem gestreiften Hemd die Einladung an.
»Ustedes se van o vienen?« – Kommen Sie oder gehen Sie? – fragte er. »Ich bin gekommen und muß wieder gehen. Ich bin am falschen Ort.« Michael hatte sich ins Französische gerettet und war über die Antwort erstaunt. »Llucmajor c'est toujours le bon endroit et surtout aujourd'hui!«
Damit hatte er nicht gerechnet. »Michael aus Deutschland«, stellte er sich vor, um noch irgend etwas zu sagen.
»Toni aus Llucmajor«, war die Antwort.
»Merci, Toni.« Michael hob das Glas, trank es in einem Zug aus und fühlte sich schon nicht mehr ganz so verloren wie einige Minuten zuvor. Irgendwie war die heitere Zuversicht, die von diesem Mann ausging, ansteckend. Zwischen dem grauen Drei-Tage-Bart und den kurzgeschnittenen, graumelierten Haaren lachten ihn ein paar Augen an, die viel jünger waren, als der Mann sein mochte. Kein Bauer, kein Kaufmann, ein Rechtsanwalt vielleicht, dachte Michael, und irgendwie schien es ihm, als ob von diesem Mallorquiner mit dem Lausbubengesicht voller guter Laune etwas ausging, das die Probleme, die er mit seinem Koffer in diese Bar geschleppt hatte, lösen würde. Aber das war vielleicht nur der leichte Nebel, der vom Rotwein in seinen Kopf gestiegen war, und die Erleichterung, denn bald hatte man schon das dritte Glas miteinander geleert. Toni hatte sich den Zettel angesehen, die Geschichte verstanden und war kurz verschwunden. Als er wiederkam, hatte er zwei Stücke »coca de trampó« in der Hand, eine Art Blechkuchen mit Paprika, Zwiebeln und Petersilie belegt.

»Wir Mallorquiner trinken nicht, ohne zu essen, Michael.« Als sie wieder auf den beiden Koffern saßen, stellte sich Toni noch einmal vor. Er war Architekt in Llucmajor, und er war auch schon einige Male in Deutschland gewesen. »Ein biesgen Deutsch kann ich«, sagte er. Michael erzählte, teils in holprigem Spanisch, teils in Französisch, wie er hierhergekommen war.

Immer wieder wurde Toni von Freunden begrüßt, die sich zu ihnen stellten und immer wieder lachend auf Michaels Unglück anstießen, denn Toni konnte nicht oft genug die Geschichte der Verwechslung zwischen Llucmajor und Lluc-Alcari erzählen. Man beglückwünschte Michael geradezu zu dieser Verwechslung. Hier, so sagten alle, war Michael wirklich in Mallorca. Lluc-Alcari war schließlich nur ein Touristennest oben im Norden, bei den verschrobenen Bergbewohnern, die jeden Quadratmeter Land an extranjeros und forasteros verscherbelten.

»Todo el invierno sin sol en la costa del norte.« Toni mußte Michael immer wieder das Mallorquin seiner Freunde übersetzen. »Den ganzen Winter ohne Sonne da oben, das ist sehr schlecht, muy mal – da verliert man die gute Laune –, Du kennst doch das Buch ›Ein Winter auf Mallorca‹ von George Sand, die haben sich auch den falschen Ort ausgesucht.«

Toni sprach mit seinen Freunden Mallorquín. Michael blieb dabei außen vor, seine spanischen Vokabeln boten ihm keinen Eintritt in diese Welt. Es klang eher nach Französisch, und manchmal verstand er über diese Brücke das eine oder andere Wort. »Com va això« zum Beispiel klang doch ganz ähnlich wie »comment ça va«, und der »vi« war genau der Wein, den er aus Frankreich kannte. Später erklärte ihm einer von Tonis Freunden: Das *mallorquín* war eine eigene, mediterrane Sprache. Ihm wurde bald klar, daß man mit dem *castellano,* dem Spanischen, diese Insel und ihre Menschen niemals verstehen würde. Das Mallorquín war der Schlüssel, und zwei Worte und eine Redewendung hatte er schließlich an diesem Abend schon gelernt. Nach und nach waren die Gäste der Bar Colón nach Hause gegangen, und Michael, der mit Toni noch immer auf den Koffern saß, sah auf die Uhr. Mitternacht war lange vorbei.

»No te preocupes, mach dir keine Sorgen«, sagte Toni. Ein Satz, den Michael noch oft auf der Insel hören sollte, eine Art Grundmelodie des Alltags. Aber in dieser Nacht, als er diese Worte zum erstenmal hörte, war der Trost nötig. Und wirklich, Toni hatte schon alles arrangiert.

»Wir nehmen noch einen letzten Wein, dann fahre ich dich ins *Es Recó de Randa,* ein kleines Hotel mit einem guten Restaurant einige Kilometer von hier entfernt in Randa. Dort ist schon ein Zimmer für dich bestellt.«

Als Michael bezahlten wollte, winkte Lorenzo, der Wirt hinter der Bar, nur ab.

»Ya está pagado!« Merkwürdig, dachte er, alles arrangiert, alles bezahlt.

Als Michael am nächsten Morgen die Fensterläden seines Zimmers aufstieß, traf ihn das helle Licht der Morgensonne wie ein Blitz. Der gute Landwein der letzten Nacht brachte sich noch einmal in Erinnerung. Bald hatte er sich aber an das helle Licht gewöhnt und erkannte zuerst am Horizont eine bewaldete Hügelkette, die an einigen Stellen den Blick bis aufs Meer freigab. Davor lagen grüne Felder, frisches Grün, vom ersten Regen im Herbst gewachsen. Sie wechselten zu roten Äckern, auf denen Bauern mit Traktoren die ersten Furchen zogen. Direkt vor ihm lag der kleine Ort Randa. Er blickte auf rotgelbe Ziegeldächer, die von der Kirche mit einem Turmdach, das einem Helm glich, überragt wurden. Stimmen und Geräusche aus dem Dorf vermischten sich mit dem an- und abschwellenden Geräusch der Traktoren in der Ferne und drangen zu ihm herauf.

Unter seinem Fenster war eine Terrasse eingedeckt und lud zum Frühstück ein. Was für ein Platz, dachte Michael, als er den ersten heißen *café con leche* trank. Der Kellner hatte ihm dazu eine *ensaimada* gebracht, das leichte, frische Schmalzgebäck, das ausgezeichnet zum Kaffee schmeckte.

Dann hörte er einen Wagen vorfahren und erkannte Tonis Stimme an der Rezeption, genau das fröhliche, etwas rauhe Lachen, das ihn durch die letzte Nacht getragen hatte. Eigentlich hatte er das nicht ernst genommen, Tonis Versprechen, zu später Stunde, aber nun war er wirklich gekommen, um ihn nach Lluc-Alcari zu fahren, wo Pepe auf ihn wartete. Die beiden großen Koffer konnten sie nur mit Mühe in Tonis altem Alfa Romeo unterbringen. Eine abenteuerliche Kiste, verstaubt und voller Beulen. Mindestens fünfzehn Jahre alt, und jedes Jahr davon konnte man deutlich erkennen. Michael wollte eigentlich eine Freundlichkeit anbringen:

»Tolles Modell, Veloce Sprint, wenn man den restaurieren würde – ein Wertgegenstand.«

Toni staunte: Unter keinen Umständen würde er auch nur einen *duro,* ein Fünf-Peseten-Stück, in so einen Schrotthaufen investieren: »Solange er anspringt, fahre ich noch damit, dann kommt er weg.«

»Dann ist er nicht mehr zu verkaufen.«

»Ich will ihn nicht verkaufen, er wird nur abgestellt.« Damit war das Thema besprochen.
Der schwarze Alfa rollte den Berg von Randa herunter in Richtung Algaida, wo sich nach einer letzten Erhebung vor ihnen das flache Land öffnete. Große Fincas, landwirtschaftliche Betriebe, fruchtbares Land, das andere Mallorca, von dem Michael eigentlich nicht viel wußte. Er kannte nur die schönen Postkartenbilder, die sein Sender den Zuschauern so oft als Zwischenschnitt zum geheimnisvollen Mallorca, untermalt von mallorquinischer Folklore, verkauft hatte.
»Das ist das eigentliche Mallorca, das Herz der Insel, da kommen wir alle her – davon leben wir«, sagte Toni.
»Die Leute, die ich hier kenne«, sagte Michael, »kaufen nur Häuser mit Meerblick, am liebsten direkt am Strand.«
Toni lachte: »Den Strand auf Mallorca haben die *extranjeros* entdeckt. Für uns war das *El Arenal,* der Sand, die Wüste. Das war der Erbteil für den jüngsten oder für den Taugenichts der Familie, das Grundstück am Meer. Unfruchtbares Land, nicht zu gebrauchen. Der Streifen Sand mit der *garriga,* da ist niemand hingegangen.« Aus dem Wagen konnte Michael kaum über die Natursteinmauern sehen, die rechts und links den engen, alten Fahrweg begrenzten. Johannisbrotbäume, seltener Olivenbäume, ragten über die Mauern und warfen ihre Schatten auf die Straße. In der nächsten Kurve trat Toni auf die Bremse. Eine Ziegenherde zog meckernd über die Straße. Ihre hellen Glöckchen läuteten noch aufgeregter, als der *ca de bestiar,* ein großer mallorquinischer Schäferhund, sie zusammentrieb. Toni bot Michael eine Zigarette an, und während er ihm Feuer gab, sagte er: »Glaubst mir wohl die Geschichte mit dem Strand nicht? Ich kann mich erinnern, als ich ein kleiner Junge war, da fuhr

ich mit meinem Großvater noch mit der Eselskarre von Llucmajor nach Ses Covetes ans Meer zum Fischen. Das Boot seiner Familie lag in einer der *covetes*, die kannst du heute noch sehen. Den Tag werde ich nie vergessen, ich war damals sechs oder sieben Jahre alt. Wir fuhren gerade durch den Wald vor den Dünen, da liefen uns ein paar Kinder entgegen, die riefen: ›Da sind Leute am Strand. Da sind Leute am Strand!‹ So etwas hatten wir noch nie gesehen. Wir sind dann sofort hingelaufen, und da lagen schon zwanzig Kinder in den Dünen auf dem Bauch und beobachteten, was sich unten am Meer abspielte. Ich weiß noch, wie mein Großvater sagte: ›Deben ser ingleses.‹ Er glaubte, es waren Engländer, er hatte sie wohl an der Sprache erkannt. Tatsächlich hatten sich drei, vier Leute am Strand niedergelassen. Sie saßen da unter Sonnenschirmen auf Handtüchern, hatten Lunchpakete dabei. Wir kannten ja das Picknick nur vom Land und fragten uns, ob die sich im Platz geirrt hatten, dort, in der heißen Sonne, in dem glühenden Sand. Ich hab damals den Großvater gefragt, was die da machen. ›Das sind Touristen‹, sagte er. Damals habe ich das Wort ›Tourist‹ zum ersten Mal gehört. Als sie dann tatsächlich ins Meer gegangen sind, um zu schwimmen, sind wir Kinder alle aufgesprungen und haben vor Vergnügen getanzt und gejohlt. Die Engländer haben sich wahrscheinlich über uns genauso gewundert.«

»Schau dir heute, vierzig Jahre später, Arenal an!« sagte Michael. »Du hast damals einen Blick in die Zukunft getan.«

»El Arenal, das heißt bei uns ›der Sand‹, und für mich bleibt das auch so. Mich wirst du nicht am Strand und nicht schwimmen sehen. Sand bleibt Sand!«

»Goldener Sand«, lachte Michael, als Toni den Gang einlegte und wieder Fahrt aufnahm.
Sie hatten Algaida hinter sich gelassen und waren auf die Hauptstraße nach Palma eingeschwenkt, um nach einigen Kilometern rechts auf die große Bergkette, die *Serra de Tramuntana*, zu kommen, die im Nordwesten die Insel zum Meer begrenzte. Die Tausender lagen noch weit vor ihnen, aber dort lag Lluc-Alcari. Toni zeigte auf diesen japanischen Scherenschnitt eines Gebirges und sagte: »Dort müssen wir hin.« An der Abzweigung hatten sie ein merkwürdiges Gebäude mit Türmen und Zinnen passiert, vor dem Dutzende Reisebusse parkten. Ein spanisches Gemäuer wie aus Disneyland.
»Was machen die da? Wird dort ›El Cid II‹ gedreht?« fragte Michael. Toni zeigte mit dem Daumen der linken Hand nach hinten: »Sieh mal hinter die Kulisse.«
Michael drehte sich um und erkannte hinter dem altspanischen Bühnenbild eine riesige Fabrikhalle.
»Die produzieren Glassouvenirs für Touristen. Schade, das waren früher richtige Handwerksbetriebe, wo zum Beispiel Glasglocken für die Melonenfelder hergestellt wurden.«
»Glasglocken für Melonen?« staunte Michael.
»Ja, Hunderte von diesen Glasglocken waren damals über die Melonenfelder verteilt, für jede Melone ein Treibhaus. Heute werden Aschenbecher und Nippesfiguren gemacht.«
»Grüße aus Mallorca«, ergänzte Michael.
An Santa Maria vorbei, Bunyola rechts liegenlassend, waren sie vor Esporles, Richtung Valldemosa, ins Gebirge hochgefahren. Der Wagen schlängelte sich auf den Serpentinen bergan, und das Stadtpanorama von Valldemosa rückte von Minute zu Minute näher. Die Kartause von Valldemosa mit

ihrem breiten Kirchenschiff und dem kleinen Turm aus sandfarbenem Maresstein überragte die Häuser des Ortes, die sich unten an die mächtigen Mauern anlehnten. Wer nicht wußte, daß Michael erst einen Tag auf Mallorca war, hätte die beiden für alte Freunde halten können. Michael kam plötzlich der Gedanke, wie ungewohnt die Situation mit Toni eigentlich für ihn war. Zu Hause in Deutschland war es ihm noch nie passiert, bereits nach einem Tag mit einem Menschen, den man gerade vierundzwanzig Stunden kannte, ein so angenehmes Gefühl der Vertrautheit zu spüren. Und hier war einer, den er gerade mal gestern nacht kennengelernt hatte.

»Vierzehntes Jahrhundert«, sagte Toni, der bemerkt hatte, daß Michael am liebsten an der Kartause angehalten hätte, »die steht auch nächste Woche noch da ...«

Die nächsten zehn Minuten waren ein Cinemascopefilm. Nach der letzten Steigung hinter der Ortsausfahrt von Valldemosa in Richtung Deià führte sie die Straße in schwindelerregender Höhe einige Kilometer direkt an der Küste entlang. Vor sich sahen sie das gewundene Band des Höhenweges, das zwischen jahrhundertealten Olivenhainen und von den Arabern angelegten Terrassengärten in die herabstürzenden Felsmassen der Serra de Tramuntana eingemeißelt schien. Aus einem azurblauen Meer erhob sich der graue Granit mit grünen Flecken von Nadelhölzern und Garriga. Eine hochstehende Sonne beleuchtete das Panorama und zog den Blick bis zum Horizont, wo die Felsen ins Meer tauchten und ihre Ausläufer in der Ferne immer blasser erschienen, bis sie schließlich zu einer graublauen Wand wurden. Unter großen Mühen waren dem Felsen oberhalb und unterhalb der Straße kleine Plateaus abgerungen worden, auf denen kleine Villen und große Residenzen standen; Logenplätze für das großartige Naturschauspiel, das hier Himmel und Wasser in endlosen Variationen täglich vorführten.

Als Tonis antiquarisches Sportcoupé mit den ausgeschlagenen Stoßdämpfern auch die letzte Haarnadelkurve überstanden hatte, war Michael froh, als der Wagen vor dem Hotel Costa d'Or ausrollte. Ein Gasthof, der wie ein zweistöckiges Landhaus mit kleinen Balkonen und einem riesigen Portal aus der Toskana wirkte. Pepe saß vor der Tür und regte sich nicht. Er erwartete einen Gast aus Deutschland, einen Bekannten der Familie Möller, und konnte sich nicht vorstellen, daß dieser Deutsche in solch einem Auto vorfahren würde. Toni lud die Koffer aus.

»Caballero, adios! Hasta muy pronto. Mi casa es tu casa, mein Haus ist dein Haus«, sagte Toni mit einem Schulterklopfen, und bevor Michael sich bedanken konnte, war Toni in seinem Coupé vom Hof gefahren. Es war nicht so, daß Toni sich nicht weiter um seinen Gast kümmern wollte, vielmehr war es eine Art natürlicher Diskretion, daß er seine Nase nicht sofort in die neuen Verhältnisse hier hineinstecken wollte. So stand Michael also mit seinen Koffern vor dem Hostal und sah Pepe an. Pepe wiederum sah ihn an.

»Yo soy Michael Weidling! Es usted Pepe?« Pepe sprang auf und reichte ihm beflissen die Hand.

»Entschuldigung, Señor Weinlin – Ich wußte nicht ...«, und während er Michaels Koffer auf dem grünen, halboffenen Landrover absetzte, ihm sogar die Tür aufhielt und ihn dann den Berg hoch zum Haus der Möllers chauffierte, erkundigte er sich immer wieder nach den Einzelheiten der unglück-

lichen Umstände, die Michael als Gast auf Mallorca zu erdulden gehabt hatte.
Pepe war vor Jahren in einer Baumschule von Möllers Nachbarn als Gärtner abgeworben und an eine Reihe deutscher Residenten und Hausbesitzer weiterempfohlen worden. Er hatte offenbar die Manieren angenommen, die die Deutschen von ihm erwarteten. Mit den Jahren war aus dem spanischen *jardinero* Pepe eine Art eingedeutschter Gärtner für die höheren Ansprüche geworden. Pepe führte den Gast der Möllers durch das Anwesen wie ein kleiner Hoteldirektor, der auf die Vorzüge und Bequemlichkeiten des Hauses hinwies.
»Und hier meine Telefonnummer«, sagte Pepe noch. Michael war müde und ahnte, daß er Pepe nur mit einem ordentlichen Trinkgeld loswerden konnte. Dann war er endlich allein. Allein mit sich in einem schönen Haus. Erste Herberge für die Zeit bis Weihnachten. So hatte er es gewollt, eine Art Laborversuch mit der Person Michael Weidling ohne das Netz der zahllosen Freunde, Bekannten und Arbeitskollegen, der Ansprüche und Verpflichtungen, die ihn auf so vielfältige Weise in Deutschland angebunden, aber auch durchs Leben getragen hatten. Er wollte wissen, was von seiner Person bleibt, wenn man all das von ihm abzieht, und noch viel wichtiger: was aus ihm werden könnte. Sein Blick fiel auf das Telefon. Verlockend, sich in Deutschland zu melden, eine vertraute Stimme zu hören. Er stellte den Anrufbeantworter ein und dann den Fernseher: Deutsches Fernsehen, seine Kollegen vom Mittagsmagazin bei der Arbeit. Er stellte den Ton leiser und sah das werbende Lächeln der Moderatorin, die dem Zuschauer irgendwelche Kinkerlitzchen als Sensationen zu verkaufen

hatte. Die ganze Suppe von Nachrichtenmaterial, die jeden Tag über die Zuschauer ausgekippt wurde und ohne die viele Menschen nicht mehr leben konnten. Michael zog den Stecker aus der Dose. Das Bonner Parlament und irgendein aufgeregter Redner schrumpften zu einem weißen Punkt und waren dann endgültig verschwunden.

Ingrid Brase Schloe

Immer noch männliche Männer

Männer mit dem Taxiblick,
Taxi von taxieren.
Männer mit dem Whiskyklick,
Männer mit Pomadenschick,
Männer zum Addieren.

Männer mit der Morgenpost,
stopplig vorm Rasieren.
Männer, deren Blick erloschen
in den oder unterm Puschen,
vom Hund an der Leine zu führen.

Männer mit den Urwaldbeinen,
Männer mit den großen Scheinen.
Männer mit …
Männer …
Oder hast du etwa keinen?
Das wirst du spüren,
eben grade beim Taxieren.

Maria Antònia Oliver
Mallorca, Mord inbegriffen

War das nun der Teix oder der Galatzó? Egal, ich würde es nie wissen. Besser gesagt, ich vergaß es immer wieder. Aber es war egal, ganz egal, ob ich die Berge wiedererkannte oder nicht. Die Silhouette Mallorcas, ob vom Flugzeug oder vom Schiff aus, war unverwechselbar, und allein bei ihrem Anblick ging mir das Herz auf. Wohl gut zwei Stunden hing ich an der Reeling und schaute zu, wie die Landschaft sich aufklärte, die Sonne herauskam, der Nebel sich zerstreute und alles von Blau in Gold überging. Ab und zu traf mich eine Windbö mit dem Geruch nach Sommer, fast schien mir, daß ich die Zikaden hörte, die sich die Kehle aus dem Hals schrien, bis sie in den Pinienwäldern der Insel starben. Aber noch war nicht Sommer, noch gab es kaum Touristen, noch konnte man sich unbeschwert auf der Insel bewegen.

Ich sollte mal wieder ein oder zwei Wochen dort Ferien machen, dachte ich. Wieder einmal die einsamen Buchten besuchen, die nur zu Fuß oder mit dem Boot zu erreichen sind, solange es noch welche gibt. Und über die Wege der *Serra* spazierengehen, die schattigen Plätze aufsuchen, die so unvermittelt im *Pla* oder hoch über dem Meer auftauchen. Oder mit dem Fahrrad auf den Feldwegen im *Pla* von einem Dörfchen zum anderen pendeln …

Doch wir waren bereits im Hafen angekommen, und ich hatte jetzt keine Zeit für Gefühlsduseleien, obwohl mir das manchmal guttut, ehrlich gesagt.

Ich fuhr mein Auto aus dem Schiff heraus. Das Wetter war herrlich. Vielleicht konnte ich ja mal an den Strand gehen. Passeig Maritim, Born, Weiler, Santa Catalina Thomàs – die Reklame der Heiratsvermittlungsstelle und das Büro waren natürlich nicht mehr da –, das Theater und das Parkhaus auf der Rambla. Ich war schon fast zu Hause. Ich nahm meine beiden Koffer und stand eine Minute später in der Straße, in der Tante Antònia wohnt.
Die Gute erwartete mich mit dem üblichen Frühstück: Milchkaffee, Ensaimadas aus El Forn des Teatre, Ensaimadas mit Creme, Ensaimadas mit Schlagsahne und *duquesses* ... Meine liebe Tante Antònia! Ich wohnte schon seit Jahren nicht mehr bei ihr, und sie erinnerte sich immer noch, was ich gern mag. Und mein Zimmer ließ sie genau wie früher, ohne etwas anzufassen, mitsamt Elvisposter überm Bett – vielleicht wäre es allmählich an der Zeit, es herunterzunehmen, armer Elvis; mein pieksauberes Zimmer, dreieinhalb Meter hoch, wie die gesamte Wohnung, die zu groß für eine siebenundsechzigjährige Frau war, ihr aber gefiel, und mir auch.
Ich ließ es mir schmecken, während ich erzählte, was ich auf Mallorca vorhatte. Madame Tasi erwähnte ich aber nicht. Auch wenn ich höchstwahrscheinlich den Schatten von Madò Tonella abgeschüttelt hatte, wollte ich nicht mehr davon reden, man konnte nie wissen. Und wenn ich von Madame Tasi erzählte, würde die Hexe aus der Ebene früher oder später auftauchen.
Nachdem ich zwei Ensaimadas, eine ohne und eine mit Creme, und dann noch eine *duquessa* verdrückt hatte, bat ich sie: »Tante Antònia, kauf mir nie wieder so etwas zum Frühstück.«

»Schmeckt es dir denn nicht?« fragte sie.
Sie hatte die Augen weit aufgerissen, und ihre Stimme klang gereizt, wie jedesmal, wenn ich das sagte. Das war natürlich Theater. Und sie eine sehr gute Schauspielerin.
»Es schmeckt wunderbar, einfach wunderbar. Und das weißt du genau. Und du weißt auch ganz genau, daß ich Vegetarierin bin und kein tierisches Fett esse.«
»Jesus Maria, Kind! Das bißchen, was da drin ist, kann dir nichts ausmachen ... du übertreibst wirklich!«
»Tante Antònia ...«, sagte ich und machte ein böses Gesicht.
»Schon gut, schon gut. Also, Orangensaft, Roggenbrot und Marmelade«, lachte sie.
»Richtig. Und denk dran ...«
»Ja, daß ich dir deinen Orangensaft nicht zu machen brauche, daß du den schon selbst machst, daß du zum Arbeiten hier bist und nicht weißt, wann du kommst und gehst, daß ich mir keine Sorgen machen soll, und alles, was du sonst noch jedesmal sagst, wenn du hier bist. Ich weiß, ich weiß ... und ich weiß auch, daß du jetzt gehen wirst und den Koffer hierläßt, damit ich ihn auspacke.«
Und die mollige, kleine Person lachte, lachte; sie tat alles, damit ihr Mund und ihre Augen nicht lachten, konnte es aber nicht völlig verhindern.
»Aber du tust doch nichts lieber als Koffer auspacken!« lachte ich meinerseits.
»Ja, weil ich neugierig bin und herumschnüffle, keine Ruhe im Hintern habe und immer räumen muß, und was weiß ich noch alles ...«
»Du bist ein Schatz, Tante Antònia, aber wirklich und wahrhaftig.«

Wir umarmten uns kräftig, und sie sagte, sie sei sehr froh, mich bei sich zu haben, und ich sagte, ich sei sehr froh, dazusein, und dann ließen wir uns wieder los.

Als sie mir die Wohnungsschlüssel gab, sah ich ihr an, daß sie noch etwas sagen wollte. Ich wußte schon, was. Paß auf, Kind, fahr vorsichtig. Aber sie überlegte es sich und schwieg.

Nichts macht mich zorniger, als wenn jemand mir sagt: »Paß auf«. Ich muß immer aufpassen, mit den Autos, den Gaunern, mir nicht weh zu tun, daß mir kein Blumentopf auf den Kopf fällt ... ich weiß es ja, ich muß aufpassen, verflixt und zugenäht, aber ich tue es lieber, wie und wann ich Lust habe, und nicht, weil mir das Leute sagen, die älter sind als ich. Es sind nämlich immer die Alten, die das sagen. »Paß auf, paß auf.« In Barcelona sagen sie einem: »Gib Obacht«. Ich werde nicht mehr aufpassen oder mehr Obacht geben, weil es mir gesagt wird ... ja, ja, ich weiß, das sind Kindereien, ich sollte mich inzwischen über so etwas nicht mehr aufregen, aber ich kann's nicht ändern. Und deshalb tu ich's nicht, zum Donnerwetter!

Aber heute, als Tante Antònia nicht sagte: »Paß auf, Kind, fahr vorsichtig«, fehlte mir etwas, so als ginge ich ohne Schuhe aus dem Haus.

»Mach dir keine Sorgen, Tante Antònia, ich passe schon auf, ich fahre vorsichtig«, hörte ich mich sagen und fing an zu lachen.

»Diesmal hast du das gesagt, und nicht ich«, lachte sie ebenfalls. »Ich will nie wieder hören, was du das letzte Mal losgelassen hast.«

»Ich? Was habe ich denn gesagt?« Ich erinnerte mich nicht.

»Lästerliches, Lònia, Lästerliches.«
»Und du willst nicht, daß deine geliebte Nichte in die Hölle kommt, weil sie lästert, was?«
»Red keinen Unsinn, Polita. Los ...«
»Nenn mich nicht Polita. Ich heiße ...«
»Lònia, du heißt Lònia, ich weiß. Aber es macht mir Spaß, dich zu ärgern. Nun mach schon, geh, es wird spät.«
Sie öffnete mir die Tür, ich ging hinaus, drehte mich noch einmal um, da schlug sie sie mir vor der Nase zu. Ich klingelte Sturm und hörte sie lachen.
Ich liebe diese Rituale mit Tante Antònia. An meinem Ankunftstag war es immer dasselbe, ob Kälte oder Hitze Sonne oder Regen, Schirokko oder Mistral. Das gleiche Frühstück, die gleichen Fragen, das gleiche Hin und Her, die gleichen Umarmungen, die gleichen Spielchen, sich der anderen gegenüber mal böse, mal zufrieden zu geben, alles gleich, mit ganz geringen Abwandlungen. Wir hielten das Protokoll, das wir selbst erstellt hatten – oder das ganz von allein gekommen war, ich weiß es nicht mehr – strengstens ein. Mir gefielen diese Rituale, weil ich ihr Haus jünger und hübscher verließ, als ich gekommen war. Und freier – ich wußte auch nicht genau, warum.
Und in der Tat war es ein herrlicher Tag. Kein Wölkchen, der Himmel so blau, wie ich ihn in Barcelona lange nicht gesehen hatte, märchenhaft klar und glänzend; und linker Hand erhob sich die *Serra* majestätisch, feierlich, unbeschreiblich.
Ich beeilte mich, trotz des starken Verkehrs schnell nach Pollença zu kommen. Pollença ist ein wunderhübsches Städtchen, ein Spaziergang durch die Gäßchen um den Marktplatz herum ist ein himmlisches Vergnügen, das ich

mir jetzt nicht erlauben konnte. Allerdings machte ich mich nicht gleich an die Arbeit, nachdem ich mein Auto abgestellt hatte, sondern schaute bei Can Costa vorbei.
Es war immer gut, für alles, das Haus des Dichters und Priesters Costa i Llobera zu besichtigen – von außen natürlich – und dabei leise vor sich hin zu flüstern: »Mein Herz liebt einen Baum, älter als der Ölbaum, mächtiger als die Eiche, grüner als der Orangenbaum …«
Ich lese nicht gern – und das ärgert Maria Antònia sehr, weil ich nicht einmal meine eigenen, von ihr aufgeschriebenen Gedichte lese –, aber die *Pinie von Formentor* kann ich von Kindesbeinen an auswendig. Tante Antònia hat es mir beigebracht, und für mich ist dieses Gedicht wie ein Fels in der Brandung oder wie ein Foto von mir, als ich ein kleines Mädchen war, ich weiß nicht, wie etwas, das fest zu mir gehört, unverrückbar und zugleich sehr variabel, wie die Bougainvilleas im Gärtchen meines Vaters, eben etwas, das ich sehr liebe.
Nach meiner Stippvisite bei Can Costa machte ich mich dann also an die Arbeit, die mich nach Mallorca geführt hatte: Júlia zu finden.
Júlia fand ich im Rathaus nicht, aber dafür Margalida.
Ich hätte sie nicht wiedererkannt. Sie war fett. Nein, sehr fett. Ihre Hüften wucherten an beiden Seiten zwei Handbreit über den Stuhl hinaus, und ihr Busen war so dick wie ihr Po. Sie trug eine Brille. Und war so alt geworden, daß sie zehn Jahre älter aussah als ich.
Doch sie erkannte mich wieder.
»Polita!«
Sie hatte aufgehört zu tippen, als ich hereingekommen war. Und jetzt sah ich sie an und versuchte, mich zu erinnern,

wer sie war, und kam nicht drauf. Das passiert mir nicht oft. Gesichter kann ich mir gut merken. Notgedrungen. Und diese Frau, die mich Polita genannt hatte, war weder geschminkt noch verkleidet ...

Sie hatte Polita zu mir gesagt. Sie mußte mich aus der Zeit kennen, als ich in Palma wohnte und aufs Gymnasium ging. Eine Lehrerin. Welche? Eine Lehrerin würde aber nicht im Rathaus arbeiten. Das dachte ich im Bruchteil einer Sekunde, denn die Frau fuhr fort: »Polita Guiu! Meine Güte, wie lange haben wir uns nicht gesehen. Wie geht's? Wie steht's? Bist du verheiratet? Hast du Kinder? Und die Gesundheit?« Sie stand auf, um mich zur Begrüßung zu küssen, und wälzte ihre Leibesfülle dabei über den Tresen. »Oh, das freut mich! Aber erkennst du mich denn nicht?«

»Nein ... so auf Anhieb ... Nein ... tut mir leid, aber ...«

»Ich bin Margalida! ... Ja, Margalida Morell.«

»Titinetes?«

»Ja! Erinnerst du dich? In der Schule habt ihr mich Titinetes genannt, weil ich so klein und mager war, und jetzt ...«

Sie strich sich über die Hüften. Sie wirkte dabei nicht sonderlich zufrieden, verärgert aber auch nicht. Wie damals, als wir sie Titinetes nannten, weil sie ein Klappergestell war, ein Hänfling von einem kleinen Mädchen, das zehn Jahre jünger wirkte als die anderen.

»Das müssen wir feiern! Laß uns frühstücken gehen!« sagte sie.

Anderthalb Stunden später hatte ich ein Zitronenwasser getrunken und sie ein gezuckertes Paprikawurstbrot gefrühstückt; ich hatte ihr nur erzählen können, daß ich jetzt Lònia genannt werde, in Barcelona Detektivin bin und ein junges Mädchen zu finden versuchte – ich zeigte ihr das Foto –,

während sie mir ihre ganze Lebensgeschichte erzählt hatte, die mich nicht im geringsten interessierte.
»Also, ich glaube ...«
»Mußt du schon gehen?« fragte sie, als sie sah, daß ich aufstand. »Ach ja, du hast ja zu tun. Nein, nein, Mensch, soweit kommt's noch, heute bezahle ich. Und denk dran, geh zuerst bei der Stadtpolizei und bei der Staatspolizei vorbei, dann bei den Cafés am Marktplatz. Na, und im Rathaus findest du sowieso niemanden, der jemanden kennt, ich muß es wissen ... vielleicht kommst du ja mal, wenn du Zeit hast, dann können wir ein Schwätzchen machen.«
Als hätte mir das Geschwätz heute nicht gereicht!
Und ich dumme Nuß hatte ihr zugehört. Außerdem glaubte ich nicht, was sie vom Rathaus gesagt hatte. Wenn ich heute nichts klären konnte, würde ich morgen früh wieder hingehen, auf jeden Fall. Fürs erste suchte ich aber mal die Stadtpolizei auf.
Dort waren sie sehr nett. Sie verlangten meine Lizenz zu sehen und betrachteten dann sehr interessiert das Foto des Mädchens. Keiner kannte sie, sie hatten sie nie gesehen, weder in Pollença noch in der Hafengegend.
»Aber das bedeutet nichts«, meinte der Älteste im Ton eines alten Hasen. »Wir kennen nicht jeden. Warten Sie ein Momentchen, wir werden unsere Kollegen fragen. Ich kann das Foto doch mitnehmen?«
»Wenn ich es wiederbekomme, ja«, lachte ich.
Er gab es mir nach fünf Minuten wieder. Nein, die Kollegen kannten sie auch nicht. Wenn ich wollte, könne er aber eine Fotokopie davon machen und sie in den Geschäften verteilen lassen.

»Nein, um Gottes willen!« rutschte es mir heraus, als wäre ich Tante Antònia. »Wenn sie erfährt, daß sie gesucht wird, nimmt sie die Beine in die Hand.«
Das hätte ich nicht sagen sollen, ich weiß. Aber ich mache auch mal Fehler. Weiterhin liebenswürdig, aber bestimmt, begann der Beamte, mich auszufragen. Und ich mußte versuchen, mich herauszureden.
»Sie würde weglaufen? Warum? Was hat sie getan?«
Ich sagte ihm mit so harmlosem Gesicht und so harmloser Stimme wie möglich, daß sie nichts getan habe, daß sie nur von zu Hause fortgegangen sei, weil sie sich nicht mit ihrer Mutter verstünde, jetzt aber ihr Vater sterbenskrank sei und ...
»Drogen, hm?« meinte er felsenfest überzeugt.
Vielleicht, ja, vielleicht spielten Drogen auch eine Rolle. Vielleicht sogar ein Todesfall, wer weiß. Das behielt ich aber lieber für mich.
»Nein, nein. Keine Drogen und auch sonst nichts. Für Sie sind Drogen immer das A und O.«
»Naja, dann ist sie wohl eine Nutte. Eine von denen, die nicht so aussehen ...«
Aber nein, aber nein, antwortete ich darauf, sie war auch keine Nutte, undenkbar, Júlia eine Nutte – und dabei war sie vielleicht eine, aber das war mir schnuppe. Ich erzählte ihm, daß sie Postkarten aus Pollença und Port de Pollença an ihren Vater geschickt hatte, und ihr Vater sie ihrer Mutter zeigte, und ich so darauf gekommen sei, sie hier zu suchen, aber da sie keine Adresse angegeben habe ... Aber, da konnte er ganz sicher sein, Júlia sei ein anständiges Mädchen, und ihr Bild in den Geschäften zu sehen würde sie sehr treffen, sie würde wer weiß was denken, und falls sie noch hier

wohnte, gleich wegziehen; wenn er aber eine Fotokopie machen wolle, damit sie eine hätten, natürlich, aber wenn sie sie doch nie gesehen hätten …

Ich redete nicht weiter. Plötzlich redete ich nicht weiter. So geht das nicht, Lònia. Du redest zu viel. Das geht doch nicht. Du bist kein Profi. Du bist eine Null. Eine verdammte Null. Und ich spürte, wie mein Gesicht vor Scham kochte. Scheiße. Das war voll in die Hose gegangen, Lònia.

Der Beamte fand aber, daß ich recht hatte.

»Sie kennen sich damit besser aus als ich«, lächelte er. »Wir werden es so machen, wie Sie sagen. Keine Fotokopien. Gehen Sie zur Staatspolizei, ins Rathaus … wir sind Ihnen gern behilflich, wenn Sie uns brauchen.«

»Sehr schön, ja«, sagte ich. »Und heißen Dank.«

Als ich wieder draußen war, schwitzte ich. Pollença kam mir plötzlich nicht mehr so hübsch vor. Und es war schon zwei Uhr. Ich zögerte also eine Sekunde. Nur eine Sekunde. Und ging zur Staatspolizei.

Ich hatte Glück, weil um diese Zeit die meisten Beamten da waren, warum, weiß ich nicht. Andererseits war es kein so großes Glück, weil sich zeigte, daß sie mich verarschten. Das würde ich ihnen aber heimzahlen. Damals wußte ich nicht, wie, aber nachher wußte ich es. Und sie ebenfalls.

Zwei saßen hinter dem Tresen. Sie lasen, der eine die Zeitung und der andere eine Illustrierte. Der kaute außerdem laut schmatzend auf einem Kaugummi herum. Sie hoben nicht einmal den Kopf, als ich hereinkam. Zwei Bubis.

»Guten Tag«, sagte ich, lehnte mich an den Tresen und hielt das Foto von Júlia dabei in der Hand.

Der mit der Illustrierten hob den Kopf, stand aber nicht von seinem Stuhl auf. Im Sitzen fühlte er sich anscheinend pudelwohl. Er fragte mich auf spanisch: »Sie wünschen?« Und blies seinen Kaugummi zu einer Blase auf, die er gleich wieder einsog.

»Ich hätte eine Frage.« Ich, auf katalanisch.

Der mit der Zeitung ließ sie sinken und stand auf.

»Die Senyoreta hätte eine Frage«, wiederholte er auf spanisch. »Mal sehen, was wollen Sie uns denn fragen, Senyoreta?«

Ich hatte den Eindruck, daß in der Art, wie er das sagte, eine gewisse Häme mitschwang, aber da ich nie ein gutes Verhältnis zur Polizei hatte, dachte ich, vielleicht auch nicht, und ging nicht darauf ein.

»Sehen Sie«, erklärte ich, »ich suche dieses Mädchen und möchte wissen, ob Sie sie hier irgendwo gesehen haben.«

Er nahm mir das Foto aus der Hand, sah es an und begann, heftig den Kopf zu schütteln. Der mit der Illustrierten, der das Foto noch gar nicht angesehen hatte, nickte heftig.

»Doch, ich kenne sie«, sagte er auf spanisch und fabrizierte wieder eine Blase. »Sie kommt jeden Tag hier vorbei, wackelt mit dem Arsch und zwinkert mir zu. Aber ich …«

»Wie können Sie so etwas sagen, Sie haben das Foto ja nicht einmal angesehen?« Ich, auf mallorquinisch und bereits ganz schön sauer.

»Was sagt die?« fragte er seinen Kollegen auf spanisch. »Ich verstehe dieses Kauderwelsch nicht.«

Ich fragte ihn auf mallorquinisch, ob er Englisch könne. Er bejahte; da wiederholte ich die Frage nach dem Foto auf englisch, nicht ohne ein paar Schimpfwörter unterzumischen.

»Ich glaube, die Schnepfe hat mich beleidigt!« schimpfte er auf spanisch, wütend wie ein HB-Männchen.
Ich lachte auf eine Art, die ihn aus den Pantinen haute. Er ging in die Luft.
»Die Schlampe macht sich über mich lustig!« brüllte er, während er aufsprang und sich vor mir aufbaute. Kaugummi und Illustrierte fielen zu Boden. Er spuckte beim Sprechen, und ich bekam es ab.
»Ich habe Sie weder beleidigt noch mache ich mich über Sie lustig. Aber Sie haben mich beleidigt. Sie haben es mir gegenüber zweimal an Respekt fehlen lassen, seit ich zur Tür hereingekommen bin. Wenn Sie diese Uniform nicht tragen würden, hätte ich Ihnen schon die Fresse poliert.«
Ich hatte keinen Respekt vor der Uniform, sondern Angst. Die Bullen haben mir immer angst gemacht. Und das wird immer so sein. Vielleicht habe ich deshalb diesen Beruf. Aber warum verfluche ich ihn immer dann am meisten, wenn ich mit den Bullen zu tun habe?
»Hören Sie, wollen Sie etwa wegen Widerstandes gegen die Staatsgewalt eingesperrt werden?« brüllte er auf spanisch.
Was faselte der Arsch da? Widerstand? Welche Staatsgewalt? Repräsentierte er die etwa?
Ich zählte erstmal bis zehn, um mich zu beruhigen. Da sagte der mit der Zeitung aber schon – ebenfalls auf spanisch: »Komm, laß doch, Mann, die Senyoreta hat dir nichts getan. Los, hol die anderen, damit wir ihnen das Foto zeigen.«
Doch die kamen schon, alle auf einmal, das Geschrei von dem mit der Illustrierten hatte sie angelockt. Es waren drei junge und einer in meinem Alter, der stocksauer aussah und ebenfalls auf spanisch fragte: »Was zum Teufel ist hier los?«
»Nichts, nichts«, antwortete eifrig der Bulle mit der Zeitung

und erklärte, daß ich, die Senyoreta, das Mädchen auf dem Foto suchte.
Während der Älteste und ein anderer sich das Foto ansahen, hatten sich die beiden anderen, die mit herausgekommen waren, hinter mich gestellt und kommentierten so laut, daß ich es hören konnte, was sie von meiner Figur hielten.
»Der Arsch ist ganz knackig, aber eine Schönheit ist sie nicht gerade.« Der eine, auf spanisch.
»Ich mag lieber die ganz jungen. Die ist schon alt. Aber die Titten sind Klasse, das wohl ...« Der andere, natürlich ebenfalls auf spanisch.
»Also, eine Nummer würd' ich sofort mit der machen. Alt kann die ruhig sein, das ist egal. Mir gefallen alle ...«
Ich drehte mich blitzschnell, doch ich war so wütend, daß mir die Worte im Halse steckenblieben.
»He, ihr beiden«, fragte in dem Augenblick der Älteste, während er ihnen das Foto zeigte, »kennt ihr das Mädchen?«
Es war unmöglich, daß dieser Polizist die Bemerkungen der beiden nicht gehört hatte, aber er sagte nichts. Sie sahen sich das Foto gleichgültig an, verneinten und kehrten auf ihren Beobachtungsposten zurück.
»Tut mir leid, Senyoreta«, sagte der Älteste, »wir kennen sie nicht, wir können Ihnen nicht helfen.«
Er gab mir das Foto zurück. Seinem Gesicht war deutlich anzusehen, daß er mich loswerden wollte.
Ich ging ohne ein Wort. Erst als ich schon hundert Meter weit weg war – ich bin mehr gerannt als gegangen –, merkte ich, daß ich immer noch vor Wut kochte, daß die Bullen mich nicht einmal gefragt hatten, wie ich heiße, daß sie nicht einmal wußten, daß ich Detektivin bin, daß sie Senyoreta zu mir gesagt hatten und es mir nicht gefällt, Senyoreta

genannt zu werden, und ich nichts gesagt hatte, und daß sie allesamt Arschlöcher waren, denen ich es heimzahlen würde, und daß ich eine Zimperliese war, die nie erwachsen würde, und das, wo ich schon vierzig war, daß die beiden Knaben hinter mir das Maul aufgerissen hatten, das ich ihnen bei erster Gelegenheit stopfen würde …

Ich blieb stehen und versuchte zu überlegen. Ich konnte es nicht. Ich sah auf die Uhr und mußte noch einmal hinsehen, weil ich nicht wahrgenommen hatte, wie spät es war. Halb drei. Ich nahm ein Papiertaschentuch und wischte mir den Schweiß vom Gesicht. Ich spürte plötzlich, daß ich Hunger hatte, großen Hunger. Und daß ich scheißen und pissen mußte.

Ich ging ins erstbeste Lokal und bestellte Brot und Käse.

»Wollen Sie den Käse von Menorca? Und das Brot, wie mögen Sie es lieber, Baguette oder mallorquinisches Bauernbrot?« fragte mich ein junger Mann von der Küche aus.

»Ja, aus Menorca. Und das Brot, mallorquinisch. Und wenn Sie ein bißchen …«

»Ein bißchen Öl und Tomate?«

Ich nickte.

»Ja, Senyora, sofort. Und ein paar Oliven …«

Als ich von der Toilette kam – schon ruhiger, ich meine, Gesicht und Hintern sauber –, ließ ich mir dieses phantastisch zubereitete und wunderbar servierte Mittagessen schmecken.

Hansjörg Martin
Herbst auf Mallorca

Einer der schönsten Monate auf Mallorca ist für mich der Oktober. Er ist in seinen Farben fast der eintönigste, weil der Sommer alles außer den Pinien und ein paar immergrünen Büschen grauhellbraun gebrannt und staubig gemacht hat. Nur einzelne Bäume haben Herbstfarben: Der Granatapfelbaum ist knallgelb, der Kakibaum ist leuchtendrot – und die Weinfelder und -berge sind bunt. Dazu kommen die leuchtenden, reifen Orangen und Mandarinen, aber im ganzen ist das Land einfarbig, weil jedes Grün in dieser Jahreszeit fehlt. Doch die Hitze ist vorbei, die Nächte werden länger und allmählich kühler, und das Baden ist ein reines Vergnügen, weil das Meerwasser noch bis in den November hinein warm ist, manchmal sogar wärmer als die Luft.

Die großen Urlaubszentren und Clubs schließen, der Anblick rothäutiger Dicker in Bermudashorts wird seltener, die Köche, Kellner und anderen Saisonarbeiter, die vom Festland für fünf, sechs Monate auf Mallorca waren, um Moneten zu machen, verlassen die Insel.

Einige fahren nicht weg, ohne zuvor noch diese oder jene wohlhabend aussehende Behausung aufzubrechen und nach Beute zu durchsuchen, darüber hinaus wenn es sich ergibt, dieses oder jenes unbeaufsichtigte Auto zu knacken oder auf sonstwie illegale Weise den Sommerverdienst noch ein bißchen aufzubessern.

Das ist anderswo nicht anders, also keine Spezialität Mallorcas, nur häuft es sich hier im Oktober, weil der Abflug oder die Abreise per Schiff ideal sind, um Spuren zu verwischen.

Die Mallorquiner selbst behaupten, daß Mallorquiner ehrliche Leute und keine *ladrones* und *bandidos*, also Räuber, seien.

Wir können das aus Erfahrung bestätigen, schließen aber trotzdem auch in den Monaten außerhalb der Saison unser Haus ab, wenn wir weggehen, denn wir glauben an den Wahrheitsgehalt des alten Sprichworts: »Nicht die Maus ist der Dieb, sondern das Loch!«

Bis vor acht oder zehn Jahren war das noch nicht so. Da ließen wir unbesorgt die Fenster offen und die Türen des Franzosenhauses, in dem wir wohnten, unverschlossen. Kamera, Paß, Armbanduhr, Geld, Schmuck – alles konnte liegenbleiben, nichts kam abhanden. Aber heute ist das vorbei, die Langfinger und Einbrecher gehören auch hier zu den Begleiterscheinungen des Wohlstands — und werden immer dreister.

Meinem spanischen Freund und Kollegen Guy ist folgendes passiert: Er hat in der Wohnhalle seines wundervollen Hauses an der Schreibmaschine gesessen und – mit dem Rücken zur Eingangstür – irgendwas getippt. Seine Frau war ins Dorf zum Einkaufen gefahren.

Nein, nicht mit dem Auto, auch nicht mit dem Fahrrad, sondern mit dem zweirädrigen Eselskarren, vor den sie *Dunja*, ihre bunte Eselin, gespannt hatte.

Guys stets malerisch-elegant gekleidete Frau, eine Porzellanschönheit von mehr als sechzig Jahren mit einer Schneiderpuppen-Figur, gehörte samt ihrem Eselskarren

und der bunten Eselin – die sie zweimal in der Woche mit Shampoo wusch – zu den liebenswerten Kuriositäten der Gegend.
Kurzum: Hinter meinem Freund klappte eine Tür. Guy rief, ohne sich umzudrehen: »Bist du's, Hildegard?«, und tippte, als keine Antwort kam, in der Annahme weiter, seine Frau sei mit ihrem Einkaufskorb in die Küche gegangen.
Eine halbe Stunde später klappte die Tür wieder, und Hildegard rief: »Ich bin zurück!«
Das kam ihm seltsam vor; er stand auf, fragte nach, schöpfte Verdacht, begann, sich umzusehen, und stellte zusammen mit der entsetzten Gattin fest, daß im Schlafzimmer die Stutzuhr, eine Silberschale und Hildegards Schmuckkassette verschwunden waren.
Ihr gesamter Besitz an Preziosen – weg! Und sie hatte wirklich herrliche Ketten, Armreifen, Broschen und Ringe. Geschmeide aus Gold und Silber, edelsteinbesetzt, zum Teil Handarbeit aus Indien, Mexiko und sonstwoher, denn die beiden sind weitgereiste Weltenbummler.
Hildegard war außer sich.
»Seht mich an!« rief sie, als wir sie am Abend trafen. »Seht nur, ich habe nichts mehr – absolut nichts! Ich bin nackt und bloß – alles ist weg!«
Der Dieb war am hellichten Tag ins Haus und ohne Scheu hinter dem schreibenden Hausherrn ins Schlafzimmer gegangen und hatte sich seelenruhig bedient.
So dreist, meinte Guy, könne nur ein Profi sein, also käme nur einer vom Festland als Täter in Frage – denn erstens gäbe es unter den Mallorquinern keine Diebe und zweitens so dreiste sowieso nicht. Zwei Tage drauf stellte sich heraus, daß Guy recht hatte: Der Dieb war kein Mallorquiner,

sondern einer aus Barcelona, und er war nicht nur dreist, sondern – zum Glück – auch dumm.
Er hatte nämlich einige der Schmuckstücke zum Schätzen zu einem Juwelier in Felanitx gebracht, ausgerechnet zu dem, der eine der Broschen – eine besonders kostbare – kurz zuvor repariert hatte.
Der Juwelier hielt den Dummkopf auf, rief die Polizei – und die fand im Quartier des Ganoven Hildegards Schmuckstücke bis auf einen Ring wieder.
Die beiden, Hildegard und Guy, sind nicht nur gute Freunde für uns, sondern auch höchst bemerkenswerte Nachbarn und Mitbewohner Mallorcas.
Das heißt, seit drei Jahren sind wir nur noch zeitweise zusammen auf der Insel, denn Guy hat sein Traumhaus verkauft, weil es ihm zu groß und zu kostspielig wurde. Die Löhne für Gärtner und Köchin sind mehr als hundertmal höher als vor dreißig Jahren.
Damals erhielt eine *Criada*, eine Haushaltshilfe, vier oder fünf Peseten pro Stunde, heute ist unter sechshundert keine zu kriegen.
Unsere Freunde haben also schweren Herzens Haus und Riesengrundstück verkauft und sind in eine Wohnung im nächsten größeren Ort umgezogen.
Da kann Hildegard leider nicht mehr mit ihrer frisch-schamponierten Dunja vor dem Eselskarren zum Einkaufen fahren, aber das vermissen wir mehr als sie.
Außerdem haben sich die beiden eine Wohnung in Rom eingerichtet, ja, in Rom. Die Deutsche und der Spanier in Italien … und ich gebe zu, daß ich das nicht ohne Neid bewundere.
Hildegard und Guy sprechen perfekt und ohne Akzent fünf

Sprachen. Wir waren mal zu einer Party auf der Terrasse des Hauses am Meer eingeladen. Da waren Spanier, Franzosen, Italiener, Engländer und Deutsche aller Schattierungen zu Gast. Und unsere Freunde sind mit uns Neuen von Gruppe zu Gruppe gegangen, um uns vorzustellen, und sie haben – quasi im Gehen – die Sprache gewechselt. Das war überwältigend! Hildegard spricht übrigens auch noch Russisch. Doch Russen gab's auf der Party nicht ...

Apropos die oben erwähnte Ehrlichkeit: In diesem Zusammenhang möchte ich von Guillermo berichten, von dem anfangs schon mal die Rede war.

Guillermo, der in Wirklichkeit anders heißt, aber großen Wert auf Verschlüsselung seines Namens legt, weil er ja eine »kriminelle« Vergangenheit hat – Guillermo also ist in den ersten zwölf oder fünfzehn Jahren nach dem Krieg Schmuggler gewesen.

Damals war Schmuggel ebenso verboten wie heute, aber es galt als Kavaliersdelikt. Erfolgreiche Schmuggler genossen die Hochachtung, wie sie bei uns zulande – zum Beispiel im Bayerischen – wagemutige Wilderer genossen, die den Großgrundbesitzern oder dem Staat die Rehböcke wegschossen. Es kam hinzu, daß die mallorquinischen Schmuggler eine verschworene Gemeinschaft waren, die mit der illegalen Einfuhr von Luxusartikeln wie Nylonstrümpfen zwar den Fiskus schädigten, der die begehrten Sachen durch immense Zölle für die Leute unerschwinglich machte, die daneben jedoch auch für preiswerten Kaffee, Zucker, Tabak und für Medikamente sorgten, die »regulär« zu teuer oder gar nicht zu kriegen waren.

Guillermo, heute Anfang Siebzig, ein schwerer, behäbig gewordener Mann mit listig-lustigen Augen, soll, so sagen die Eingeweihten, jahrelang eine Art *rey de contrabandistas*, König der Schmuggler, gewesen sein.

Es soll irgendwo in der Nähe sogar eine Schule gegeben haben, in der die Schmugglergilde ihren Nachwuchs ausgebildet hatte, und Guillermo soll diese Schule gegründet und geleitet haben, wird erzählt.

Ich kann mir das schon vorstellen, denn die jungen Leute, die übers Meer fuhren, mußten ja einiges von Navigation und so weiter wissen.

Zusammen mit meinem spanischen Freund Guy, einem alten Journalisten der Welt-Spitzenklasse, der heute aber nur noch wenig arbeitet, zusammen mit Guy also habe ich viele Nachmittage den guten alten Guillermo ausgehorcht. Es war ein Segen, daß Guy dabei war, denn immer, wenn der Alte ins Erinnerungsschwärmen geriet, sprach er Mallorquin, jene einheimische Sprache, und das hätte ich ohne Guys Hilfe, wie gesagt, nicht verstanden.

Dann würde ich nie von den Abenteuern erfahren haben, die Guillermo auf seinen Schmuggelfahrten zwischen Tanger, Afrika und Mallorca erlebt hatte.

Von all seinen Berichten über rasante Verfolgungsjagden auf dem Meer, über Fluchten, Verstecke, Ängste und Aufregungen ist mir eine kleine Schilderung besonders im Gedächtnis geblieben, die ich so witzig finde, daß sie wiedergegeben werden soll, weil sie auch zeigt, wie gut die »Zusammenarbeit« der Inselbevölkerung mit ihren Schmugglern war: Die größeren und schnelleren Boote, die aus Tanger, Gibraltar, Tunis die Ware brachten, wurden nachts an bestimmten Stellen erwartet.

Sie fuhren, sobald sie in die Nähe der Küste kamen, ohne Beleuchtung und mit gedrosselten Motoren so leise wie möglich bis auf eine oder anderthalb Seemeilen heran und signalisierten mit ganz kurzen Lichtzeichen den Kumpanen ihre Ankunft, veränderten dann sofort die Position, um an anderer, vorher ausgemachter Stelle zu ankern. Die Polizei-Wachsamkeit mußte ja ausgetrickst werden.

Die wartenden Kumpane saßen meist in kleinen Ruderbooten, fuhren los, sobald sie die Zeichen gesehen hatten, luden draußen auf See die Kisten, Kästen, Kartons und Säcke um und brachten sie in die Höhlen an der felsigen Küste, die nur vom Wasser aus zu sehen und meist auch nur von da aus zugänglich sind.

Es gibt sehr viele solcher Höhlen – besonders an der südöstlichen Kante Mallorcas.

Auch neben unserem Haus sind mehrere, zum Teil tiefe mit bizarren Formen, die das Meer im Laufe von Jahrhunderten ins Gestein gespült hat.

Dort also, in höher gelegenen, trockenen Nischen, verstauten die Schmuggler ihre heiße Ware. Denn es war oft zu viel, als daß sie es in derselben Nacht noch hätten weitertransportieren und vor den Sicherheitskräften in Sicherheit bringen können, die, vor allem in den mondlosen Nächten, oben im Pinienwald auf der Lauer lagen, wenn mit Aktionen der *contrabandistas* zu rechnen war.

Sooft ich heute mal ein Stück in eine der Höhlen neben unserem Haus hineinschwimme – nicht allzuweit hinein, denn ein bißchen unheimlich ist das sehr tiefe, schwarze Wasser darin doch, und ich bin kein so guter Schwimmer, um vor irgendeinem Ungeheuer fix ausreißen zu können –, wenn ich also da hineinschwimme und mir die trockenen Felsvorsprünge, Nischen und Erker ansehe, dann male ich mir aus, was da wohl gelegentlich für Schätze gelagert worden sind: ein paar tausend Stangen Zigaretten, einige Zentner Kaffee, mehrere hundert Kartons Whisky oder Cognac ... mitunter ein Vermögen an Schleichhandelsware, oft tagelang versteckt und ohne Aufsicht ...

Der Abtransport aus den Höhlen über die Felsen in die Fahrzeuge ist sicher Knochenarbeit und der gefährlichste Teil des Unternehmens gewesen. Das gewiefte Schlitzohr Guillermo hatte allerdings verstanden, Erleichterung zu schaffen, indem er zum Beispiel einem dänischen Bungalowbesitzer, der an der Steilküste, über mehreren Höhlen gelegen, ein Haus besaß, eingeredet hatte, er müsse aber unbedingt, um im Meer baden zu können, eine bequeme Treppe in den Felsen bauen. Als der arglose Däne, ein netter, vermögender Mann, sich hatte überzeugen lassen, half Guillermo ihm mit seinen Beziehungen, die zwanzig Meter hohe Treppe angelegt zu bekommen. Sie führt direkt an einer großen Höhle vorbei. Unten ist eine Plattform mit Badeleiter; wirklich alles sehr bequem – nicht zuletzt für die Schmuggler. Ich bin nicht sicher, ob unser dänischer Nachbar sich im klaren ist, welche Dienste seine Badetreppe getan hat, die nun schon seit fast zwei Dutzend Jahren hinunter zum Meer und hinauf in den Wald führt. Eine weitere Schwierigkeit und Gefahr für die illegalen Importeure war, daß die Guardia civil nach solchen Aktionsnächten anderntags die Reifenspuren der Fahrzeuge finden konnte, mit denen die Konterbande ins Inselinnere geschafft worden war. Aber da hatten sich – und nun kommt der so einfache und zugleich geniale Trick –, da hatten sich die Schmuggler die Hilfe des Schäfers gesichert: Nach jedem nächtlichen Transport trieb der Schäfer im Morgengrauen seine hundertköpfige, also vierhundertbeinige Herde über die Sandwege und Schotterstraßen oben an der Schmuggelküste – und danach gab es keine Autoreifenspuren mehr. Heute wäre das nicht mehr möglich, da viele Straßen inzwischen asphaltiert sind, aber heute ist sowieso alles anders.

Die Schmuggler wie Guillermo haben den Schleichhandel zur See aufgegeben. Guillermo sagt: »Es ist ein böses Geschäft geworden, seit Drogen im Spiel sind. Damit wird es kriminell – und wir waren ehrliche Schmuggler, Martin! Ja, klar, wir haben nicht nur aus Menschenliebe mit unserer Arbeit so teure Sachen für die Leute billiger gemacht, sondern wir haben auch ans Geldverdienen gedacht. Aber ich könnte noch so viel verdienen, Drogen würde ich nicht schmuggeln, das kannst du glauben!«

Ich glaube ihm gern, denn er ist ein gradliniger und aufrechter Mann, immer hilfsbereit und freundlich. Da er alle Welt und alle Welt ihn kennt, ist Guillermos Zuneigung von unschätzbarem Wert.

Wenn es zum Beispiel um irgendwelche amtlichen Fragen geht, schlurft er für uns zu den Behörden, wo er überall *amigos* sitzen hat, und regelt, was irgend zu regeln möglich ist.

Er liebt die Deutschen, weil er als ganz junger Bursche, mit sechzehn oder siebzehn Jahren, mal ein paar Monate irgendeinen Hilfsarbeiterjob beim Bodenpersonal der berühmtberüchtigten deutschen »Legion Condor« hatte und, ohne jede Ahnung von der bösen Funktion jener Fliegertruppe, sich dort sehr wohl gefühlt hat.

Danach also ist er erst Schmuggler geworden.

Daß er außer »Heil Hitler« nur das eine deutsche Wort »Schafe« kennt – warum ausgerechnet Schafe, ist völlig unerklärlich –, mindert unsere Sympathie für ihn und seine

Frau nicht, zumal er zu mir nur einmal »Heil Hitler« gesagt hat und inzwischen weiß, wo dieses Heil hingeführt hat.
Er trauert gewiß seinem einst abenteuerlichen Leben nach, glaube ich, denn wenn er uns besucht, wobei er immer irgendwas mitbringt: mal eine Netzmelone, mal Aprikosen von seiner Finca, dann sitzt er auf der Terrasse und schaut durch mein Fernglas stumm aufs Meer, hält Ausschau nach Segelbooten, Motoryachten oder Fischkuttern und macht ein sehnsüchtiges Gesicht …

Sicher gibt es überall auf der Welt bemerkenswerte, außergewöhnliche, kuriose Figuren – aber mir kommt es manchmal so vor, als häuften sie sich auf Mallorca.
Vielleicht fällt es mir hier besonders auf, weil ich mehr Muße habe, mich umzusehen, auch mehr Lust auf Entdeckungen, mehr Sinn für Menschen und Geschehnisse außerhalb der Norm.
Da ist zum Beispiel gleich nebenan, hundert Schritte den Schotterweg entlang, ein Haus, nein, ein Chalet, nein, noch richtiger: ein burgähnliches Wohngebäude mit dickem, rundem Turm und zwei Seitenflügeln. Das Ganze ist von einer meterhohen Mauer begrenzt; ein zweiflügeliges Tor, vor dem der Weg endet, erlaubt durch große, eingebaute alte Wagenräder einen Blick auf das Grundstück, das direkt über dem Meer auf dem felsigen Steilufer liegt und mehr als fünfzigtausend Quadratmeter groß ist.
Das Gebäude ist von einem Garten umgeben – was hierzulande so Garten genannt wird, Agaven, Oleanderbüsche, bizarre, wetterfeste Pflanzen aller Art – und geht über in einen Pinienwald, der sich bis zur nächsten kleinen Bucht erstreckt, einer Sandbucht mit türkisblauem Wasser.

Das Anwesen gehört einer englischen Witwe, die, so sagen die Leute, vier oder fünf immens reiche Männer überlebt – und beerbt hat.
Früher kam sie im Auto, einem mächtigen Reisewagen der Luxusklasse. Sie kam mit Chauffeur und spendete ein hoheitsvolles Winken und Lächeln, wenn sie uns sah.
In den letzten drei, vier Jahren ist sie immer seltener gekommen. Es heißt, sie fürchte sich allein in dem burgähnlichen Gemäuer.
Das kann ich gut verstehen, denn es ist zum Fürchten da drin. Im Sommer, bei fünfunddreißig Grad im Schatten, mag das ja noch angehen zwischen den dicken Mauern, in den hohen, düsteren Räumen, die noch dazu mit schwarzen, steifen Möbeln ausgestattet sind. Aber im Frühjahr, Herbst und Winter, wenn die Sonne nur von neun bis fünf Uhr scheint, muß es grauslich sein in der kalten Behausung, die für mich nach Mittelalter und Inquisition riecht, obschon sie erst vierzig Jahre alt ist. Das Innere des Besitzes hat mir Mathias, der Gärtner, mal gezeigt. Er hat mich, als ich durch das offenstehende Tor um den Turm herum zur Sandbucht spazierte, angesprochen und gefragt, ob ich nicht mal einen Blick hineinwerfen wolle in das Chalet der Donna C., wie er seine Brötchengeberin, die Lady, nennt. Als ich bejahte, hat er mich durch das ganze Haus geführt, stolz, als sei es sein eigenes, und hat mich in alle Gästezimmer, in die Wohnhalle mit dem großen Kamin gucken lassen und mir – die Wendeltreppe hoch – im Turm auch das runde Schlafgemach der alten Dame vorgeführt und dazu erklärt, daß der prachtvolle Baldachin an den gedrechselten Säulen über dem breiten Bett ein Bischofsgewand aus dem 18. Jahrhundert sei.

Ich habe meinen Zweifel für mich behalten und Mathias auch nicht gefragt, warum alte Witwen ausgerechnet unter einem Betthimmel schlafen müßten, der aus einem Bischofsmantel sei.

Mathias ist der Gärtner der Lady C.; es leuchtet ein, daß zu soviel englischem Ambiente – düsteres Schloß mit Turm am Meer, alte Witwe mit viel Geld –, daß dazu auch ein Gärtner gehört.

Aber Mathias ist zur Figur einer Agatha-Christie-Story nicht geeignet, weil er kleinwüchsig, knochig-knorpelig, immer vergnügt ist und so heftig nach Knoblauch riecht, wie es in Agatha Christies Krimis nicht vorkommt.

Wir sind im Laufe der Jahre beinahe so was wie Freunde geworden, Mathias und ich, tauschen unsere Erfahrungen mit den klapprigen Herzen aus, an denen wir beide leiden, und reden von unseren Hunden, vom Wetter und von den Gärten.

Er versteht sehr viel davon, er weiß, wann man hier am Meer in der steinigen Erde was und wie pflanzen, düngen, wässern, beschneiden muß, und schenkt mir mal diesen Ableger, mal jenen Samen.

Unsere gegenseitige Sympathie hat auch nicht darunter gelitten, daß Mathias schon ein paarmal – wie es sich eigentlich für so einen Waldschrat, so einen Faun gehört – weibliche Gäste unseres Häuschens ins unbewohnte Chalet der Lady gelockt und sie zu umarmen und zu küssen versucht hat, was bei einigen erschreckte Heiterkeit, bei einigen Entsetzen auslöste. Wir warnen jetzt unsere Besucherinnen, und Mathias wundert sich wahrscheinlich, daß keine, die er zur Besichtigung einlädt, das Innere des düsteren Schlosses mehr sehen will …

Im Oktober wird es zum Glück auch auf dem Wasser wieder ruhig, wo in den Sommermonaten das Motorengeknatter manchmal richtig lästig ist. Im benachbarten Yachthafen Porto Cari liegen Hunderte Segelschiffe, vom einfachen Boot bis zum luxuriösen Zweimaster. Daneben und dazwischen gibt es Motorboote, irre Rennboote der Superklasse, Hochseeyachten, richtige Schiffe mit Besatzung und allem erdenklichen Komfort.
Es sind sowohl bei den Segel- als auch unter den Motoryachten welche zu sehen, die schon bei der Anschaffung Millionen kosten. Millionen Mark oder gar Dollar, wohlverstanden, und ich frage mich – neidlos, wirklich völlig neidlos, weil ich mit dem Wassersport nichts am Hut habe –, ich frage mich, wer so was bezahlt und aus welchem Portemonnaie so ein Ding finanziert wird. Denn mit dem Kaufpreis ist es ja nicht getan. Ein Liegeplatz im Hafen bei Cala d'Or kostet mal eben zehntausend Piepen pro Jahr, von den Ersatzteilen und Überholungen der Kähne ganz zu schweigen. Aber es muß eben doch eine ganze Menge Menschen mit so viel Geld geben.
Der Freund einer guten Bekannten hier auf Mallorca arbeitet am Hafen Porto Cari als technischer Leiter einer englischen Werft, die besonders teure, berühmt luxuriöse Motorboote baut. Er hat mir verraten, daß sie seit 1985 alljährlich etwa fünfzehn bis zwanzig solcher Motoryachten verkaufen, keine unter einer Dreiviertelmillion, die Mehrzahl über eine Million, einige zwei Millionen Mark teuer oder noch mehr.
Als ich ihn verblüfft fragte, was das denn für Leute seien, die sich so was leisten könnten, erwiderte er: »Viele Deutsche, einige Engländer und wenige Franzosen, der Rest

Afrikaner, meist aus der Ölbranche. Manche bringen das Geld im Koffer mit und wollen weder Rechnung noch Quittung, weil es wohl schwarzes Geld ist – weiß der Kuckuck, woher!«

Ja – da kann unsereiner nur tief Luft holen und sich wundern, zumal wenn er gleichzeitig hört und liest, wie schlecht es um die Lage der Unternehmer – zum Beispiel in Deutschland – bestellt ist. Mich kratzt oder kränkt das nicht, da ich, wie gesagt, ohnehin kein Wassersportfreund bin – aber daß die Großkotze mit ihrem Motorengedröhn im Sommer unsere Idylle stören, die Kormorane und Möwen vertreiben und zu allem Überfluß ihren Wohlstandsmüll ins Meer kippen, das ist ziemlich schlimm.

Doch im Oktober – siehe oben – ist der Spuk vorbei, Gott sei Dank, dann zersägt auch keines der kleinen Wassermotorräder, die es neuerdings gibt, unsere Siesta mehr ... und das Meer gischtet wieder, und der Wind rauscht in den Pinien – und wenn mal ein Ruf zu hören ist, dann ist es ein Fischer, der draußen einem anderen Fischer was zuruft.

Denn die Fischer sind nun auch wieder da, weil keine Gefahr mehr besteht, von so einem Raser gerammt zu werden, und weil es nun auch wieder Fische gibt, die in den Sommermonaten die Lärm-Gewässer fliehen.

Bei den Rufen der Fischer fällt mir etwas ein, das ich fast schon vergessen hatte: Ganz am Anfang unserer – damals sporadischen – Besuche auf Mallorca, als das Meer auch in den Sommermonaten, jedenfalls in unserer Ecke der Insel, noch still war, schipperten die Fischer manchmal nahe an der Felsenkante entlang, auf der wir in der Sonne lagen.

Da kam es vor, daß einer rief und uns von Bord seines Kahnes aus Fische anbot. Und wir sind ins Wasser gesprun-

gen, eine Plastiktüte mit ein paar Münzen – zweihundert oder dreihundert Pesetas – zwischen den Zähnen, und zu dem Fischerboot geschwommen, wo der jeweilige Juan oder José oder Carlos das Geld aus dem Beutel nahm und mit frisch gefangenen *Rape* (Seeteufel) oder *Merluza* (Seehecht) füllte.
Geschmeckt haben die Fische natürlich wundervoll, wenn es nur für uns sensible Großstädter nicht so entsetzlich gewesen wäre, die noch schnappenden Tiere zu töten und auszunehmen, was immer dann sein mußte, wenn unsere *Criada*, die mallorquinische Hilfe, nicht da war, die das ohne Wimperzucken konnte.

Sobald der Oktober zu Ende geht, wird es Zeit, sich um Feuerung für den Winter zu kümmern. Der »Winter« – auf spanisch *invierno* –, der *invierno* auf Mallorca also hat mit dem Winter in Deutschland wenig Ähnlichkeit.
Ja, es wird – zum Glück – ein bißchen kühler, es gibt Regentage, richtiger Regen*stunden*, denn tagelanger Regen ist sehr selten, und die Nächte können sogar kalt sein. Kalt, das heißt, das Thermometer kann auf 2-4 Grad über Null fallen. Ein neuer Geruch stellt sich ein: Es riecht oft nach Holzfeuerrauch. Die Mallorquiner sind sparsam mit Holz. Sie sammeln Reisig und machen nur Feuer, wenn es unumgänglich ist.
Frost haben wir in den sechs, sieben Wintern, die wir bisher auf der Insel geblieben sind, vielleicht ein halbes dutzendmal für wenige Stunden erlebt, und Schnee überhaupt nur zweimal, zwei Zentimeter hoch und nicht länger als drei Stunden nach Sonnenaufgang. Doch es ist ratsam, schon Ende Oktober für das Holz zu sorgen, das wir in dem

schönen gußeisernen Ofen mit den Marienglasscheiben an den Abenden verheizen.
Am besten ist Mandel- oder Olivenholz, das ofenfertig geschnitten »frei Haus« bestellt werden kann und geliefert wird. Der Lieferant ist Miguel, mit dem Beinamen *Con motor* oder *Llenya,* das heißt Holz, denn es gibt mehrere Miguels in der Umgebung, jenen *Con camion* – der mit dem Lastwagen, der uns die Steinplatten brachte und dafür einen *besamo* von der Señora wollte – und einen Miguel, der Autos repariert.
Miguel, der Holzlieferant, hat eine dicke, sehr resolute, sehr laute und immer lachende Frau und ich weiß nicht wie viele, aber bestimmt fünf oder sechs Kinder.
Die Familie lebt von dem mächtigen, alten Fahrzeug, das Schaufelbagger, Schlepper, Planierraupe, Traktor in einem ist und mit dem Miguel durch die Gegend rattert und dröhnt, mal um schwere Steine aus der Erde zu hebeln, mal um einen Baum zu fällen, mal um eine Schaufel Kies oder Erde irgendwohin zu schaffen oder um Gelände zu planieren.
Immer ist Miguels kleiner, quirliger Hund dabei und oft eins seiner Kinder, meist barfuß, braungebrannt, sommersprossig und wild auf Bonbons und Limonade.
Das Holz, das Miguel im Sommer zusammengetragen, geschlagen und zurechtgesägt hatte, wird von Bernardo gebracht, einem anderen Mann aus dem Dorf, der einen Lastwagen besitzt. Denn mit Miguels »Motor« sind höchstens zehn Zentner zu transportieren, niemals aber die achtzig, die wir brauchen und bestellen.
Das ist jedesmal eine große Aktion.
Immer wieder wiegt Miguel bedenklich den Kopf, erklärt,

daß es gerade jetzt sehr schwierig sei, daß sein Holz noch nicht gesägt, daß der Transport nicht möglich sei, weil Bernardos *camion* kaputt sei oder woanders gebraucht werde ... und so weiter, und so weiter.

»Aber ich mach' das für Sie irgendwie möglich, Señor Martin, für meine Freunde mach' ich ja alles, *claro!* Also, *mañana* – morgen –, spätestens *pasado mañana* – übermorgen!«

Das ist eine mallorquinische Masche, auf die man sich einstellen und mit der man leben muß: Sie erklären fast alle – Marguerita, Pablo, Guillermo, Miguel, Bernardo oder wer auch immer –, daß es schwierig, ja fast unmöglich sei, zu erfüllen, zu besorgen, zu regeln, was man wünscht, braucht, geregelt haben möchte.

Sie wiegen fast alle und fast immer bedenklich die Köpfe, runzeln die Brauen und machen ernste Gesichter, um dann zu erklären, ja, daß sie das aber trotz aller Schwierigkeiten machen würden – ja, für uns, für Freunde, täten sie eben alles!

Also kommen Bernardo und Miguel am übernächsten Tag, kippen uns mit viel »Hoo!« und »Hee!« – das im Spanischen genauso klingt wie im Deutschen – den Berg Holzscheite so vor den Eingang, daß keiner mehr rein oder raus kann.

Dann fangen sie – nach einem Bier und der entsprechend hilfsbedürftig vorgetragenen Bitte – auch noch an, so viele Scheite beiseite zu räumen und mit der Schubkarre hinters Haus zu fahren, daß wenigstens ein Gang frei wird.

Und wir sind nun überschwenglich dankbar, wie es sich gehört und wie es erwartet wird, und wir legen noch ein paar hundert Peseten zu »für Blumen oder Schokolade für eure Frauen ...!« – und alle sind zufrieden: Miguel und Bernardo darüber, daß ich ihnen gesagt habe, wir wären ohne ihre

Hilfe ja aufgeschmissen gewesen, und wir über den mächtigen Holzstapel, mit dem wir den Winter überstehen werden.

Um zu vermeiden, daß durch meinen obigen Bericht jemand den Eindruck gewinnen könnte, die erwähnte »mallorquinische Masche« sei aus Berechnung geboren, die Insulaner machten oder erfänden nur Schwierigkeiten, um höhere Bezahlung zu erreichen, will ich jetzt und hier sofort richtigstellen: Das ist nicht so!

Es hat mit Wichtigtuerei zu tun, mit: sich selbst und anderen beweisen wollen, wie tüchtig und unentbehrlich man ist – und so weiter.

Aber mit Geldgier, Bluff oder Nepp hat es nichts zu tun.

Wenn sie sagen »... für einen Freund tue ich alles!«, darf man schon glauben, daß sie einen als Freund betrachten, denn so freigebig sind sie mit dem Titel sonst nicht.

Es gibt ein paar *Extranjeros* – Deutsche, Dänen, Franzosen und vor allem die reserviert lebenden Engländer –, die auf ihr Holz so lange warten müssen, wie es Miguel und Bernardo gefällt. Die würden auch nie zur *matanca* eingeladen.

Wir sind stolz, schon oft dazu eingeladen worden zu sein.

Die *matanca*, das Schlachtfest, wird in den Dörfern alljährlich von November bis in den Januar in vielen Familien gefeiert.

Manche haben ihr Schwein selbst gemästet, andere haben es kurz vor dem Schlachtfest gekauft und ihm in einem Verschlag oder Stall hinterm Haus noch ein paar letzte Kilo angefüttert.

Ich habe nicht erfragen können, ob es überall Sitte ist, daß der örtliche Priester am frühen Morgen des Schlachttages kommt, um das Tier zu segnen, ehe es abgemurkst wird – ich weiß nur, daß es bei der Familie unserer *Criada* so ist.

Eigentlich ist das ungewöhnlich, denke ich, denn bei dem geringen Stellenwert, den Tiere – auch nützliche – in der gutkatholischen Ordnung haben, ist es doch ein Sakrileg, so was Seelenloses wie ein Schwein zu segnen. Vielleicht wird ja die Mahlzeit, der potentielle Schweinebraten, die zukünftige Wurst gesegnet.

Zum Festessen, ob mit kirchlichem Segen oder nicht, sind wir jedenfalls schon mehrmals eingeladen worden. Immer waren wir die einzigen *Extranjeros.*

Das hat uns zwar geschmeichelt, aber jedesmal wieder heftig angestrengt, denn wenn die Mallorquiner unter sich sind und der Wein ihre Zungen lockert, dann reden sie quer über die lange Tafel laut und lärmend in ihrer Sprache miteinander, so daß wir nur noch nach links und rechts lächeln und nicken und bestenfalls mal mit erhobenem Glas *salud!* sagen können – ohne auch nur im mindesten mitzukriegen, worüber gesprochen und gelacht wird.

Doch das Essen ist vorzüglich, sehr fett, stark gewürzt und wird in riesigen Mengen aufgetischt. Zu den Suppen und Fleischgerichten gibt es große, frische Rettiche in längs geschnittenen Streifen.

Das geht von der dicken Reissuppe *(arroz brut)* zu Beginn über Fleischklößchen, Innereien *(frito),* Schmalzgebäck und Kuchen bis zu Obst und Käse, gerösteten Mandeln und Granatäpfeln.

Dazu Wein und Kaffee und Likör – kein Wunder, daß

binnen zwei Stunden der Fröhlichkeits- und damit zugleich der Geräuschpegel in besorgniserregende Höhen steigt. Aber das ist kein Grund zur Besorgnis. Ich habe die Mallorquiner nie aggressiv erlebt, auch dann nicht, wenn sie einen in der Krone hatten.

Bewundernswert bei solchen Festen sind immer wieder die Frauen. Mit welcher Gelassenheit und Umsicht sie auch unter primitivsten Bedingungen für ihre drei bis vier Dutzend oder noch mehr Gäste kochen, braten, servieren, nebenbei die Kinder im Griff behalten und auch noch aufpassen, daß ihre Männer nicht blau unter den Tisch rutschen, das ist erstaunlich! Die Matancas, die wir mitgemacht haben, fanden in leergeräumten Garagen oder Scheunen, großen Fluren oder ineinander übergehenden Wohnräumen statt. Meist herrschte drangvolle Enge, und trotzdem wurden auf einfachen, großen Gaskochern in einer Ecke die Suppe und das Fleisch gegart, der Kaffee gekocht, das Wasser zum Geschirrspülen heiß gemacht … und so weiter. Die Frauen der Verwandtschaft, die Nachbarinnen und Freundinnen halfen, ohne daß groß organisiert oder angeordnet werden mußte, wer was zu tun hatte. Das lief wie geschmiert. Jedesmal sind wir satt für drei Tage, halbtaub vom Lärm, erschöpft, aber vergnügt heimgefahren, nicht ohne zum Abschied noch ein Paket frischer *sobrassada*, der paprikaroten, würzigen Wurst, *butifarron*, der schwarzen Blutbratwurst, und eine Tüte Gebäck eingepackt bekommen zu haben.

Ingrid Brase Schloe
Oktober

Mandeln in Mänteln
an blattlosem Baum,
Herbst auf Mallorca.

Vergebliches Peitschen
auf granitenen Saum,
Herbstmeer Mallorcas.

Dösende Menschen,
satt, friedlich und braun,
Herbststrand Mallorcas.

Weinseligkeiten
und Ewigkeitstraum
bleiben Mallorca.

Grün sprießende Gräser,
Küken im Flaum,
Mallorcas Oktober.

George Sand
Winteranfang

Wir waren seit drei Wochen in Establiments, als die Regenperiode einsetzte. Bis dahin hatten wir herrliches Wetter gehabt; die Zitronenbäume und Myrten blühten noch, und an einem der ersten Dezembertage blieb ich bis fünf Uhr morgens im Freien auf der Terrasse und fühlte mich wohlig warm. Gerade mir kann man das glauben, denn ich kenne niemand auf der Welt, der so leicht fröstelt; nicht einmal die Begeisterung für erlesene Naturschönheiten kann mich gegen die leichteste Kühle unempfindlich machen.
Übrigens war meine Nachtwache trotz der berückenden Mondlandschaft und des Blumenduftes nicht sehr aufregend. Ich saß da, nicht etwa wie ein Dichter auf der Suche nach Inspiration, sondern als ein müßiger Mensch, der ganz einfach hört und sieht. Ich erinnere mich, daß ich vollauf beschäftigt war, die Geräusche der Nacht zu registrieren und zu deuten.
Unbestreitbar hat jede Landschaft ihre Wohl- und Klagelaute, ihre Rufe und ihr geheimnisvolles Raunen, und diese sinnliche Sprache der Umwelt gehört zu den Merkmalen, die dem Reisenden auffallen. Das mysteriöse Plätschern des Kanalwassers an den kühlen Marmormauern, der schwere und gemessene Schritt der Sbirren auf der Uferstraße, der scharfe und fast kindliche Schrei der Ratten, die sich balgen und jagen, alle diese heimlichen und merkwürdigen Geräusche, welche die düstere Stille der venezianischen Nacht

kaum stören, gleichen in nichts dem monotonen Rauschen des Meeres. dem *quién vive?* der Streife und dem melancholischen Singsang der *serenos*, wie die Nachtwächter in Barcelona heißen. Die Klangfarbe des Lago Maggiore ist anders als die des Genfer Sees. Das ständige Knacken der Tannenzapfen in den Schweizer Wäldern hat auch keinerlei Ähnlichkeit mit dem Knacken, das man auf den Gletschern hört. Auf Mallorca ist die Stille tiefer als anderswo; unterbrochen wird sie nur zuweilen, wenn Esel und Maultier auf nächtlicher Weide ihre Glocken schütteln, die heller und melodischer klingen als die der Schweizer Kühe. Der Bolero ist in den dunkelsten Nächten an den verlassensten Orten zu hören. Es gibt keinen Bauern ohne Gitarre; sie begleitet ihn jederzeit. Von meiner Terrasse aus vernahm ich auch das Meer, aber so fern und schwach, daß mir die seltsam ergreifenden Verse der Dschinn wieder einfielen:

On doute
La nuit ...
J'écoute:–
Tout fuit.
Tout passe;
L'espace
Efface
Le bruit.

Im nächsten Gehöft schrie ein kleines Kind; ich hörte auch seine Mutter, die es wieder in den Schlaf sang mit einem hübschen, sehr monotonen, sehr traurigen, sehr arabischen Volkslied. Aber andere, weniger poetische Stimmen erinnerten mich bald an die groteske Kehrseite Mallorcas.

Die Schweine wachten auf und machten einen unbeschreiblichen Lärm. Der Bauer und Familienvater wurde von der Stimme seiner geliebten Säue geweckt wie die Mutter vom Weinen ihres Kindes. Ich hörte ihn ans Fenster kommen und die Stallinsassen in strengem Tone ausschimpfen. Die Schweine verstanden ihn sehr wohl, denn sie wurden still. Anscheinend als Schlafmittel begann der Bauer, seinen Rosenkranz herzubeten; seine dröselige Stimme hob und senkte sich wie das ferne Murmeln der Wellen, je nachdem, wie seine Schläfrigkeit zu- oder abnahm. Von Zeit zu Zeit entfuhr den Schweinen noch ein wilder Aufschrei; der Bauer wurde daraufhin lauter, ohne sein Gebet zu unterbrechen, und die lieben Tierchen, beruhigt durch ein *Ora pro nobis* oder *Ave Maria* in einem bestimmten Tonfall, schwiegen sogleich. Das Baby lauschte sicher mit offenen Augen in jener Art von Betäubung, wie sie durch unerklärliche Geräusche auf des Wiegenkindes erwachende Sinne ausgeübt wird, die ja erst nach langen, rätselhaften Vorgängen im Innern die Schwelle des Bewußtseins überschreiten.
Auf diese heiteren Nächte folgte unvermittelt die Sintflut. Nachdem eines Nachts der Wind unseren Schlaf mit seinem langgezogenen Stöhnen begleitet hatte, während der Regen an unsere Fensterscheiben trommelte, weckte uns am Morgen das Tosen des Baches, der sich seinen Weg durch das steinige Bett bahnte. Am nächsten Tag tobte er lauter und am übernächsten rollte er die Steine, die ihm im Weg waren. Alle Bäume waren ihrer Blüten beraubt, und das Regenwasser rann durch die undichten Zimmer.
Es ist unverständlich, wie wenig sich die Mallorquiner gegen die Landplagen Sturm und Regen wappnen. Aus Einbildung oder auch aus Angabe leugnen sie diese gelegentli-

chen, aber heftigen Unfreundlichkeiten ihres Wetters glatt ab. Bis zum Ende der beiden Monate strömenden Regens, die wir durchstehen mußten, beharrten sie darauf, daß es in Mallorca niemals regnet. Hätten wir die Berggipfel und die Windrichtungen besser beobachtet, wären wir uns rechtzeitig der unvermeidlichen Widrigkeiten bewußt geworden, die uns bevorstanden.

Aber noch eine weitere Enttäuschung erwartete uns; ihre Ursache habe ich schon vorweggenommen, als ich meinen Bericht mit der Rückfahrt begann. Einer von uns wurde krank; zart von Natur, bekam er eine starke Kehlkopfentzündung und spürte bald die Wirkungen der Feuchtigkeit. Das »Haus des Windes« wurde unbewohnbar; die Mauern waren so dünn, daß sich der Kalk, mit dem die Zimmerwände verputzt waren, vollsaugte wie ein Schwamm. Ich habe nie so sehr unter Kälte gelitten, obwohl es so kalt eigentlich nicht war, aber für uns, die wir an Heizung im Winter gewöhnt sind, war dieses Haus ohne Kamin wie ein eisiger Mantel; ich fühlte mich wie gelähmt. Zudem konnten wir uns nicht an den erstickenden Geruch der *braseros*, dieser höllischen Holzkohlebecken, gewöhnen; unser Patient hatte zu leiden und fing an zu husten.

Von dem Augenblick an wurden wir zu Schreckgespenstern für die Leute von Establiments. Man bezichtigte und überführte uns des Delikts der Lungenschwindsucht, die nach der vorgefaßten Meinung der spanischen Medizin so ansteckend und mörderisch ist wie die Pest. Ein reicher Arzt, der sich für das bescheidene Honorar von 45 Franken zu einer Visite herbeiließ, meinte, es sei nichts Ernstliches, und verordnete auch nichts. Wir nannten ihn Dr. Eibisch wegen des einzigen Rezepts in seinem Repertoire.

Ein anderer Arzt kam uns freundlicherweise zu Hilfe, aber die Apotheke von Palma war derart ausgepowert, daß wir uns nur den letzten Dreck an Medikamenten beschaffen konnten. Im übrigen sollte sich die Krankheit durch Umstände verschlimmern, gegen die weder Wissenschaft noch Pflege etwas ausrichten konnten.

Als wir eines Morgens ernstlich besorgt waren wegen des unablässigen Regens und des dadurch mittelbar oder unmittelbar verursachten Ungemachs, erreichte uns ein Brief des Grobians Gomez; er erklärte uns, wir »beherbergten« eine Person, die eine Krankheit »beherberge« und damit Ansteckungskeime in sein Haus trage. Da dies Leben und Gesundheit von Mitgliedern seiner Familie gefährde, ersuche er uns, seinen Palast möglichst rasch zu räumen.

Eigentlich war es uns ganz recht, denn wir konnten dort nicht länger ohne das Risiko bleiben, im Zimmer zu ertrinken; andererseits durfte man bei dem Zustand des Kranken den Transport nicht wagen, schon wegen der mallorquinischen Verkehrsmittel, aber auch des Wetters wegen. Eine andere schwierige Frage war, wohin? Das Gerücht von unserer Schwindsucht hatte sich wie ein Lauffeuer verbreitet, und wir brauchten nicht mehr zu hoffen, irgendwo unterzukommen, nicht für Gold und nicht für eine einzige Nacht. Es war uns völlig klar, daß sich gefällige Leute mit einem Angebot der Aufnahme selbst der Verfemung ausgesetzt hätten, denn durch die Berührung mit uns wären sie vom gleichen Bann getroffen worden, der schon auf uns lag. Hätte der französische Konsul nicht Wunder vollbracht, um uns gastfreundlich unter seinem Dach zu empfangen, wären wir wie richtige Zigeuner gezwungen gewesen, in einer Höhle Unterschlupf zu suchen.

Ein zweites Wunder geschah und bescherte uns ein Winterasyl. In der Kartause von Valldemosa lebte ein spanischer Emigrant, der sich dort aus mir unbekannten Gründen verborgen gehalten hatte. Bei einem Besuch der Kartause hatten es uns seine vornehme Art und die melancholische Schönheit seiner Frau angetan; auch gefielen uns die rustikalen und doch bequemen Möbel ihrer Zelle. Die poetische Stimmung dieser Kartause hatte mich betört. Es ergab sich, daß das mysteriöse Paar die Insel eilig verlassen wollte; daher waren die beiden ebenso froh, uns Zelle samt Mobiliar abzutreten, wie wir am Erwerb. Für den bescheidenen Betrag von tausend Franken kamen wir also in den Besitz eines kompletten Haushalts. In Frankreich hätte es uns die Hälfte gekostet, so rar, teuer und schwer aufzutreiben sind in Mallorca die notwendigsten Gegenstände des täglichen Bedarfs.

Josef Haslinger
Ende auf Mallorca

Die paar Zeilen von Feilböcks Zettel hatte ich mir gemerkt. Aber es schien mir höchst unwahrscheinlich, ihn wirklich auf Mallorca vorzufinden. Die Wegbeschreibung war mindestens eineinhalb Jahre alt. Ich hielt sie für einen Hinweis auf ein früheres Treffen mit spanischen oder französischen Rechtsradikalen. Dennoch wollte ich es nicht unversucht lassen. Je näher ich meinem Ziel kam, desto nervöser wurde ich. In Santany beging ich, wie mir bald darauf bewußt werden sollte, einen schweren Fehler. Ich hatte nicht gleich ein Hotel gefunden. Anstatt mich am Gemeindeamt oder in einer Bar nach einer Unterkunft zu erkundigen, folgte ich den Straßenschildern Richtung Felanitx. Meine Umhängetasche war leicht. Sie enthielt nur ein Handtuch, eine, Badehose, Unterwäsche, den Recorder, acht Kassetten und einen kleinen Fotoapparat. Ich hatte aber nicht bedacht, daß mich, wenn ich mich nicht vorher irgendwo einquartierte, niemand vermissen würde.

Die Straße wurde enger. Sie war an beiden Seiten von Steinmauern eingefaßt. Dahinter blühten unzählige Mandelbäume. In manchen dieser eingemauerten Gärten liefen Schweine frei. Sie fraßen die Borke der Mandelbäume ab. Weit und breit zeigte sich kein Mensch. Es war früher Nachmittag. Das Wetter war viel wärmer als in Wien. Selten fuhren Autos vorbei. Die Fahrer konnten mich nicht gleich selten. Die Straße wechselte ein paarmal in scharfen Kurven die Richtung. Und ich konnte wegen der bis an den Straßenrand herangebauten Mauern auch nicht recht ausweichen. Als ich etwa eine halbe Stunde gegangen war, sah ich linker Hand eine Palme stehen, vor der ein Weg abzweigte. Ich schaute mich um und ging den steinigen Feldweg hinein. Auch er wurde von Mauern begrenzt, außerhalb derer aber noch Sträucher standen. An manchen Stellen war der Weg fast zugewachsen. Ein Auto war hier in letzter Zeit sicher nicht gefahren. Ich fand aber auch sonst keine Spuren. Je weiter ich ging, desto unheimlicher wurde mir die Gegend. Immer wieder blieb ich stehen, schaute mich um und horchte. In der Ferne blökten Schafe. Die vielen Mandelbäume erlaubten es mir nicht, weit vorauszublicken. Ich ging nur ganz langsam.

Fast eine Stunde lang schlich ich voran, da sah ich einen Baumstamm quer über den Weg liegen. Ich stieg darüber und ging weiter. Der Weg machte eine Rechtskurve. Ich schaute vorsichtig um die Ecke der Steinmauer. Da waren gleich zwei Häuser. Eine kleine Hütte und zwanzig Meter weiter ein größerer Steinbau mit Flachdach. In der Wiese standen helle Säulen und Stümpfe. Als mein Herzschlag sich wieder einigermaßen beruhigt hatte, beobachtete ich die Häuser. Es gab nicht das geringste Anzeichen, daß hier zur Zeit jemand wohnte. Die Fensterläden waren geschlossen.

Ich nahm allen Mut zusammen und ging auf das größere Haus zu. Die Säulen, an denen ich vorbeikam, waren aufgestellte Bohrkerne. Vor dem Haus gab es eine Terrasse. Ich ging die paar Stufen hinauf und blickte mich noch einmal um. Dann klopfte ich an die hölzerne Tür. Es rührte sich nichts.

»Ist hier jemand?«
Keine Antwort. Ich kratzte meine bescheidenen Spanischkenntnisse zusammen.
»Permiso? Hay alguien?«
Ich ging einmal um das Haus herum. Alle Fensterläden waren geschlossen. Kein Hinweis, daß hier irgend jemand wohnte. Ich klopfte noch einmal und sagte mit lauter Stimme: »Permiso.« Dann drückte ich die Klinke. Die Tür war nicht abgeschlossen. Ich stieß sie nach innen, blieb aber auf der Terrasse stehen. Vor mir lag ein großer, hoher Raum. Direkt gegenüber war ein Fenster. Rechts davon führte eine Treppe zu einer Empore über einem anderen Raum, vielleicht der Küche. Ein kleines Bücherregal, ein hoher Korbsessel, Steinboden. Wegen der halboffenen Tür konnte ich die rechte Seite des Raumes nicht einsehen. Ich ließ meine Umhängetasche zu Boden sinken und ging ins Haus. Rechts war ein großer, runder Eßtisch, auf dem mehrere benutzte Gläser und eine Teekanne standen. Unter der Empore lag tatsächlich eine Küche. Die Tür stand offen. Auf einem Tischchen benutzte Teller, Töpfe und Besteck. Ich ging zum Eßtisch und faßte die Teekanne an. Sie war warm. In diesem Augenblick wußte ich, ich muß hier sofort verschwinden. Aber da war es schon zu spät. Kaum hatte ich mich zum Ausgang gewandt, hörte ich hinter mir ein Geräusch und die Worte: »Hände hoch und nicht umdrehen.« Ich schreckte zusammen. Aber gleichzeitig hob ich die Hände in die Höhe. Die Stimme kam von der Empore.
»Was wollen Sie hier?«
Ich habe noch eine Chance, dachte ich. Er redet mit mir. Solange er redet, schießt er nicht.
»Sind Sie Karl Feilböck? Ich komme von Ihren Eltern. Ich

habe ihnen versprochen, niemandem etwas zu sagen, wenn ich Sie finde.«

»Herr Fraser, erzählen Sie nur keine Märchen. Meinen Sie, ich hätte Sie noch nie im Fernsehen gesehen?«

»Ja, ich bin Journalist. Aber ich habe trotzdem Ihren Eltern versprochen, daß ich schweigen werde.«

Warum durfte ich mich nicht umdrehen? Vielleicht hatte er gar keine Waffe. Er kam die Stiegen herab. Ich drehte langsam den Kopf in seine Richtung. Er ließ es zu.

Auf mich war tatsächlich eine Pistole gerichtet. Aber der sie hielt, war nicht Feilböck. Ein kurzer, blonder Vollbart, ein eingefallenes Gesicht, entzündete Augen. Es war der Ingenieur.

»Wie haben Sie mich gefunden?«

»Ein Zettel in Feilböcks Sakkotasche.«

»Feilböck ist tot. Und Sie leben bald auch nicht mehr.«

»Wenn Sie das machen, haben Sie keine Chance zu entkommen. Man weiß, wo ich bin. Ihr Fahndungsfoto ist auch in spanischen Zeitungen.«

»Dann gibt es hier zwei Tote. Oder?«

»Ich könnte Ihnen zu einem sicheren Fluchtort verhelfen. Ich habe gute Kontakte in viele Länder.«

»Deshalb sind Sie gekommen?«

»Nein, weil ich Feilböck suchte.«

»Was wollten Sie von ihm?«

»Mit ihm reden. Aber ich kann ja auch mit Ihnen reden. Mein Sohn ist bei eurem Anschlag ums Leben gekommen.«

»Ich war es nicht.«

»Dann haben Sie ja nichts zu befürchten.«

»Ich war es aber.«

Ich merkte, daß er zitterte. Er befahl mir, mich in den

Korbstuhl zu setzen. Dann ging er rückwärts zur Tür hinaus. Die Pistole hielt er auf mich gerichtet. Er hob meine Umhängetasche auf und kam zurück. Als er mit dem Fuß die Tür zustieß, fiel er fast um. Er leerte die Tasche aus und untersuchte die Seitenfächer. Zwischen den Lamellen der geschlossenen Fensterläden kam genügend Licht durch, um zu sehen.

Er wirkte vollkommen am Ende. Als hätte er ewig nicht geschlafen. Er zog vom Eßtisch einen Stuhl heran und setzte sich mir gegenüber vor die Tür. Die Waffe war nicht mehr auf mich gerichtet. Wir schwiegen eine Weile. Dann sagte er: »Was machen wir jetzt?«

»Sie erzählen mir, warum Sie meinen Sohn Fred ermordet haben.«

»Hab ich nicht, verdammt noch mal.«

Dann schwieg er wieder. Er erhob sich und ging eine Zeitlang auf und ab. Bei manchen Schritten schwankte er, als ob ihm schwindelig geworden wäre. Er setzte sich wieder. Unter seinem linken Auge zuckte es.

»Wann werden sie kommen?«

»Bald.«

»Soll ich Sie gleich erschießen, oder warten wir, bis sie da sind.«

»Sie kommen nicht. Niemand weiß, daß ich hier bin.«

»Niemand?«

»Feilböcks Vater könnte irgendwann hier auftauchen. Aber das wird noch dauern.«

Er ging wieder auf und ab. Bei den beiden vorderen Fenstern blieb er immer wieder stehen und schaute durch die Lamellen. Dann redete er bis zur Abenddämmerung kein Wort mehr mit mir. Was ich ihn auch fragte, er antwortete nicht. Als ich einmal aufstehen wollte, richtete er die Waffe auf mich. Da setzte ich mich wieder. Gelegentlich trank er einen Schluck Tee. Der Raum hatte keine elektrische Beleuchtung. Über dem Eßtisch hing ein großer Metallring mit abgebrannten Kerzen. Auch auf dem Bücherregal und auf einem Tischchen neben meinem Korbsessel standen abgebrannte Kerzenleuchter. Rechts vom Eingang gab es noch eine Tür in einen Nebenraum.

Als es dunkler wurde, fragte er:

»Haben Sie Hunger?«

Ich bejahte.

»Setzen Sie in der Küche Kartoffeln auf.«

Er bewegte sich zum Eßtisch. Von dort konnte er in die Küche hineinsehen. Als ich aufstand, sagte er:

»Nicht zu nahe kommen.«

Ich ging an der Wand entlang in die Küche. Auch dort gab es keine elektrische Beleuchtung. Auf Untertassen klebten die Wachsreste von Kerzen. An den Herd war eine Propangasflasche angeschlossen. Ich entzündete mit meinem Feuerzeug die Flamme. Am Boden lag ein kleiner Haufen Kartoffeln. Daneben stand ein halb gefüllter Sack mit Mandeln. Auf einem Regal waren ein paar Gläser mit eingelegten Oliven. Sonst sah ich nichts Eßbares. Der Wasserhahn funktionierte nicht. Der Ingenieur sagte:

»Die Zisterne ist hinter der Eisentür.«

In die Außenwand war eine weiß gestrichene Tür eingelassen, etwa einen Meter im Quadrat. Sie war mit einem schweren Riegel verschlossen. Ich öffnete sie und sah eine Umlaufrolle mit einem Seil. Als ich daran zog, kam ein Eimer Wasser hoch. Aber es dauerte eine Weile. Der Wasserspiegel schien ziemlich tief zu sein. Ich klinkte den Eimer aus dem

Karabinerhaken und stellte ihn auf den Küchenboden. Dabei fiel mir auf, daß in die gegenüberliegende Wand der Zisterne Eisensprossen eingemauert waren. Ich setzte Kartoffeln auf. Während sie kochten, mußte ich in der Küche bleiben.
Einmal fragte er: »Wohin können Sie mich bringen?«
»Vielleicht nach Argentinien.«
»Wie wollen Sie das anstellen?«
»Das weiß ich noch nicht. Aber es wird sich ein Weg finden.«
»Was wollen Sie dafür?«
»Die Wahrheit.«
Dann schwieg er wieder. Als die Kartoffeln gekocht waren, war es schon ziemlich dunkel. Ich durfte die Küche nicht verlassen. Er sagte: »In fünf Minuten ist Nachtruhe.«
Ich schälte zwei Kartoffeln und aß sie. Dazu trank ich Zisternenwasser. Ich fragte: »Gibt es Salz?«
Er gab mir keine Antwort. Kaum war ich mit der zweiten Kartoffel fertig, sagte er: »Und jetzt in die Zisterne.«
Er zielte wieder mit der Pistole auf mich.
»Ich werde nicht davonlaufen. Sperren Sie mich sonst irgendwo ein. Bitte nicht in die Zisterne.«
Er schrie mich an: »In die Zisterne!«
Seine Waffe zielte auf meinen Kopf. Ich öffnete die Tür. Ich tastete nach dem Strick und dann nach den kalten, eisernen Sprossen. Dann kroch ich in die Kälte hinein. Er schloß sofort die Tür und verriegelte sie. Ich dachte mir, das sei nun mein Ende.
Von unten stieg die Kälte herauf. Ich hörte den Ingenieur draußen gehen. Eine Zeitlang war es ruhig, dann ging er wieder. Zwischendurch klapperte Geschirr.
Vom Stehen auf den Sprossen taten mir bald Hände und

Füße weh. Auch fröstelte mich. Ich tastete die Wand ab. Mein Feuerzeug hatte ich in der Küche liegenlassen. Ich durchsuchte meine Taschen, aber ich fand nichts, das mir weiterhalf. Bei der Eisentür gab es ein kleines Gesimse. Ich zog die Schuhe aus und stellte sie darauf. Dann stopfte ich die Socken in die Schuhe und kletterte die Sprossen hinab. Einen Fuß streckte ich voran, um das Wasser zu spüren. Die Zisterne war unten viel breiter als oben. Die Mauer war glatt. Es gab keinen Vorsprung, nichts, worauf ich mich hätte setzen können. Hinter mir baumelte nur noch der Strick. Sonst konnte ich nichts ertasten. Unten war kaltes Wasser. Ich kletterte wieder hinauf und zog Socken und Schuhe an. Dann setzte ich mich auf das Gesimse, auf dem ich sie abgelegt hatte. Die Beine streckte ich zu den Eisensprossen an der gegenüberliegenden Mauer, den Rücken drückte ich gegen die Eisentür. Ich strengte mich mit aller Kraft an, aber sie gab nicht nach. Im Haus war nichts mehr zu hören. Ich rieb mit den Händen meinen Oberkörper. Später band ich den Strick zu Schleifen, die ich über meine Beine schob und am Haken befestigte. So konnte ich, für den Fall, daß ich einschlafen sollte, nicht abstürzen.

Ich konnte nicht schlafen, dazu war es viel zu kalt. Aber ich döste zwischendurch. Dann rieb ich mir wieder den Körper ab. Ich würde die Nacht überstehen. Da ich keine Geräusche hörte, wurde ich von der Vorstellung gequält, der Ingenieur könnte geflüchtet sein.

Später hörte ich wieder Geräusche. Sie kamen von oberhalb der Küche, dann vom Wohnzimmer. Der Ingenieur schien irgendwelche Dinge herumzutragen. Mehrmals ging er auf die Empore hinauf. Als er wieder im Wohnzimmer, vermutlich beim Eßtisch war, meinte ich, ihn in Büchern blättern

zu hören. Er kam in die Küche und stellte Wasser auf den Herd. Später goß er vermutlich Tee auf. Dann machte er sich hinter mir an der Eisentür zu schaffen. Sie sprang auf.
»Los raus! Jetzt wird gearbeitet.«
Er war zurückgetreten und fuchtelte mit der Pistole herum. Er wirkte voller Energie. Es war noch nicht richtig hell, als ich aus meinem Loch kroch. Mir taten die Glieder weh. Die Stricke hatten sich ins Bein eingeschnürt. Der Ingenieur ging zum Eßtisch und hielt mich in Schach. Ich trank eine Tasse starken schwarzen Tee und aß die letzte Kartoffel vom Vortag. Den Rest hatte der Ingenieur gegessen.
»Ich muß pissen«, sagte ich.
»In das Waschbecken.«
Er hatte vor sich ein paar Bücher liegen und blätterte darin. Eines davon war offenbar Hitlers *Mein Kampf*. Ich sah das Porträt, als er es aufschlug. Einige Stellen waren unterstrichen und am Rand mit Anmerkungen versehen. Als ich mich erleichtert hatte, nahm ich mir ein paar Mandeln aus dem Sack. Ich mußte ins Wohnzimmer zum Korbsessel gehen. Dort lag mein Recorder. Der Ingenieur setzte sich wieder vor die Eingangstür, so daß mir der Fluchtweg versperrt war. Vor sich hatte er auf einen Stuhl die Teekanne und eine Schale gestellt. Auf den Boden legte er ein paar Bücher. Immer noch waren seine Augen entzündet. Auch das Gesicht zuckte. Aber er wirkte viel frischer als am Vortag.
»Ich habe keine eigene Geschichte«, sagte er. »Haben Sie vom *Geringsten* gehört? Seine Geschichte war meine Geschichte. Bis vor kurzem jedenfalls. Schalten Sie das Band ein.«
Ich sagte, das Mikrofon sei nicht gut genug, er müsse näher

kommen. Der Ingenieur beharrte darauf, daß ich näher an ihn heranrückte. Wir saßen dann etwa drei Meter auseinander. Die Pistole ließ er keinen Augenblick aus den Händen. Offensichtlich verglich er die Jugend des *Geringsten* mit der Adolf Hitlers. Am Anfang verwendete er selbst, wenn er vom Vater des *Geringsten* sprach, Formulierungen von Adolf Hitler über dessen Vater. Später ließ er das bleiben. Dann zog er ein anderes Buch heran. Es war die Bibel. Wenn er vom *Geringsten* redete, lag immer ein bewundernder, schwärmerischer Ton in seiner Stimme. Er wollte ihn mir als Heiligen andrehen. Es dauerte eine Welle, bis ich dahinterkam, daß er vom Führer der *Bewegung der Volkstreuen* sprach. Über die anderen Gruppenmitglieder redete er sachlicher. Er machte Pausen zwischen den Sätzen, weil er sie sich offenbar vorformulierte. Wenn das Band zu Ende war, warf er mir eine neue Kassette zu. Mit der Zeit ergab alles einen Zusammenhang. Aber ich wußte nicht, was stimmte und was nicht. Wenn ich ihn unterbrach, fuhr er mich an und hob die Pistole.

Nachdem er drei Bänder besprochen hatte, verlangte er, daß ich in den Nebenraum gehe, den ich bisher nicht kannte. Auf einem Tisch stand eine Schreibmaschine, daneben lag Papier. Es gab noch ein Bücherregal und am Boden eine Matratze, auf der zusammengeknüllte Decken lagen. Er befahl mir, die Bänder abzutippen. Wenn ich langsamer wurde, trieb er mich zur Eile an.

»Kein Wort wird verändert«, sagte er. Sobald ich eine Seite geschrieben hatte, las er sie, während ich weitertippte. Er schien zufrieden zu sein. Er stieß sich auch nicht an den Sätzen, mit denen er meine Einwände abgeblockt hatte.

Als ich die drei Bänder endlich abgetippt hatte, war es schon

Nachmittag. Ich durfte ein paar Mandeln und Oliven essen. Dann befahl er mir, neuen Tee zu machen. Das Feuerzeug mußte ich in der Küche liegenlassen. Er ließ mich keine Zigarette rauchen. Es ging weiter. Ich mußte die alten Kassetten einlegen, so daß sie überspielt wurden. Als er später vom *Buch Mormon* sprach, dachte ich mir, der kommt sich vor wie Joseph Smith. Er will eine neue Religion begründen. Der *Geringste* ist sein Engel Moroni.

Zwischendurch fielen mir die Augen zu. Ich riß mich zusammen. Als er von der Bestrafung und Ermordung Feilböcks berichtete, ging er auf und ab, blieb zwischendurch stehen und starrte mich an. Ich hatte gedacht, ich müßte die drei Bänder wieder abtippen. Aber das schien ihm inzwischen nicht mehr wichtig zu sein. Er warf mir von den Kassetten, die er am Vortag aus meiner Umhängetasche genommen hatte, neue zu. Nie kam er mir nahe. Manchmal rieb er sich mit einer Hand das Gesicht. Dabei schaute er mich zwischen den Fingern hindurch an. Bevor er ins Waschbecken pißte, trieb er mich in die Küche. Ich mußte vor der Zisternentür stehen.

Als er von der Wiederbegegnung mit dem *Geringsten* auf der Donauinsel erzählte, traten ihm Tränen in die Augen. Er sah lange zu Boden. Einmal legte er die Pistole vor sich auf den Sessel. Zwar hatte ich nach wie vor keine Vorstellung, wie es mit mir weitergehen könnte – nach dem, was er mir erzählt hatte, mußte ich das Schlimmste befürchten –, aber ich war nicht in der Lage, die Gelegenheit zu nutzen. Am Schluß war der Ingenieur verzweifelt. Er nahm meine Einwände auf. Er stellte sogar Fragen. Aber dann fuhr er mich plötzlich an. Er zwang mich mit der Pistole, das Band abzuschalten. Ich mußte mich zurück an die Mauer setzen. Es

war mittlerweile halb neun Uhr abends. Bald würde es dunkel werden.
Der Ingenieur lief wie ein Verrückter herum. Er hatte nunmehr wieder Mühe, sein Gleichgewicht zu halten. Das Gesicht zuckte. Er fragte: »Wie hast du dir das mit der Flucht vorgestellt?« Er duzte mich erstmals.
»Ich müßte telefonieren.«
»Keine Rede.«
Dann schwieg er wieder und lief auf und ab. Er ließ mich nichts essen und nichts trinken. Ich saß da und schaute ihm zu, wie er herumlief und dann wieder eine Weile zusammengesunken dasaß. Mir war, als müßte ich jeden Moment einschlafen. Gleichzeitig hatte ich aber Angst vor der Zisterne. Eine zweite Nacht hätte ich dort nicht durchgestanden. Als der Ingenieur nur mehr als Schatten zu sehen war, schickte er mich auf die Empore hinauf. Er riß die Holzstiege aus der Verankerung und warf sie um. Oben lagen Matratzen, Decken und Bücher. Es war schon zu dunkel, um ihren Inhalt zu erkennen. Ich tastete nach einem Gegenstand, mit dem ich ihn erschlagen könnte. Aber ich fand nichts.
Eine Welle war es ruhig. Dann hörte ich ihn weinen. Er weinte zusehends lauter. Es hörte sich an wie das Winseln eines Hundes. Dann wieder Schritte. Er stieß an Gegenstände an. In der Küche fiel ein Glas zu Boden. Ein zweites wurde zerschlagen. Hierauf war es wieder ruhig. Ich weiß nicht, wie lange, denn ich bin eingeschlafen.
Als mich der Schuß ans dem Schlaf schreckte, war mein erster Gedanke: Jetzt ist es aus mit mir. Jetzt macht er Ernst. Aber dann hörte ich ihn unten herumschlagen. Irgendwelche Gegenstände fielen vom Tisch. Ich hörte ein hohes

Stöhnen, ein gepreßtes Röcheln, ein Zappeln mit dumpfen Aufschlägen auf dem Steinboden. Es wurde leiser. Am Schluß war ein Krächzen zu hören, das sich in nichts von Freds* letztem Laut unterschied.

* Fred, der Sohn des Ich-Erzählers, war beim Giftgas-Anschlag auf den Wiener Opernball getötet worden (Anm. der Herausgeberin).

Gerhard Hörner
Schmuggler, Schweine und Skandale

Wußten Sie, daß …

… die allerersten Deutschen, die für immer auf Mallorca blieben, 1950 dort ankamen? Es war das Ehepaar *Nancy* und *Florian Grimm*, das sich seinen Lebensunterhalt mit einer Schuhproduktion verdiente.

… *Hannibal*, der große Feldherr Karthagos, auf der Insel Cabrera geboren sein soll? Keine Legende hingegen ist, daß 1809 dort 9 000 napoleonische Kriegsgefangene die Hölle durchmachten. Nur jeder dritte überlebte. Heute ist die Ziegeninsel, zehn Kilometer von der Südspitze Mallorcas entfernt, unbewohnt. Abgesehen von seltenen Eidechsen, Falken, Fischadlern und Möwen. Hinweis: im Sommer täglich organisierte Schiffstouren ab Colònia de Sant Jordi.

… die Bewohner des Städtchens Felanitx festen Glaubens sind, daß *Christoph Kolumbus* nicht in Genua, sondern an der Ostküste der Insel geboren wurde? Allerdings sei der Entdecker Amerikas und Sohn eines Piraten schon als Kind zusammen mit seiner Familie nach Italien geflohen.

… der berühmteste Sohn Mallorcas *Ramón Llull* heißt und sowohl als inselbekannter Playboy wie auch als Eremit für Furore sorgte? Ein Leben wie aus dem Film. Geboren 1235 in Palma, sorgt der junge und wohlhabende Edelmann am Königshof für Skandale am laufenden Band. Er hüpft von einem Bett ins andere. Bis er sein persönliches Schlüsselerlebnis hat: Nachdem er den vom Aussatz befallenen Busen einer Frau sieht, ist es vorbei mit Llulls Lust. Er zieht sich als Einsiedler ins Gebirge zurück, betet, studiert Sprachen, philosophiert, dichtet und schreibt über 250 Bücher. Später geht das Universalgenie auf Missionstour nach Nordafrika und wird 1316 in Algerien zu Tode gesteinigt – oder auch nicht. Denn die Legende sagt, daß ein geheimnisvolles Elixier ihn wieder zum Leben erweckt und Llull sich daraufhin in Mailand und London der Alchemie widmet. Wie auch immer – sein Denkmal ist in Palma in der Nähe des Parque de la Mer zu finden.

... Spaniens derzeit schönster Mann aus Palma kommt? In Marbella wurde *Carlos Madrigal* zum »Top-Model España 1997« gewählt.

... der Mallorquiner *Juan March*, auf dessen Spuren man allerorten trifft (in Banken, Palästen und Museen), eine vom »Tellerwäscher-zum-Millionär-Karriere« machte? Schon als kleiner Bub entwickelt der 1880 in Santa Margalida in ärmlichsten Verhältnissen geborene Schafhirte einen phänomenalen Riecher für Geld: Seine ersten Peseten verdient er sich durch den Verkauf von Schweinen, die er seinem Opa klaut. Als junger Mann schmuggelt March riesige Mengen an Zigaretten aus Algerien ins Land – und bringt das staatliche Tabakmonopol zum Zusammenbruch. Ebenso erfolgreich sind seine Immobilienspekulationen: Von verarmten Adeligen billig gekauftes Land verscherbelt er an Kleinbauern – natürlich mit sattem Gewinn. Außerdem erwirbt sich March einen äußerst zweifelhaften Ruf als Waffenhändler. Während des Ersten Weltkriegs sind alle spanischen Reedereien in seinem Besitz. Dann ein kurzes Zwischentief: March wird ins Gefängnis gesteckt – kann aber 1933 entkommen. Unter Franco geht's wieder bergauf: March wird zum angesehenen Bankier. 1962 stirbt er standesgemäß – bei einem Unfall mit seinem Rolls-Royce.

… der berühmte spanische Maler *Joan Miró* seine ersten Pinselstriche als Zwölfjähriger 1905 im Urlaub auf Mallorca machte? Nach einem Intermezzo in den Jahren 1940 bis 1942 in Palma, wo der Surrealist seine berühmten »Konstellationen« schuf, ist der in Barcelona gebürtige Avantgardist 1956 endgültig reif für die Insel, wo er 1983 stirbt.

… der Gründer San Franciscos aus Mallorca stammt? Der Franziskanermönch *Fra Junípero Serra* wurde am 24. November 1713 im Inselinnern in Petra geboren. Auf den Bauernsohn gehen insgesamt 21 Missionsstationen in Kalifornien zurück wie etwa Los Angeles, San Diego, Santa Barbara usw. 1988 wurde Serra von Papst Johannes Paul II. seliggesprochen. Vor der Kirche San Francisco – größter Kreuzgang Europas – in Palma steht sein Standbild aus Bronze.

… Sie im Frühjahr vielleicht Radstar *Jan Ullrich* begegnen können? Vor seinem Tour-de-France-Sieg 1997 wie auch in den Vorjahren stieg er zusammen mit dem Team Telekom während des Trainings im Vier-Sterne-Hotel *Taurus* in Playa da Palma ab.

… die beiden Berliner Profifotografen *Nicole Urbschat-Krüger* und *Daniela Urbschat-Huber* selbst aus 08/15-Frauen erotische Stars machen? Egal ob sanft verhüllt oder Haut pur, setzen sie Mallorca-Touristinnen jeden Alters gekonnt in Szene.

… Ex-Nationalspieler *Rudi Völler* bei Cala Millor großen und kleinen Kickern das Fußballeinmaleins beibringt? Zusammen mit seinen früheren Kollegen Klaus Allofs und Wolfram Wuttke leitet er dort das Trainingscamp *Super Soccer* (Buchung über Neckermann).

… die Höhlen von Artá dem Abenteuerschriftsteller *Jules Verne* die Anregungen für seinen Roman *Reise zum Mittelpunkt der Erde* gegeben haben?

Quellenverzeichnis

MICHAEL BÖCKLER: *Sturm über Mallorca. Ein Roman als Reiseführer.* Auszug. © 1997 Droemer Knaur Verlag, München.

INGRID BRASE SCHLOE / WERNER OHMSEN: *Oktober / Immer noch männliche Männer / Spanische Wirtschaft / Privilegierte.* Aus: dies., Eselsohren auf Mallorca. © 1990 Betzel Verlag GmbH.

HEINRICH BRELOER / FRANK SCHAUHOFF: *Der falsche Ort, der richtige Mann.* Aus: dies., Mallorca, ein Jahr. © 1995, 1997 Verlag Kiepenheuer & Witsch, Köln.

ALBERT CAMUS: *Auf den Balearen: Im vergangenen Sommer*.* Aus: A. C., Tagebücher 1935–1951. Aus dem Französischen von Guido Meister. © 1963 Rowohlt Verlag GmbH, Reinbek.

CARLOS GARCÍA DELGADO: *Mallorquiner ticken anders.* Aus: MERIAN Mallorca, Ausgabe 03/51. © Hoffmann und Campe Verlag, Hamburg.

ROBERT GRAVES: *Ein Fahrrad auf Mallorca.* Aus: Geschichten aus dem anderen Mallorca. Hrsg. und übersetzt von Hartmut Ihnenfeld und David Southard. © Reise Know-How Verlag, Ganderkesee.

JOSEF HASLINGER: *Ende auf Mallorca*.* Aus: J. H., Opernball. © 1995 S. Fischer Verlag GmbH, Frankfurt am Main.

* Überschriften von der Herausgeberin

GERHARD HÖRNER: *Warum immer mehr echte und falsche Promis das Paradies Mallorca entdecken / Schmuggler, Schweine und Skandale.* Aus: G. H., Mallorca total. Der Fun und Survival Guide. © 1998 Econ Verlag, München.

RODERIC JEFFRIES: *Reiseleiterinnenschicksal / Mauren und Christen.* Aus: R. J., Liebestod auf Mallorca. © 1980 Scherz Verlag, Bern, München, Wien.

MARIA ANTÒNIA OLIVER: *Mallorca, Mord inbegriffen.* Auszug. © 1996 Eichborn GmbH & Co. Verlag KG, Frankfurt am Main.

GOTTFRIED KIRCHNER: *Das Mallorca-Komplott.* Aus: G. K., Terra-X, Expeditionen ins Unbekannte. Von Mallorca zum Ayers Rock. © 1997 Wilhelm Heyne Verlag GmbH & Co. KG, München.

GABRIELA KUNZE / CHRISTOPH MANN / ELKE MIKHAIL: *Die allererste Blüte ist die Mandelblüte* /Rezept Mandelkuchen/ Ensaimadas & Co*. Aus: dies., Cuina Mallorquina. © 1998 Verlag Heinrich Hugendubel, München.

MÄRCHEN AUS MALLORCA: *Der blinde Maure / Der Sklavenpatron / Der Abt von La Real.* Aus: Diederichs Märchen der Weltliteratur (Mallorca). © 1968 Eugen Diederichs Verlag, München.

HANSJÖRG MARTIN: *Herbst auf Mallorca**. Aus: HJ. M., Zwölf Monate Mallorca. © 1994 Droemer Knaur Verlag, München.

JOAN MIRÓ: *Schmollende Sonne.* Aus: Mallorca. Ein literarisches Porträt. Hrsg. und übersetzt von Sieglinde Oehrlein. © 1998 Insel Verlag, Frankfurt am Main.

ANAÏS NIN: *Mallorca.* Aus: A. N., Das Delta der Venus. © Scherz Verlag, Bern, München, Wien.

GEORGE SAND: *Ankunft in Palma* / Die goldene Insel?* /*

Winter auf Mallorca / Valldemosa** Aus: G. S., Ein Winter auf Mallorca. Hrsg. und übersetzt von Ulrich C. A. Krebs. © 1992 Büchergilde Gutenberg, Frankfurt am Main und Wien.

HOLGER SCHNITGERHANS: *Von Dora, Luna und den anderen. Ein Leben mit Eseln.* Aus: MERIAN Mallorca, Ausgabe 03/51. © Hoffmann und Campe Verlag, Hamburg.

PAUL THEROUX: *Die MS Punta Europa nach Mallorca.* Aus: P. T., An den Gestaden des Mittelmeeres. Aus dem Amerikanischen von Erica Ruetz und Cornelia Groethuysen. © 1996 Hoffmann und Campe Verlag, Hamburg.

GORDON WEST: *Don Juan und sein Maultier Roja / Schweine im Schlaraffenland.* Aus: G. W., Eine mallorquinische Reise. Mallorca 1929. © Reise Know-How Verlag, Ganderkesee